「大望」을 쓴 야마오카 소하치

내 마음의 山岡莊八

그리운 외삼촌을 회상하며

야마우치타케오
山内健生/秋泳炫 옮김

동서문화사

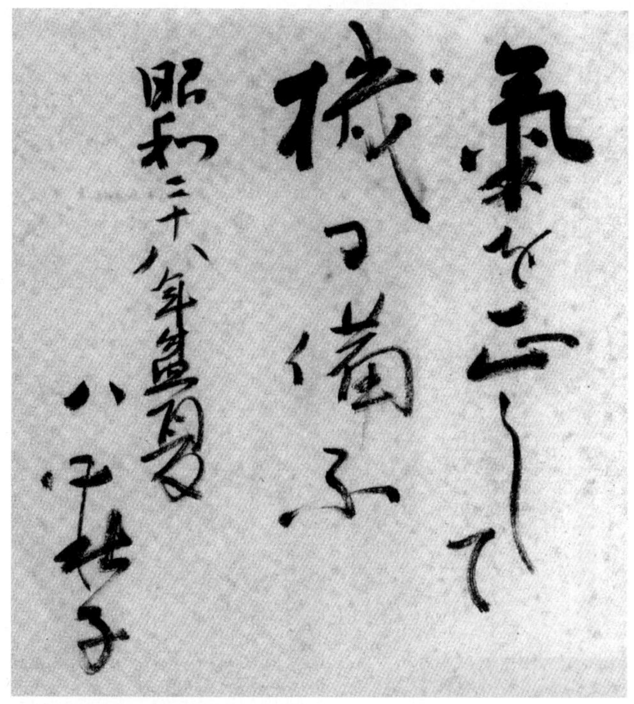

마음을 바로잡아 준비하다(1953년 한여름)

그해 1952년 6월, 어머니 세이가 세상을 떠나시고 1년 남짓 지나고 나서도 기운을 차리지 못한 여동생(내 어머니)에게, 기운을 북돋아주기 위해 추석 때 본가로 돌아오신 외삼촌이 쓰신 것. 이즈음에는 1주기를 기하여 세운 묘를 찾았다. 이 색지는 둥근 액자에 보관되어 우리 집 거실 찻장 위에 걸려 있다.

이 문장이 승려가 중시했던 '기숙(機熟 일의 형세가 충분히 정비됨)'에서 왔음은 뒷날 알게 되었지만 천하를 다스리고자 했던 아즈치모모야마 시대부터 에도 초기의 무장이었던 다데 마사무네 또한 젊은 날에 스승 코사이 선사에게 '기숙'의 중요함을 가르침받았다고 한다. 이는 '일의 형세가 충분히 정비됨'을 뜻하며 풀이 죽어 있는 여동생이 허리를 곧게 펴고 다닐 수 있도록 하여 보다 일상적이고 실천적인 의미를 지니고 있다 여겨진다.

나는 날마다 이 액자를 보며 자라났다고 할 수 있다.

유카타를 입은 외삼촌 소하치, 66살
사진 '외삼촌과 함께' 같은 시기(1972년)의 사진으로, 자택의 툇마루에서 유카타를 입고 쉴 때에도 어딘가 점잔 뺀 모습으로 외삼촌께서는 사진을 찍게 해주셨다.

한껏 멋을 부린 '야마우치 쇼조' 청년
외삼촌 소하치의 49일 법회 때 받은 분골된 유골을 그의 고향인 코이데에 전해주면서 어머니(소하치의 동생)가 처음 보여준 사진이다. 이 사진을 본 나는 그가 꽤 잘생겼었다는 생각에 조금 놀랐다. 나는 망설이지 않고 바로 사진을 복사했다. 20살 즈음의 사진일 것이라고 어머니는 말했다. 하지만 만약 그게 사실이라면 1933년에 창간된 《대중클럽(大衆倶楽部)》편집장으로서 '오해'로 인해 〈미야모토 무사시〉를 쓴 작가 요시카와 에이지 저택에 뛰어들어 요시카와 씨에게 덤벼들었던 사건이 있기 무려 8년 전에 멋을 부린 '야마우치 쇼조' 청년이다.

머리글

야마오카 소하치 역사 문고 표지 안쪽에 실린 약력은 다음과 같다.

야마오카 소하치 약력(1907~1978)

1907년 1월 11일 니가키 현 고이데에서 태어났다. 본명 야마우치 쇼조. 결혼으로 성이 후지노로 바뀜. 고등소학교를 중퇴하고 상경, 우편 공무원 양성학교에서 공부함. 17세에 인쇄제본 일을 시작, 1933년 《대중클럽》을 간행하고 편집장이 되었다. 야마오카 소하치라는 필명은 《대중클럽》에 작품을 발표하면서부터 사용했다. 1938년 역사소설 〈약속〉으로 《선데이매일》 대중문예에 입선, 존경하던 하세가와 신의 신응회(新鷹会)에 들어갔다. 태평양전쟁 중에는 종군작가로 많은 전쟁터를 방문했다. 전쟁 뒤 17년이라는 세월에 걸쳐 완성한 대하소설 《대망》은 이제껏 없었던 이에야스붐을 일으켰다. 그 뒤로 역사소설을 중심으로 폭넓은 활동을 펼치며 1978년 9월 30일 세상을 떠났다.

야마오카 소하치의 고향인 니가키 현 기타우오누마 군 고이데는 현재 우오누마시(2004년 11월 발족)가 되었다. 소하치는 누나 셋(넷째 누나가 있었지만 요절)과 여동생이 둘 있었으며 바로 아래 동생인 야마우치 미요가 나의 어머니다. 세 누나가 결혼하고 유일한 남자형제인 오빠 쇼조(소하치)가 후지노 히데코(필명 야마오카 미치에, 이시카와 현 고마쓰 시 아타카 출신)와 결혼하고 후지노 집안의 데릴사위가 되었기에 세 살 어린 여동생인 내 어머니가 데릴사위를 맞아 결혼했다. 여기에는 좀 사정이 있는데 쉽게 말해 외삼촌인 소하치가 다른 집의 데릴사위로 들어갔기 때문에 바로 아래 여동생인 나의 어머니가 이웃 마을에서 데릴사위를 데려와 집안을 이었다는 말이다.

소하치의 어머니 세이(나의 외할머니)는 1952년 6월 24일 세상을 떠났다. 나는 그때 초등학교 2학년이었다. 장마철이라 하늘이 잔뜩 찌푸린 오후였다. 이듬해 1주기를 맞이해 무덤을 세웠는데 거기에는 '1953년 6월 24일 세움'이라 새기고 야마오카 소하치, 야마우치 히데오와 나란히 서 있다. 야마우치 히데오가 내 아버지다.

소하치의 상세 연보는 야마오카 소하치 전집(전 46권 제1기 36권, 제2기 10권) 제36권에 있으며, 이를 간략하게 기록한 연보가 야마오카 소하치 역사문고 제100권에 실려 있다. 모두 작가 스기타 고조(신응회 회원, 불이가회(不二歌会) 회원으로 거합도(居合道) 7단. 자신의 작품 끝에는 언제나 야마오카 소하치 스승이라고 썼다. 2004년 사망)가 쓴 글로 단순한 연보가 아니라 다양한 일화를 담아서 야마오카 소하치의 간략한 전기 같다. 30년 넘게 소하치의 제자로 있었다는 스기타의 외삼촌을 생각하는 따스한 마음을 엿볼 수 있다.

그리고 야마오카 소하치 전집 제1기 36권의 모든 책 마지막에는 문예평론가 기요하라 야스마사가 평전 야마오카 소하치를 연재했는데 소하치 탄생 100년을 맞이해 2007년 이 부분을 모아 전자책으로 만들었다. 그리고 야마오카 소하치 역사문고 100권 가운데 87권을 현재 전자책으로 만들었다.

이제부터 외삼촌 야마오카 소하치를 직접 보고 들은 일을 바탕으로 어떤 사람이었는지 쓰려고 한다. 추억을 쓰면서 외삼촌이 어떤 인물이었는지 구체적으로 표현하고 싶다. 원래 한 인간을 그리는 건 쉬운 일이 아니다. 그 인물을 알고 있다고 생각하며 이야기해도 말하는 사람이 이해한 특정 부분을 표현했을 뿐이다. 다른 사람에 대해 말하는 일은 사실 자신을 말하는 일이나 다름없다고 하는 이유도 여기에 있다. 하물며 가족은 아무래도 편애하게 된다. 그러나 이를 알면서도 외삼촌 소하치의 추억을 때때로 머릿속에 떠오르는 이야기를 기록해 보고 싶다. 솔직히 말해 나도 환갑을 지난 몸으로 60대 중반을 지나 이제야 기억나는 일도 많다. 하지만 실제 글로 잘 표현할 수 있을까? 전혀 예상이 되지 않지만 내 나름대로 외삼촌에 대해 아는 사실을 글로 남기고 싶다.

추억이라고 해도 내 경우 상당히 단편적이다. 단편적이기 때문에 기억에 남아 있는 면도 있다.

① 어린 시절부터 고등학교 졸업할 때까지 고이데에서 지낸 청소년기에 본 고향으로 돌아온 외삼촌.

② 1963년 4월 상경해 신문배달을 하면서 대학을 다녔는데 결혼할 때까지, 지금 떠올려보면 부끄러운 일이지만 때때로 뻔뻔하게도 저녁 식사 시간 전에 방문했다(친가의 차남이라는 의식이 어딘가에 있었기에 어리광을 피웠다고 생각한다). 그러면서 보고 들은 일.

③ 1969년 4월 고등학교(가나가와 현) 교사가 되고 2년 뒤 결혼할 때 첫 1년 6개월 동안 외삼촌 집 별채를 빌려 지냈다. 그 무렵 보고 들은 일.

그리고 그 뒤 인생경험을 쌓으면서 외삼촌이 쓴 책을 읽으며 점차 알게 된 사실 등등.

이 추억은 따로 떨어진 점들에 지나지 않지만 나이가 들어 새삼 돌아보니 점과 점을 이어주는 무언가가 있다는 느낌을 받는다. 외삼촌이 돌아가신 지도 벌써 35년이 지났다. 이렇게 보면 먼 존재가 되어버린 외삼촌이지만 그렇기 때문에 또 보이는 것이 있을지도 모른다.

눈이 많이 내리는 니가타, 우오누마 지방 농촌에서 태어나 맨손으로 상경해 글자 그대로 몸뚱이 하나 펜 하나로 세상을 살아간 외삼촌이지만 때로는 희로애락의 심한 감정기복을 느끼며 오해를 받는 일도 많았다. 이는 순수한 진심에서 우러나오는 일이라 생각하는데 한편으로 나에게는 언제나 무언가를 바라고 원하며 기도하면서 세상과 싸우는 모습으로 보였다. 외삼촌의 진심을 들여다본다고는 감히 말할 수 없지만 기억에 남아 있는 평범한 일상도 포함해 기억나는 대로 쓰고 싶다. 제목은 '내 마음의 야마오카 소하치—그리운 외삼촌 야마오카 소하치를 회상하며'이다.

2013년 1월 11일

한국의 독자님들께

동서문화사에서 제가 쓴《내 마음의 야마오카 소하치—그리운 외삼촌을 회상하며'—》한국어판 출판은 꿈에도 상상하지 못했던 일이었습니다. 고맙고 영광스럽게 생각합니다.

《내 마음의 야마오카 소하치》가 한국에서 번역된다는 소식을 들었을 때, 맨 처음 외삼촌 야마오카 소하치의 말씀이 떠올랐습니다.

"한국에서 나의 소설이 널리 읽히고 있단다. 박정희 대통령도 애독자라고 하는구나. 동서문화사에 인세 걱정 말고, 재판할 때마다 오류를 잘 고쳐 나아가야 좋은 번역 작품이 될 수 있다고 조언을 해주었단다."

잡지 편집장이었던 외삼촌다우신 조언이라 생각했습니다. 제가 아직 독신이었던 1975년 즈음의 일입니다. 종종 저녁을 먹으러 야마오카 외삼촌 댁에 가곤 했었는데, 그때 외삼촌께서는《대망=도쿠가와 이에야스》한국어 번역과 관련해서 몇 번이나 어딘지 모르게 자랑스러움을 이야기하셨었지요.

그것은 한국과 일본의 어려운 관계 때문이었으리라 생각됩니다. 제 생각에도 그즈음 일본 역사소설을 한국에서 번역하여 출판한다는 게 큰 용기가 필요했으리라 생각됩니다.

꽤 오래된 이야기이지만 어제 일처럼 생생하게 떠오릅니다.

《대망》이 한국에서 많이 읽히는 것은 틀림없이 외삼촌께서도 고마워하셨으리라 생각합니다. 외삼촌 야마오카 소하치께서는 동서문화사 고정일 발행인의 《대망》 출판 굳건한 신념에 감동하셨으리라 생각됩니다. 저 또한 감사를 드립니다. 《대망》이 없었더라면 《내 마음의 야마오카 소하치》의 한국어 번역판도 없었을 테니 새삼스럽게 또 한 번 외삼촌 야마오카 소하치님과 동서문화사 고정일님, 추영현 선생님께 감사를 드리며 살아 계실 때의, 그리운 외삼촌 추억을 회상해봅니다.

동서문화사 발전을 기원합니다.

2017년 5월 5일

山内健生

내 마음의 山岡莊八
그리운 외삼촌을 회상하며
차례

어렸을 때 처음 맛본 '달고 맛난 별미' 추억

바나나·샌드위치

과일점에 늘어놓은 바나나를 보자, 처음으로 바나나를 보았을 때 생각이 문득 머리에 떠올랐다. 그리고 소하치(莊八) 외삼촌의 얼굴이 눈에 어른거렸다. 그게 몇 살 때였을까. 고향을 찾아온 외삼촌은 선물로 바나나를 사온 것이다. 선물로 받은 기억은 확실치 않지만 그 당시 우리 집에서 바나나를 산다는 것은 엄두도 낼 수 없는 일이고, 니가타(新瀉) 시골 마을에서는 바나나를 팔 리도 없었다. 그렇게 생각하면 아무래도 외삼촌이 사오셨을 게 틀림없다.

그것이 겨울이었던 것은 확실하다. 바나나를 처음 본 때를 회상해 보니, 거실 마루를 뚫어 만든 훈훈한 각로(脚爐)가 연상되므로 겨울이었던 것은 틀림없다.

외삼촌이 겨울에 귀성하셨다면, 그 전년 11월에 병석에 눕게 된 어머니 '세이'를 문병하기 위해 온 1952년 2월에 오신 것이다. 그때 나는 초등학교 1학년 3학기였다(낮잠을 자고 일어난 외할머니가 연어를 밥상에 올리려고 식칼을 쥐었는데, 손이 저려 힘을 쓸 수 없다고 다시 잠자리에 드셨던 것과, 외삼촌이 병문안을 위해 귀성하신 것을 확실히 기억하고 있다). 각로에 몸을 따뜻이 녹이면서 손에 쥔 바나나의 감미로운 향기는 뭐라 말할 수 없이 좋았다. 어떻게 말로는 표현하기 힘든 달디단 부드러운 그 맛과 혀의 감촉을 지금도 잊을 수 없다. 세상에 이렇게 맛좋은 것도 있구나, 그런 느낌이었다.

지금도 가끔 바나나 향기를 맡아보고 싶지만 아무 냄새도 나지 않는다. 바나나에서 감미로운 향기가 났다는 것은, 불가사의한 달콤한 기억이 강렬했던 데서 온 착각인지도 모른다.

이젠 일본 어디를 가나, 생산지에 따라 하나에 2, 30엔이면 살 수 있는 값싼 과일이지만 60여 년 전에는 귀한 것이었다. 당시의 바나나 값은 지금으로 치면 얼마나 될까. 어림잡아보기도 하지만, 그때마다 콧수염을 기른 외삼촌의 얼굴이 뇌리를 스쳐 가는 것이다.

샌드위치의 미묘한 맛도 잊을 수가 없다.

'바나나를 처음 본 지' 몇 년쯤 지난 여름이었다. 백중불공(百中佛供) 때 성묘를 하려고 외삼촌 내외가 찾아왔을 때, 외숙모한테 작은 상자에 든 샌드위치를 선물로 받았다. 실은 선물로 준비한 것이 아니라 열차 안에서 산 것을 손도 대지 않았기에 남은 것을 주었던 모양이다. 오늘날에는 어느 편의점에서나 팔고 있는 흔한 식품이지만, 당시의 시골 아이들에게는 귀한 것이었다. 그 미묘한 맛은 햄에 바른 양겨자 때문이라는 것을 알게 된 것은 훨씬 후의 일이었다. 햄 자체가 진미이기도 했다.

지금은 시장기가 들면 자주 먹는 것이지만, 옛날에는 훨씬 깊은 맛이 있었어, 샌드위치를 먹을 때마다 이렇게 회상을 하는 것이다.

맛있었던 것을 말하자면, 돼지고기 커틀릿을 처음 먹었을 때의 기억도 잊을 수가 없다. 이 또한 외삼촌이 찾아왔을 때의 일로 내가 중학생이 되었을 무렵인 것 같다.

초여름으로 기억된다. 오후에 학교에서 돌아오자, 거실에 웬 낯선 기다란 책상이 'ㄷ'자로 늘어서 있고, 그 위에 먹고 남은 그릇들이 정리되지 않은 채 남아 있었다. 음식점에 요청하여 요리를 배달시켰던 모양이다. 가까운 친척도 와서 함께 식사를 한 것 같았다. 모두 2층으로 올라가고 방에는 아무도 없기에, 접시에 남아 있는 고기 한 조각을 볼이 미어져라고 먹었다. 처음 먹어본 그 고기맛은 참으로 좋았다.

그때, 손으로 집어먹은 것이 돼지고기 커틀릿이라는 것을 알게 된 것은 훨씬 훗날이었다. 40대 후반의 어느 날, 문득 그때 먹은 진미가 돼지고기 커틀릿이 틀림없을 것이라는 생각이 든 것이다. 그러고 보면 30여 년 동안이나, 나는 그때 맛있게 먹었던 음식이 무엇이었을까 하고 생각한 셈이 된다.

어머니의 음식 솜씨는 빈말이라도 잘한다고 할 수 없어, 소년시절 집에서 흔히 먹는 고기요리라면 채소와 함께 삶아 먹는 것들뿐이었다. 그것도 한 달에 몇 번 정도. 하긴 시골에서 돼지고기 커틀릿을 자기 집에서 해 먹는 집은 아주 드물었던 것 같고, 1950년대 후반만 해도 오늘날같이 슈퍼마켓이 아직 없고, 생선가게에 비하여 푸줏간이 적어, 상가에 너덧 곳 밖에 되지 않았다.

먹는 것 이야기만 했는데, 소년시절의 나에게는 그만큼 강렬한 기억으로 남은 것이다. 그리고 거기에는 외삼촌의 모습이 어른거린다.

바나나, 샌드위치, 돼지고기 커틀릿 세 가지 제목이 옛날 동화처럼 객관적으로는 전후 일본의 부흥에 의한 식생활의 변화를 말해주는 것으로, 그것이 도시로부터 인구 1만 5천 정도의 니가타(新潟) 시골 동네까지 퍼져 왔다고 특별히 내세울 만한 이야기는 아닐 것이다. 다만 나의 소년시절의 추억으로서 좀 부풀려 말한다면, 신화적이라고나 할까. '때 아닌 향기로운 나무열매' 같은 이 세상의 것으로는 생각할 수 없을 만큼 기막히게 맛있는 진미였던 것이다.

'도쿄의 외삼촌' 그분은 나에게 있어 특별한 존재였던 것이다. 집에서는 항상 '도쿄의 외삼촌'이라 부르고, 그 가족을 '도쿄의 일가'라고 불렀다.

6년 동안 망가지지 않은 자랑스런 책가방

그것은 '시어머니에 대한 배려'였음을 알았다

요즘 초등학교 어린이들은 6년 동안 같은 책가방을 쓰는 것은 당연한 것같이 생각하지만, 1951년에 학교에 들어간 나의 경우, 주위의 다른 아이들을 보면 그렇게 6년 간 같은 책가방을 메고 다니는 일은 거의 없는 듯하다. 소재가 지금 것과는 다르기 때문에 찢어지기 쉬워 3, 4학년 때쯤 되면 대개 덮개를 붙인 부분이 찢어져 더 멜 수가 없으므로 새 가방을 사는 일이 많았다. 왜 이런 것을 회상하는가 하면, 그것도 '고급'의 책가방을 메고 다녔던 것이 지금 생각해도 자랑스러웠기 때문이다. 내 책가방은 도쿄의 외삼촌이 사준 것이기 때문에 좋은 '가죽'으로 만든 것이니까 튼튼했다는 생각이 내 머리에 배어 있었던 것이다. 사실 나는 초등학교를 졸업할 때까지 같은 책가방을 메고 다녔다.

언뜻 보기에는 책가방이 같아 보이지만, 내 것은 분명히 다른 친구들의 것과 감촉이 달랐다. 내 멋대로의 상상이지만, 다른 아이들 것은 대개 '단단하고 두툼한 종이'로 만들어(?) 앞뒤에 천이나 마포를 씌운 것이고 그 위에 색칠한 것이기 때문에, 그런 인공 가죽의 책가방이 보급된 것은 아니었을까. 재질이 약했다. '가죽' 제품이라도 모공(毛孔)이 숭숭 뚫려 감촉이 거칠었다. 내 책가방은 쇠가죽을 무두질하여 만들었으므로 튼튼한 느낌이었다. 멜빵, 끈의 고리가 망가져 구두방에서 한 번 고친 일은 있지만 책가방 본체는 6학년을 마칠 때까지 아무 문제가 없었다. 아직도 그 기억이 생생하다.

시골의 철부지 소년인 나는 언제나 마음속으로 '도쿄의 외삼촌'을 의식하면서 '가죽' 책가방을 메고 학교에 다녔던 것이다. 우리 집에서는 그 책가방을 '도쿄의 외삼촌이 사 보낸 것'으로 알고 있었다. 네 살 위인 형도, 종전(終戰) 초에 입학을 하였기 때문에 어떤 소재로 만든 것인지 모르지만, 외삼촌이 보내준 책가방이었을 것이다. 동생한테 사주었는데 형에게는 안 사주었을 리가 없기 때문이다.

이제까지 외삼촌이 왜 책가방을 사보냈을까를 생각해본 적이 없었으나, 지금 생각해 보니 아이들이 초등학교에 입학하면 으레 부모나 조부모가 사주는 것이 보통이라. 외할머니(소하치의 어머니)가 아직 건재하였기 때문에, 외삼촌으로서는 '손자의 입학을 축하'함으로써 외할머니를 기쁘게 해 드리려는 마음에서 그랬던 것이 틀림없는 것 같다. 생질의 책가방을 사 보냈다는 말은 별로 들어보지 못했는데, 그것은 어머니를 생각하는 외삼촌의 효성이었을 것으로 생각된다. 다른 사람들의 경우, 친한 후배의 자녀에 대한 입학축하로 있을 수 있는 일이기는 하나, 여기서는 '손자의 입학을 축하'하도록 한 아들의 효성이라고 하는 것이 자연스러울 것이다.

그렇게 생각해보니까 납득이 간다. 이 책가방에는 외숙모의 '시어머니에 대한 배려'가 있었다는 것을 비로소 깨달았다. 외삼촌이 책가방까지 일일이 간섭을 했으리라고는 생각할 수 없기 때문이다. 그리고 또 한 가지 짚이는 일이 있었다.

우리 집에 앞바퀴가 부서진(스포크의 세 살이 부러진) 세발자전거가 있어, 학교에 들어가기 전에, 핸들을 잡고 앞바퀴를 들어 올려 두 뒷바퀴를 굴리면서 날마다 동네를 휘젓고 다녔던 기억이다. 웬지 부서지기 전의 삼륜차 생각은 안 나지만, 이 세발 자전거도 책가방과 같은 성질의 것이 아니었던가 여겨진다. 1947년 8월 무렵, 세발 자전거를 가진 어린애는 시골에선 드물었을 것이고, 소상인인 우리 집에서 세발 자전거를 살 여유는 없었을 것으로 생각된다. 형은 1940년생이라, 얼마 후에 금속류 회수령이 내린 시대이기 때문에, 그 세발 자전거는 1944년에 태어난 내가, 유아기가 되었기 때문에 외삼촌댁에서 선물로 보낸 것이 거의 틀림없다. 지금의 것에 비하면 차바퀴의 재료가 조악하고 약했기 때문에 앞바퀴의 살이 부러졌을 것이다.

초등학교 때 책가방 외에 자랑거리가 또 하나 있었다. 외할머니가 돌아가신 이듬해의 백중 날로 기억되는데, 외삼촌네 가족이 성묘를 하려고 찾아와, 5, 60리나 떨어진 스하라(須原)의 인공호까지 보트를 타러 갔던 일이다. 아무튼 택시로 40분도 더 걸리는 거리를 왕복한 것이 무엇보다도 자랑스러웠다., 이 사실을 언젠가 다른 아이들 앞에서 말할 기회가 있기를 바랐지만 초등학교를 마칠 때까지 그 기회를 갖지 못한 것이 몹시 서운했다.

지금은 장시간 택시를 탄 것을 자랑으로 생각하는 아이가 있다면, 그야말로 웃기는 소리라고 하겠지만, 60여 년 전의 시골 초등학생은 친구 중에 아무도 경험해보지 못한 그런 뿌듯한 경험을 마음속으로 은밀히 우월감을 느꼈던 것이다. 지금의 아이들은 택시는 그만두고, 여객기를 타고 해외여행을 했다고 해도 그것을 자랑으로 여기지 않을 것이다. 그러나 당시 초등학교 3학년인 나는 택시로 '장거리'를 다녀왔다는 것이 자랑스럽기만 했다. 그것은 '도쿄의 외삼촌'이 베풀어준 은밀한 '자랑거리'였던 것이다.

교장선생님이 우리 집을 찾아오셨다!

'외할머니 장례'에 얽힌 회상

초등학교 2학년이 된 1952년 6월, 외할머니가 돌아가시고 장례를 마친 다음날이었던가, 초등학교 교장선생님이 여러 사람들과 함께 우리 집을 찾아오셨기에 나는 깜짝 놀랐다. 교장선생이라고 하면, 매주 월요일의 조례 때, 단상에서 '엄숙한 말씀'을 하는 가까이 할 수 없는 분으로, 우리 집과는 거리가 먼 분으로 생각하였기 때문에 놀랐던 것이다. 그것은 다름아닌 외삼촌을 만나려는 방문이었다(이 교장선생님은 6년 동안 바뀌지 않은 스미야스[住安]라는 분이었다).

무슨 일로 교장선생이 외삼촌을 찾아왔는지 이상하게 생각하면서 놀란 나는, 그 자리를 떠나 밖으로 나가서 놀았다.

얼마 후에 집으로 돌아와서 교장선생이 무슨 일로 우리 집을 찾아왔는가를 어머니에게 물어본 것 같다. 창립 80주년을 앞두고 '학교에서 그랜드피아노를 구입하는 일에 대하여 얼마쯤 기부를 바라는' 뜻을 가지고 왔던 것으로 기억한다. 이제 생각해보면 어른들 세상 얘기를 어린아이에게 가볍게 흘릴 어머니가 아니었기에, 어디에서 내가 귀동냥을 했는지 확실치는 않지만 어쨌든 그런 일이었던 것으로 기억한다. 그 후에 그 일이 어떻게 되었는지는 모른다.

교장선생과 함께 온 사람들은 아마 우리 고장의 교육위원과 PTA임원, 읍회의원이었을 것이다. 나는 교장선생의 얼굴밖에 모르니까, 항상 훌륭한 말씀만 하는 교장선생이 많은 사람을 데리고 왔다고 생각하지만 실은 PTA의 임원이 주역이었을 것이 틀림없다. 아무튼 그 훌륭한 교장선생이 만나러 찾아왔기 때문에 외삼촌은 더 훌륭한 분이구나 하고 생각할 따름이었다. 외할머니의 장례를 회상할 때마다 언제나 교장선생의 근엄한 얼굴이 함께 떠오른다. 돌이켜 생각하면 샌프란시스코 강화조약의 발효(4월 28일)로부터 2개월 후의 시기로 나라 전체가 아직 가난하였을 것이다. 학교의 시설이나 설비에까지 예산이 충분하지는 못하였으리라. 그러나 그 이듬해의 강화조약 발효·주권회복(점령통치 종료)에 관한 기억은 전혀 없다. 한국전쟁에 대해서는 '지금 전쟁을 하고 있는 곳이 어딘지, 알고 있니' 하고 친구들에게 말한 기억은 있으나 강화조약 발효에 관해서는 아무 기억도 없다. 초등학교 어린이들의 마음을 뒤흔들 만한 대대적인 식전이나 행사 같은 것이 없었기 때문일 것이다.

예전 같으면 온 나라가 일본 국기로 뒤덮일 만큼 '주권 회복'을 축하했을 것이다. 그렇게 함으로써 주권을 상실한 피점령기를 정상적인 기간이 아니었다고 국민에게 널리 강렬한 인식을 갖도록 하였을 것이고, 또 그 후도 여전히 미국의 시정권 아래 놓인 오키나와(沖繩) 현민의 '분한' 처지를 일본 전국인이 느끼

소하치의 어머니 세이의 장례식
왼쪽에서부터 세 번째에 서 있는 이가 외삼촌(46살)이고, 그 앞에 앉아 있는 사람이 외숙모이다. 외삼촌의 오른쪽에 서 있는 사람들은 순서대로 어머니, 아버지, 사촌누이 우에무라 치카시(결혼 전 성은 야마우치), 사촌형 야마우치 케이지(당시 중학교 영어 선생. 그 뒤 토에이 교육영화 프로듀서), 형(초등학교 6학년). 아버지 앞에 있는 사람이 나(초등학교 2학년). 외삼촌의 왼쪽은 사다오 씨(외삼촌의 아버지 타로시치의 생가, 우메다가의 계승자). 사진 촬영을 할 때에는 제단 준비가 끝난 장례식 전날인 1952년 6월 28일 오후로 여겨진다.

도록 했어야 한다고 지금도 생각하게 된다. 외삼촌은 20년 후인 1972년 5월의 '주권회복 20주년 국민대회'에서 회장을 맡게 되었는데…… 그것은 오키나와의 조국 회복이 이루어진(오키나와 반환협정의 발효) 다음날의 일이었다.

8월 24일 세상을 떠난 외할머니(향년 76세)의 장례는 29일에 이루어졌다. 《도쿠가와 이에야스(德川家康)》의 신문연재가 시작된 지 3년째로 외삼촌의 저작 사정 때문에 좀 시간이 걸린 것으로 생각된다. 다음 귀성 때에 외삼촌이 가끔 한 말이지만, 문병하러 왔을 때 외할머니가 '죽었다는 전보가 오더라도 곧올 생각은 말아라. 알았어, 작업에 지장이 없도록 하고 나서 오란 말이다. 장례는 그 다음에 해도 된다'고 하였다는 것이다. 그때도 그랬듯이 '어머니의 억센 기질은 돌아가실 때까지 변함이 없었어'라고 하면서 외삼촌은 눈물을 쏟았던 것이다.

식품 잡화의 소매가 우리 집 가업이었는데 장례식을 집에서 하게 되어, 상품들을 한쪽으로 정리한 가게의 부분과 거실을 하나의 방같이 만들었다. 집 앞에는 큰 화환이 장식되고 제단 둘레에는 꽃들이 가득 찼다. 그 앞에 과일 바구니가 줄을 지었다. 그리고 스님이 몇 사람이 온 것이 뇌리에 강한 인상을 남겼다. 5, 6명이 원형을 그리며 빙빙 돌면서 불경을 외웠다. 화환은 신문사와 출판사에서 보낸 것이고 여러 스님에 의한 독경은 외삼촌의 효심의 표현이었던 것이다. 큰 화환이 많이 늘어서게 된 것도 도쿄의 외삼촌이 훌륭하기 때문이라는 생각이 들었다. 며칠 후에 근방의 외할머니가 조문을 와서 '그렇게 호사스런 장례는 보지 못했다'고 감격스런 말을 어머니에게 한 것을 지금도 기억하고 있다.

장례를 지낸 직후 나는 학교의 작문에서 '화장으로 불탄 외할머니가 뜨거우셨으리라 생각이 되어 선풍기를 소각장 쪽을 향해 돌렸다'는 글을 썼다. 이 작문이 어떻게 아버지 눈에 띄었는지 그 뒤 49제와 1주기, 그리고 세 번째 기일을 맞을 때에도 아버지는 웃으면서 이 말을 친척들에게 자랑스레 하기 때문에, 부끄럽고 얼굴이 화끈한 묘한 느낌이 들었다. 이 작문이 머리에 남은 것은 아버지가 몇 번이나 다른 사람들에게 말하였기 때문이고 그때마다 얼굴이 화끈해진 것이다.

(나는 일본 고래의 영혼관과 융합하여 변질한 일본 불교='누구든 망자를 부처라고 부르는 장식(葬式)불교'에 의미가 있다고 생각하며, 장식불교를 비웃는 현대의 풍조에는 위화감을 느끼고 있다. 다만 외래불교='석가를 우러러보고 자신을 높이기 위해 수행하는 구도(求道)불교'를 '장식불교'로 만든 신지(神祉)신앙에 씻김굿의 원점이 있다고 생각하기 때문에 1994년 갑자기 죽은 아내에게는 신장제(神葬祭)로 장례를 치뤘다).

외할머니의 1주기에 세운 묘석의 명(銘)은 에치젠(越前) 에이헤이(永平)사의 주지 구마자와(熊澤) 선사의 글씨로 씌어졌다. 우리 생가의 신앙은 조동종(曹洞宗)이다.

해마다 8월 백중불공 때가 되면, 아버지는 두 초롱의 등불을 불단에 장식했다. 이 때도 외삼촌이 훌륭하기 때문에 제등을 보내온 것이다. 그 덕분에 밝혀진 신묘한 제등을 쳐다보는 것이었다.

명민하고 고집이 센 '소하치 어머니', 눈물이 많던 '소하치 아버지'

외할머니에게 응석을 부려 '외삼촌이 보낸 달콤한 팥청국장'

'세이' 외할머니는 이제 생각해보면 역시 '야마오카 소하치의 어머니'로서 어울리는 억센 기질로, 지는 법이 없고 재질과 민첩성을 겸비한 여인이었다. 그 옹고집은 아무도 꺾지 못하였다.

외삼촌의 자서전(《대중 문예》 연재, '어느 얼간이 사내의 일생—미완성)에 따르면, 어머니에게 몇 번이나 들었던 이야기지만, 대릴사위를 들인 외동딸(오빠가 있었으나 19세로 요절)이었으므로, 아버지인 구마기치(熊吉)와 부딪쳐 옥신각신 끝에 남편인 타로시치(太郎七)와 사이의 세 자녀를 데리고 집을 뛰쳐나왔다. 위로 언니가 둘 있었는데 모두 출가하였고, 큰언니 부부도 함께 3세대가 같이 살다가 가운데 부부가 떠나온 셈이다. 그때 외삼촌은 아홉 살, 어머니는 여섯 살이었다고 한다. 외할머니는 39세, 할아버지는 50세였다.

그 충돌의 원인은 소하치의 아명인 쇼조(庄藏)가 초등학교 입학 통지서에 '아버지 구마기치의 차남'으로 등재되어 있는 것이 밝혀졌기 때문이다. 즉 호적상으로는 어머니의 아들인 쇼조가 '동생'으로 되어 있어 가독(家督 : 큰아들 단독상속이 원칙)이 남편을 젖혀 놓고 아들로 이어지도록 되어버린 것이다. 외할머니의 입장에서 보면 데릴사위로 들어온 남편이 완전히 무시됨으로써 남편의 생가에 대한 면목도 없게 된 꼴이었다. 그래서 부녀 관계가 나빠질 수밖에 없고, 집안의 분위기도 험악해졌다. 이대로 아버지와 같이 살다가는 침통한 남편의 건강이 걱정되어…….

그런데 구마기치는 왜 '외손자인 쇼조(소하치)'를 '자기의 아들 쇼조'로 계출을 하였을까. 여기에는 웃지 못할 곡절이 있었던 것이다. 아들이 19세에 죽고, 손자들이 태어나도 줄줄이 딸들뿐이라 '야마우치(山内) 집안에는 아들 복이 없다'고 체념하고 있던 터에 귀한 아들이 생긴 것이다. 그래서 무사히 성장하기를 바란 나머지 '내버린 자식은 잘 큰다'는 미신적 풍습에 따라 자기가 '거두어 들인 어버이'가 되려는 마음으로 '아버지를 구마기치로 하여 차남으로' 출생계를 냈던 것이다. 이런 사연을 외삼촌은 자서전에서 '조부가 돌아가시면 당연히 내가 가독을 잇게 되었다.' 그래서 부모님에게는 본의 아닌 불효자가 된 셈이라고도 썼다.

그러나 다투고 나서 집을 뛰쳐나온 뒤 외할머니는 먹고 살 일이 막막했다. 외삼촌은 어린 나이에 철이 들어 곧 신문배달을 시작했다고 한다. 떠나는 딸 부부에게 땔나무 열 뭇과 쌀 한 섬 외에는 아무것도 주지 않았던 것은, 빨리 돌아오기를 바랐기 때문이었다. 집을 나올 적에, 구마기치는 외손자인 쇼조에게 '집에 남아 있으면 사범학교에 보내서 교사가 되도록 하겠다. 엄마를 따라가면 머잖아 불쌍하게 될 수밖에 없다'고 선택을 강요했다고 한다. 외삼촌은 어린 나이에도 '가난해도 좋아요, 엄마하고 살 거에요'라고 단호한 태도를 보였다고 한다. 외할아버지는 크게 실망했던 모양이다.

외삼촌은 품삯 일을 하려고 새벽부터 밖으로 나간 부모를 대신하여, 아침 밥을 짓고 여동생(우리 어머니)의 머리 손질을 해서 이웃 집에 맡기고 등교를 했다. 기꺼이 여동생을 맡아 점심 걱정을 하지 말라고 친절을 베풀어준 이웃 분들에게 감사한다고, 훗날 고향에 올 때마다 눈물을 흘리며 그 얘기를 했다. 그런 가운데 농사를 하는 한편 제사업(製糸業)을 운영하는 유키치(雄吉)의 동생 도라키치(寅吉) 숙부의 도움으로 1년 후에 어떻게 시작한 것이 '싸구려 물건을 파는' 가게였다. 외삼촌은 그 가게 일을 열심히 도왔다고 한다. 초등학생이면서도 연말의 계산 청구서라든가 그 징수, 현금판매의 행상까지 하였다. '내가 하는 행상이 어머니에게는 괴로웠던 것 같다'고 외삼촌은 어머니 세이를 회상하였다. '쓰키히야(月日屋)'라는 가게 이름이 나는 어려서부터 마음에 들었다.

성장함에 따라 점점 더 마음에 들었다. 누가 붙인 이름인가를 고등학교에 다닐 때 어머니에게 물어보았다. 어머니의 말로는 하룻밤을 쉬고 간 나그네 스님이 감사한 답례로 지어준 이름이라고 했는데 외삼촌에게 좀 더 자세히 물어보지 못한 것

어머니 세이에게 안긴 한 돌 맞은 소하치
《대중문예》 야마오카 소하치 추도호에 실린 사진이지만, 같은 사진을 소년시절에 몇 번인가 본 적이 있다. 돌아가신 '어머니 세이'를 그리워하듯, 어머니가 종종 서랍 안에 있는 상자에서 꺼내어 보고 있었기 때문이다. 어머니는 그 당시 아직 태어나지 않으셨다. 그 당시에 나는 어머니 곁에서 사진을 함께 보면서, 어린 마음에 사진 속 외삼촌이 너무나 기묘하게 보였다.
그러나 할머니의 표정에는 어린 아이가 보기에도 끌리는 무언가가 있었다. '당차다'와 같은 어려운 단어는 아직 모를 때였지만, 표현하자면 그런 단어였다고 생각한다. 지금 새삼 다시 보아도 할머니의 호기로우면서 지기 싫어하는 성격이 사진에 나타난 것이라고 생각한다. 32살이었다. 할머니는 내가 초등학교 2학년이던 6월에 돌아가셨다. 나는 언제나 그녀를 '할매'라고 불렀다.

을 조금 후회하였다.

할아버지인 다로시치(太郎七)는 58세로 갑자기 세상을 떠났다고 외삼촌은 자서전에 썼다. 아버지는 '어머니보다 몇 배나 잘 울었다고 하였다. 형님이 집 앞을 지나가더라고 하며 울고(타로시치는 자기 아들이 장인의 아들로 등재되어 있는 것도 모르고, 자기는 쓸모없는 인간이라고 스스로를 비하하며 우메다(梅田) 집안 선조에게 욕된 인간이기 때문에, 생가로부터 절교를 당한 것이다), 17세의 딸 시게가 제사공장에 입주하여 일하러 가게 된 것을 슬퍼하여 울고, 나무를 지고 걷는 아홉 살의 쇼조 다리가 너무 가늘다고 울었다. '이 분은 병적이었다고 해도 된다'고까지 썼는데, 이렇게 정에 여린 순수한 눈물은 그대로 외삼촌의 것이 된다. 소년시절 외삼촌이 고향에 올 적마다 '눈물'을 보였던 기억이 지금도 생생하다.

또 다로시치 아버지에게는 구입가격을 밝히지 않으면 마음이 풀리지 않은 '괴벽'이 있었다고 한다. 다로시치의 생가인 우메다 집안은 사찰의 장부에도 18대나 거슬러 올라가는 오래된 집안으로, 시골말로 하면 '나리님네' 아들로 곱게 자란 다로시치는 근방 사람들로부터 '부처님 다로시치'라고 불릴 만큼 호인으로 장사꾼과는 어울리지 않는 인물이었다. 아버지 타로시치는 '여봐라, 쇼조야! 넌 근성까지 싸구려 장사꾼이 되려느냐'라고 꾸짖은 적이 있다고 외삼촌은 썼다.

외할머니가 그리운 옛날 어릴 적 생각이 난다.

외할머니가 몸져 누웠을 때 '도쿄의 외삼촌'이 '맛있는 팥청국장'을 한 상자 위문으로 보내왔다.

초등학교 1학년 3학기였다. 외할머니는 거실의 안쪽 침실에 엎드려 있었다. 팥청국장 상자는 거실 탁자에 놓여 있어 학교에서 돌아오자 베갯머리로 가서 '외할머니, 다녀왔습니다' 하고 인사를 하면서 팥청국장이 먹고 싶다고 졸랐다. 그러자 외할머니는 '그 상자를 가져오라'고 하였다. 그리고 상자를 '네가 열어서 다섯 알만 꺼내라' 하였다. 나는 외할머니의 베갯머리에서 상자를 열어, 엄지손가락 크기의 청국장을 하나, 둘……하고 센 다음, 보석상자나 되는 것처럼 가만히 들고 온 자리에 다시 가져다 놓았다.

막과자는 가게에서 팔지만 '상자에 든' 달디단 팥청국장 맛은 각별했다.

'거친 신'이 찾아오다.

외삼촌의 귀성은 '맑은 날' 행사지만

한 해를 살자면 갖가지 일어나는 일들을 연구대상으로 하는 민속학에 '맑음'과 '흐림'이라는 개념이 있다. 생업에 열중하는 일상적인 날과, 제례 같은 특별한 일을 하기 위해 작업을 쉬고 의식주를 바꾸는 비일상적인 '맑음'이 짜맞추듯 어우러져, 1년의 생활은 균형을 이루게 된다는 것이다. '맑은' 날은 의식주뿐만 아니라 기분도 새로워지는 것이다.

2, 3년에 한 번 다니러 오는 외삼촌이 머무는 며칠은 우리 집에는 특별한 날이고 그야말로 '맑은 날'이었다. 어느 날 가겠다는 연락이 오면 대단한 집은 아니지만 외삼촌네 가족이 쉬게 될 2층의 객실은 물론 거실부터 계단, 주방, 목욕탕, 화장실까지 온 집안이 말끔해진다. 정리 정돈하는 일이 얼마 안 된다고 하지만, 어린 내 마음에는 아주 개운해진 것같이 느껴졌다. 무엇보다도 어머니가 활기 있어 보였다. 데릴사위를 맞아 집안을 이어가기 때문에 보람찰 수밖에 없을 것이다. 오빠에게 잘 보여 안심시키고 싶다는 생각도 자연스러운 일이다. 조금 장만한 전답은 다른 집에 빌려주고, 식품 잡화를 파는 작은 가게를 하고 있으니까 손님의 응접도 있어, 평소에는 가사를 돌볼 겨

를이 없는 어머니지만 외삼촌이 오게 되면 여느 때와는 달랐다. 온 집안이 바짝 긴장된 느낌이 들었다(아무 예고도 없이 가방만 들고 외삼촌 혼자 온 적이 있어 놀란 적이 있는데, 그 얘기는 다음에 하기로 한다).

아마 신문이나 잡지의 연재를 들러맞춘 다음에 오기 때문에 작업이 있을 리 없어, 저녁때부터 홀가분하게 술을 마시면서 오랜 시간 큰소리로 떠들었던 것이다. 그리고 웃는가 하면 금세 울음을 터뜨리고 또 큰소리로 웃는다. 어린 마음에 나는 알 수가 없는 일이고, 어른이 눈물을 주르르 흘리는 것이 웬지 좀 마음이 언짢았다. '도쿄의 외삼촌'이 자러 오는 것은 기쁜 일이지만 무조건 즐겁지는 않았다.

마시고 있는 데에 얼굴을 내밀면 이리 오라고 무릎 위에 끌어당겨 안고, '커서 무엇이 되고 싶냐?'고 하면서 볼을 비비면 수염이 쿡쿡 찌르는 아픔은 참을 수 있지만, '커서 무엇이 되고 싶냐?'는 물음에 머리 회전이 잘 안 되어 어떻게 대답해야 할지 몰라 머뭇머뭇할 수밖에 없었다.

나는 아버지하고 볼을 비빈 기억은 없지만 외삼촌이 볼을 비벼준 기억은 많다. 초등학교 4, 5학년이 될 때까지 외삼촌이 고향을 찾아올 때마다 되풀이되는 일이었다. 그럴 적에 누구나 황홀하게 만들 것 같은 눈빛이 지금도 눈에 선하다. 술꾼이 내뿜는 숨의 미묘한 감미를 띤 냄새와 따끔따끔한 수염의 아픔은 아버지와는 연분이 없는 것이었으나, 기쁘기도 하고 언제

또 울음을 터뜨릴지 몰라 어쩐지 두려운 듯한 마음으로 무릎 위에 앉아 있었다.

고향에 올 때마다 술을 밤 늦게까지 마시면서 웃었다 큰소리로 울다, 또 웃다 하는 것이었다. 예를 들면 연극의 흉내를 내는가 싶으면, 고인이 된 아버지 얘기를 꺼내어 갑자기 눈물을 흘렸다. 17세 때 급하게 세상을 떠난 아버지 다로시치의 임종을 보지 못했다. 죽은 아버지의 이불에 들어가 하룻밤을 샌 얘기를 하면서 '진정 싸늘하게 되고 말았는데……그때는' 하고 눈물을 주르르 흘렸다. 고인이 된 어머니가 보고 싶다고 '청산은 민둥산같이 눈물이 마르고, 강과 바다도 모두 눈물이 마르도다'라고 한 《고지키(古事記)》에 나오는 스사노오노미코도(須佐之男命)의 통곡도 마치 그런 것이 아닐까 하는 생각이 들 정도였다.

술을 마시고 말이 많아지기도 하며 노래를 부르기도 하고 떠들어대는 어른을 몇 번이나 보았지만, 여기까지는 외삼촌도 마찬가지였는데 더욱 크게 흐느껴 울면서 주르륵 눈물을 흘리는 어른은 또 없었기 때문에 왜 그토록 우는지 이상했다. 그런 때 함께 온 외숙모도 그리고 아버지와 어머니도 침착하게 상대를 하였다. 왜 놀라지 않을까. 이것도 이상한 일이었다.

중학생이 되었을 때였을까. 무엇인가 심금을 울릴 적에는 참지 못하고 일시에 눈물을 쏟아낸다는 것을 조금은 알게 되어, 까닭모를 무서움도 서서히 사라지게 되었다. 그렇지만 그렇게까지 우는 사람은 그리 많지 않을 것이다.

그리고 외삼촌네가 돌아간 뒤 며칠은, 태풍이 지나간 다음 같이 집안이 조용해져 쓸쓸하게 느껴지기도 했다. 학교에서 돌아와서도 어쩐지 텅빈 것 같았다. 맑은 날씨에서 평상시로 돌아온 것이다.

열정적 격정적 희로애락

효성을 보인, 상심한 어머니께 보낸 '애도의 편지'

희로애락의 감정 폭이 도를 벗어났다고 해야 할까. 술이 들어가면 그것이 들어나는 것 같았다.

외삼촌이 왔다는 말을 들은 근방에 사는 동급생이 얼굴을 내밀면 '와' 하고 큰소리를 지르며, 농사 일로 볕에 그슬려 검게 윤이 나는 대머리를 할짝할짝 핥는다. '이 녀석은 나보다 학교 공부를 잘했다'고 하면서 기뻐서 어쩔 줄을 모르는 모습이었다. 이웃 동네로 출가한 이모(외삼촌보다 여덟 살 위의 누나 '시게')에게는 자주 고함을 쳤다. 이모가 뭐라고 변명을 하면 또 고함을 친다. 그럴 적에는 옆방으로 피했는데, 무서웠다. 지금 생각해보면 정말로 화를 냈는지 어떤지 알 수가 없다. 어머니에게도 '이 방자한 데릴사위를 끌어들인 주제에' 하며 큰소리를 퍼붓는 것이었다. 누나와 여동생을 마주한 자리를 즐기는 것인지는 몰라도 어린 나에게는 알 수가 없었다.

내가 초등학교 2학년이 되었을 때는 외삼촌의 맨 위 누나와 둘째 누나, 그리고 막내도 이미 귀적(鬼籍)에 들어가 있었다. 여섯 남매 중 절반이 세상을 떠난 것이다. 그것도 나이 젊은이부터 차례차례 떠난 것이다. 맨 처음에 죽은 막내 여동생 다카는 이웃동네로 출가하여 1년 남짓 된 1941년 6월에 임신한 몸으로 병이 들어 작고하였다. 그래서 우리 집 불단에 걸린 큰 영정을 보면서 나는 자랐다(향년 25세). 그야말로 '미인 박명'이라는 말만큼 잘 생긴 미인으로, 외삼촌에게도 자랑스러운 여동생이었음이 틀림없다. 미인인 데다 많은 청중 앞에서 태연하게 독창을 하고 적극적이며 장난기도 많은 성격으로, 이 고장에서 칭찬이 자자한 인기 있는 여자였던 것이다. 이 이모가 작고했을 때 외삼촌이 외할머니 세이에게 보낸 애도의 편지가 있다. 최근 책장에서 나온 이 곳 니카타의 오래된 잡지(《호광(護光)》 1979년 2월호)에 실린 기사에 어머니가 제공한 것으로 생각되는데, 그 전문이 게재되어 있다(사이토 미쓰오(斉藤光雄)씨 〈향토사, 야마오카 소하치—그 성장 과정 등—〉).

아마 이 잡지가 간행된 직후에도 읽었을 테지만 그때는 아직 모자의 애정 깊이에는 생각이 미치지 않아 그다지 인상에 남지 않았다. 그 때문인지 편지의 내용을 까맣게 잊고 있었다. 다시 읽어보니, 임신한 딸을 여읜 '어머니'의 슬픔을 성심으로 위로하려고 한 외삼촌의 진정이 통렬할 정도로 느껴져 이렇게까지 썼구나 하는 젊은 날의 자신의 어리석음이 부끄러웠다. 그것은 외삼촌의 효성을 잘 보여준 글이다.

관생(冠省)

어쩌다가 다코(子 : 여동생의 애칭)가 죽었다니, 너무나 갑작스런 일이라 꿈만 같지만 살아 있는 것은 언젠가 반드시 죽기 마련이므로 낙심만 하시지 말고 마음을 단단히 하셔야 됩니다. 가보지 못한 것이 참으로 죄송스럽지만, 그 대신 오늘밤은 여기에서 철야를 하였답니다. 염불을 드린 것입니다. 틀림없이 그 애의 영혼과 통하였으리라 믿습니다.

어디를 가든지 귀여움을 받던 아이였으니까 극락세계에서도 사랑을 받을 것입니다. 어머님도 세상에서 기질이 강한 분이라고들 합니다. 또 참으로 드문 강인한 성품이시기에 어떻게 그리 앞서 떠났느냐……그렇게 여기시고 결코 기력을 잃으시면 아니됩니다.

세상에는 세 아들을 모두 나라를 위해 전쟁에 바친 사람도 있습니다. 그런 경우를 생각하면 아직 다섯 명이나 저희들이 있고, 다코 대신 미요(美代)와 저 히데오(秀雄)도 정성껏 효도를 하겠습니다. 그 아이 대신 세상에도 기여할 것입니다. 날마나 기도도 드릴 것입니다. 어쩔 수 없는 일이니 체념하십시오. 어머님의 건강이 나빠진다면 그 아이의 영혼에도 악영향이 될 것입니다.

세상은 생각하기 나름이고 여섯 명이나 자식이 있기 때문에, 어머님이 저승으로 가실 때에 한 명쯤 마중을 나오는 자식이 있어도 활기가 있어 좋지 않겠어요. 그렇게 생각하셔요. 틀림없이 체념하게 되실 겁니다.

저도 내달에는 가겠습니다. 가서 재미있는 얘기와 고마운 말씀을 한껏 해 드리렵니다. 그 때 강건한 모습으로 유쾌하게 웃어주시기를……다코는 그런 것을 제일 좋아하였어요. 늘 활기에 넘친 아이였으니까. 제가 가면 또 한 되병을 가지고 뛰어올지도 모릅니다.

인간은 정신만 견실하면 삶과 죽음을 초월하여 언제나 마음속으로 만난다든가 말을 한다든가 할 수 있는 존재이기 때문에……반대로 소리없이 너무 훌쩍거리면 선조님에게 꾸지람을 들을 것입니다. 저도 귀엽기 짝이 없지만 울지 않습니다. 울면 그애가 극락으로 가는 데 장애가 됩니다.

자, 어머님도 벙긋이 한 번 웃어주십시오. 그 웃는 얼굴을 다코가 얼마나 기뻐하겠습니까.

부디 옥체 강령하시기를 기원합니다.

철야한 아침

쇼조(庄藏)
어머님께

'기력을 잃으시면 아니 됩니다' '내달에 갈 때에는 재미있는 얘기를 많이 해 드리겠습니다' '울면 그애가 극락으로 가는데 장애가 됩니다' 라고 어머니에게 써 보낸 외삼촌이지만, 자기는 눈물을 닦으면서 편지를 썼을 것이다. 어머니를 만나서 '재미있는 얘기'를 시작할 때까지 '실컷 울지 않았을까. 반대로 '세상에서 기질이 강한 분이라는 말을 듣는' 어머니한테 "쇼조야! 이젠 그만 울어라"하는 말을 들었을지도 모른다. 그런 관경이 눈에 보이는 것 같다.

'철야한 아침'이라고 쓴 애도의 편지인데 서두에 '오늘밤은 여기에서 철야를 하였답니다. 염불을 드린 것입니다'라고 과거형으로 되어 있다. 아마 어머니가 봉투를 뜯은 때를 생각하지 않았을까 생각된다.

귀성 중의 외삼촌 이야기로 돌아가면 그 며칠은 일상적인 집필에서 해방된 비일상의(맑음 시간이었을 것이 틀림없다. 원래 희로애락의 진폭이 큰 데다 귀향함으로써 평상시의 테두리에서 벗어나게 되는 것이다. 시게 이모나 우리 어머니에게 지르는 고함소리는 유리창이 와장창 깨지지 않을까 걱정될 정도의 큰소리였다. '그 따윗 소리를 하면 안 돼.' '어째서 내 말을 못 알아듣는 거야, 바보같이!' 그렇게 노려보는 눈빛은 보통이 아니었다. 때론 사람을 녹이는 눈빛이 여기에서는 상대를 위압할 만큼 무시무시했다. 싸움이 벌어져 진짜로 화를 낸다면 더 무서운 험상이 되었을 것이다. 그러나 술자리에서는 그것이 또 엉뚱한 일로 웃음 소리로 변하기도 한다.

외삼촌의 어느 장면을 보는가에 따라 소하치상(莊八像)은 전연 달라진다.

죽마고우의 벗겨진 대머리를 핥는다든가 눈물을 흘리면서 고인이 된 부모님을 이야기하며 누나와 여동생에게 '고함'을 치는 정도라면 괜찮지만 친척 집에서 대판 싸움을 벌일 뻔하여 주위 사람들을 불안하게 한 일이 있었다. 그것도 70이 가까운 연세에 일어난 일이다. 나는 그 자리에 없었기 때문에 들은 얘기지만, 친척이 재를 올리는데 초청을 받은 외삼촌이 불사(佛事)의 자리에서 처음에는 기분좋게 술을 마셨는데 어쩌다 기분 상한 일이 있었는지 같은 연배의 6촌 형제와 언쟁을 했던 모양이다. 이런 때의 음성이 유난히 크고 험상궂은 표정이 보통이 아니기 때문에 외삼촌을 잘 모르는 사람들은 놀랄 수밖에 없었을 것이다. '야마오카 씨는 술이 취하면 어떻게 할 수 없는 사람이야'. 그 자리에 있던 부인들 중에는 고함 소리만 듣고도 기절초풍을 했던 모양이다.

노경에 들어서도 이만큼 에너지를 발산하였으니 젊은 시절의 무용담은 상상하고도 남음이 있다.

《소하치 전집》에 실린 연보에는 1934년 그 당시의 주간신문에 다음과 같은 기사가 나와 있다.

잡지기자인 Y가 대중문단의 거장 요시카와 에이지(吉川英治) 씨에게 집필의 약속을 받아냈지만 기다려도 원고가 오지 않았다. 독자에게는 이미 제목 이름까지 예고한 상태였다. 몇 번을 재촉해도 다음달부터 다음달부터는 하면서 반년이 지나가 버렸다. 원고료가 싸기 때문에 강력히는 말을 못했던 것 같다. 그런데 오해가 있어 '파약한다'는 연락이 왔다. 그러자 Y는 화가 나서 요시카와 씨의 저택으로 뛰어가 그의 멱살을 잡고 따졌다는 것이다.

이 때에 '선생에게 무슨 짓이얏' 하고 지켜보던 문학청년들이 뛰어들어 Y에게 철권을 휘둘렀기 때문에 Y는 '뻗어 버렸다'. 이 Y란 《대중 구락부》의 편집장 야마오카 소하치라고 보면 틀림없고, '문맥으로 볼 때 과장도 있겠으나 거의 맞는 말이다'라고 연보에 자세히 나와 있다.

중과부적(衆寡不敵)으로 당한 일이지만 지기를 싫어하는 외삼촌의 기질이라 그때에 어떻게 기지를 발휘하였는지 궁금한 일이다. 이 때 외삼촌은 28세, 요시카와 씨는 43세였다.

이상한 인연이라고 할까. 그로부터 34년 뒤에 외삼촌은 제2회 요가와 에이지 문학상을 받게 된 것이다.

외삼촌 내외와 '데릴사위 들인 딸' 어머니와의 관계

'올케와 시누이' 미묘한 줄다리기

고함을 칠 적에 어설피 '어쩌면 좋지' 하고 능숙한 듯 제지를 시키려 하면 역효과가 난다. 불에 기름을 붓는 결과가 될지 모르기 때문이다. 한바탕 떠들고 나면 외삼촌도 조금 조용해진다. 상태를 보아 '이젠 그만 하세요' 라고 외숙모가 한마디 하면, 또 불을 붙이는 꼴이 될 때도 있지만 대개는 조용해진다. 역시 외숙모만큼 외삼촌을 잘 다루는 사람은 없었다. '그만 하세요' 하면 그렇게 소리를 지르다가도 거짓말같이 빙그레 웃으면서 '그래, 그렇게 생각되나' 하면서 전선을 축소하는 것이다. 유쾌한 말로 바꾸는 기회를 기다리기라도 한 것 같다. 때로는 감당할 수 없이 돌진하는 멧돼지 같기도 하지만, 잘 피하면 큰 소동은 일어나지 않는다. 다루기에 따라 파도는 잠잠해진다. 역시 잘 어울리는 부부였구나 하는 생각이 든다.

신경이 세밀하다고 할까 과민하다고 할까. 감수성이 예리하다고나 할까, 전기를 잘 잡아 슬기롭게 하면 태도가 획 달라진다. 어물어물하고 있으면 초조해져 그래서 작은 불씨가 되어 버린다. 만일 외숙모가 없었다면 외삼촌의 인생은 어떻게 되었을까. 가끔 그런 생각이 든다. 어머니는 '쇼조는 보통이 아니니까, 좋은 배필을 만난 거야. 그렇게 영리한 사람은 별로 없어. 정말이야'라고 자주 며느리를 칭찬하였다.

부창부수(夫唱婦隨)라는 말이 있지만, 부창(夫唱)같이 보여도 실은 부창(婦唱)일지도 모르고, 부수가 반드시 부수(夫隨)가 되는 것도 아니다. 겉으로 보기에 부부의 결합에는 백양백색(百樣百色)의 진실이 있다고 말하기는 어렵지만 외삼촌 내외분을 돌이켜 보면 참 잘 어울린다는 생각이 든다.

외숙모는 외삼촌이 세상을 떠난 지 1년 후인 1974년 9월 10일 별세하였다. 향년 68세였다. 외삼촌과는 1946년에 결혼했다. '내조의 공'이라고도 할 수 있으나, 외삼촌네 부부는 네 손을 맞잡고 서로 열심히 살았다고 할 수 있다. 남편은 남편으로서 아내는 아내로서 각자의 역할을 충분히 수행하였던 것이다.

앞에서 '찌그러지지 않은 책가방' 얘기를 했지만 외숙모의 '시어머니에 대한 배려'가 있었던 게 아니었을까 하는 말을 하였는데, 가려운 데를 긁어주는 그야말로 현부인이라는 이름에 손색이 없는 여장부였다. 그러나 외삼촌과 함께 고향에 올 때는 평소 남편을 다루는데 얼마나 고생을 많이 하는가를 어머니에게 말하더라는 것이다. 물론 날이 샐 때까지 술을 마신 외삼촌은 아직 잠을 자고 있어 그 자리에 없었지만. 그런 때 어머니는 '정말 고생이 많으시네요' 하고 장단을 맞추며 주로 듣기만 했으나 거기에는 '올케와 시누이' 간의 보이지 않는 줄다리기가 있었던 것같이 생각된다. 앞에서도 적은 대로 어머니는 데릴사위를 들인 '아집'이 강한 여인이라, 외숙모와도 겨룰 만한 강인함이 있었다. 과연 '소하치의 여동생'임을 상기시키는 강기도 있었다고 아들인 나는 생각한다. 올케인 어머니는 외숙모보다 두 살 위였다.

그러나 생각해보면 두 분이 다 데릴사위를 만난 셈이다. 내가 결혼하여 외삼촌네 별채를 빌려 살 때였는데, 외숙모가 어떤 말 끝에 '미요(美代)님(어머니 이름)은 아집이 강하니까……' 라고 한 적이 있었다. 그땐 솔직히 기분이 좋지 않았으나 생각해보면 맞는 말이다.

지금에 와서 돌이켜보면 외삼촌을 지킨 외숙모의 마음고생은 참으로 힘들었을 것으로 생각되기에 그 안목으로 보면 작은 가게를 하는 어머니의 노고는 비교도 안 된다는 말을 하고 싶었는지 모른다. 아버지는 착실하고 점잖은 사람이었는데, 외삼촌은 별나게 에너지를 발산할 때가 많은 분이었기 때문이다.

하지만 외숙모의 마음고생이란 것도 외삼촌의 성품을 충분히 다 알고, 반한 남편과 호흡을 잘 맞추어 크게 출세한 남편을 뒷받침했다는 의미에서 아내의 역할을 다하였던 거이 아닌가 생각된다.

아무튼 외숙모와 어머니는 범상치 않은 서로 기회를 놓치지 않은 여장부들로 여겨진다.

'선량한 인간성을 말하는' "명랑한 술주정"

니이다 지로(新田次郎) 씨 왈 '아무튼 놀랐다니까요'

귀성한 외삼촌을 본 사람은 술이 들어가면 천변만화(千變萬化)하는 모습이었다. 세상에서는 이것을 주벽이 나쁘다고 할 것이다. 물론 주벽이 나쁘지 않다고 말할 생각은 추호도 없다. 하지만 주벽이라고만 할 수 없는 게 있지 않나 생각한다. 술자리에서 크게 웃는 모습과 사람을 반하게 하는 눈빛을 본 사람은 주벽이 나쁘다고는 하지 않을 것이다. 술자리에서 '거친 신' 같은 험상을 본 사람은 어떻게 할 수 없을 만큼 버릇이 좋지 않다고 생각할 것이다. 플러스와 마이너스의 진폭(振幅)을 재어 평균치를 낸다면 엇비슷한 것이 될지 모르지만 그럴 수는 없기 때문에 도를 벗어난 인물은 역시 다루기 힘들어 세상에서는 '주벽'이 좋지 않다고 할 수밖에 없을 것이다.

보통은 벗이난 '거치른' 에너지는 그대로 작업을 하는 에너지이기도 하기 때문에 술자리에서의 '난행'으로만 판단한다면 그 인물의 한 면만 보는데 불과한 것이 된다. 외삼촌의 경우, 도를 벗어난 '거치른' 파워는 그대를 작업에 쏟아 붓는 파워이기도 했다고 변호하고 싶은 것이다. 양면은 전체상을 보아주기를 바라는 것이다.

외삼촌의 '주정'에 대하여 《대중문예》야마오카 소하치 추도호(追悼号 : 1974년 2월호)에 작가인 기모토 마사츠구(木本正次) 씨는 니이다카(新鷹)회에서의 견문담을 실었다. 거기에 따르면, 술버릇이 나쁜 자기에 비하면 '야마오카 님의 폭언 따위는 축에도 못 낀다' 하였고, '그것은 음습(陰濕)한 게 아니라 드러내놓고 욕이나 폭언을 하는 명랑한 주사'였기에 그는 역시 인간성이 선량하다는 것을 말해준 것이라고 매우 호의적으로 썼다. 평소에 외삼촌을 아는 사람은 누구나 친근감을 느꼈던 것 같다.

또 외삼촌의 술에 대하여 오랫동안 《대중문예》 편집에 관여한 하나무라 스스무(花村奨) 씨(시인이기도 하다)는 같은 야마오카 소하치 추도호에 다음과 같이 썼다. '애주가이긴 하지만 아무리 취해도 심지는 끄떡이 없었다. 그래서 그가 제멋대로 큰소리를 치고 주먹을 휘둘러도 상대는 미더운 사람, 호인, 응석을 부려도 되는 사람들이었다고 생각한다. 그를 경원하고 피하는 사람도 있었으나 그런 사람은 모처럼의 좋은 기회를 놓친 아쉬움이 남는다'고 매우 호의적인 기록을 남겼다.

하나무라 씨는 같은 추도문에서 '나는 자주 야마오카 님이 마침 어떤 원고를 끝냈을 때 간 적이 있었다. 그런 때 야마오카 님은 '좀 들어주지 않겠어요' 하고 정중하게 원고를 낭독하여 들려주셨어요. 대여섯 장의 수필일 때도 있고, 2, 30장의 소설일 때도 있었다'고 한다.

'때로는 눈물을 보이고 호소를 멈출 수 없는 기백을 담은 야마오카 님의 낭독을 들으면서, 늙을 줄 모르는 왕성한 작가정신에 경탄하며……'라고 계속한다.

이런 정상적인 '숨은 노력'을 잘 알고 있기 때문에 주정하는 모습만 보고 피한 사람에게 '아까운 기회를……' 하고 애석하게 여겼을 것이다.

애주가인 소하치에 대한 호의적 비평은 그렇다 치고, 외삼촌이 작고한 직후(1973년 10월)의 《주간 현대》에 외삼촌과 강연여행에 동행하였을 때의 니이다 지로 씨의 추억담이 실렸다. 그에 따르면 '어느날 밤 내 소설 《피리 부는 사람》을 칭찬해 주셨어요. 그리고 눈물을 흘리셨어요. 그런데 갑자기 화를 내시더라고요. 어찌 할 바를 몰랐어요. 어떤 사람은 "술 주정"이라고 하는 것 같은데, 아무튼 깜짝 놀랐어요'. 당황한 니이다 씨의 모습이 눈에 보이는 것 같았다.

니이다카회의 본류인 공부모임에서는 '매리 폭언(罵詈暴言)'이라는 평을 내린 듯하다. 나오키(直木)상의 작가 호즈미 미하루(穗積驚) 씨는 같은 추도호에 다음과 같은 회고담을 실었다. 32장의 단편을 써서 '니이다카회의 비평을 바랐는데, 야마오카 님의 말이 제일 준엄했다' '매우 당황'했는데 '의외로 제36회 나오키상(1951년 하반기)에 뽑혔다' '야마오카 님의 혹평을 듣지 않았다면 그런 행운을 만나지 못했을 것이 틀림없다'고 한 것이다.

'연습'에서나 '무대'에서나 우는 "세다다니 단쥬로(世田谷團十郎)"

연극 끝나자 야마오카 님은 '물기'가 사라지고 없었다

눈물에 대해서 말한다면 눈물겹다 같은 수준이 아니었다. 단번에 내뿜는 그런 모습을 사람에 따라서 야마오카 님의 '사루(瀉涙)'라고도 하고, '사루(射涙)'라 했다고도 한다. 사루라면 '일사천리(一瀉千里)'의 '사'(내뿜는다)가 되지만, 같은 음이지만 후자같이 표기하면 적이 너무 즉물적이 되고 만다……. 하지만 당자인 야마오카 님은 자서전에서 니이다카회의 작가 동료로 친했던 다마가와 이치로(玉川一郎) 씨가 '내가 우는 것은 눈물을 흘린다고 하지 않고, 눈물을 분사한다는 그나름의 유모러스한 표현으로' 운운하며 '사루(射涙)'를 품위있게 적고 있다.

감정이 격하여 눈물 짓는 것은 반드시 술자리와는 상관이 없었다. 그것은 원래 순수한 진정의 표현이었기 때문이다. 소하치 전집의 상세한 연보에 갖가지 장면에서의 낙루 상태가 적혀 있다. 술자리와는 관계가 없다. 조사를 읽으면서라든가, 사이가 좋았던 작가가 작고한 베갯머리라면 다른 사람에게도 있을 법한 일이다. 하지만 또 연극을 하면서 '사루'가 되고 보면 '야마오카 소하치'의 독단장같이 된다. 앞에서 말한 것처럼 외삼촌은 아버지인 타로시치의 옛 일을 '어머니의 몇 배나 병적으로 울었다'고 자서전에서 회고하였는데, 그것은 또 외삼촌 자신을 말하는 것이기도 했다. 아버지에게 물려받은 '낙루'였던 것이다.

문인극(文人劇)의 눈물에 대해서 과연 외삼촌답다고 생각되는 것이 연보에 있기에 발췌하여 본다.

그것은 《문예 춘추》 주최의 문인극 '일본에서 가장 길었던 하루'에서 종전(終戰) 때 아나미 고래지카(阿南惟幾) 육군대신 역할을 했을 적 일. 만화가인 가도 요시로(加藤芳郎)는 다음과 같이 적었다.

'야마오카 님은 진정으로 눈물을 흘리면서 〈육상(陸相)〉 역할을 해냈다. 연습 때도 눈자위를 누르고, 분장실에서 비디오테이프의 TV에 비친 자기의 연기를 보면서 울고, 무대에 나가서도 실감이 나게 눈물을 흘렸다. 연극을 마치고 엘리베이터에서 만난 야마오카 님의 얼굴은 완전히 물기가 사라져버린 것 같이 보였다'

아나미 육군대신은 1945년 8월, 일본의 항복을 재촉한 미국·영국·중국의 포츠담 선언에 대하여, 일본의 본토 결전을 외치며 수락반대를 강하게 주장하였지만 천황이 수락의 결단을 내리자, 8월 15일 새벽 유서를 남기고 자결한 육군대장이다.

그 육군대신 역을 눈물로 잘 했다는 것이다.

젊은 주지의 설법을 울면서 끝까지 들었다.

외삼촌은 기일(忌日)법회를 거르는 일이 없었다

술과 상관이 없는 눈물에 대해서 이런 일도 있었다. 외할머니 세이의 23주기 법회 때의 일로 생각하는데 독경을 마친 단나(檀那)사의 30대 젊은 주지가 설법을 할 적에 외삼촌은 그것을 시작하자 울기 시작하더니 끝까지 혼자 계속 울었다. 어머니 생각이 나서가 아니라 젊은 주지의 설법에 감동을 한 것이 아닌가 생각한다.

주지의 말은 산채를 캐는 주부가 지름길로 가려고 철로를 걷다가 철교를 건너는 순간 불운하게도 하필 증기기관차가 다가오는 바람에 깔려 죽었다는 실제 있었던 비극을 말하며, 일상의 마음가짐이 소중하다는 것, 조금한 방심이 돌이킬 수 없는 일이 되고 만다는 취지의 설법으로 기억된다. 외삼촌의 누선(涙腺)을 늦춘 것은 주지의 말보다도 신도들 앞에서 훌륭한 설법을 한 단나사의 성장이 너무나 미더워서 그랬던 것이 아닌가 생각된다.

그 단나사가 먼 친척으로 나보다 두 살 위의 주지 계승자는 구마자와(駒澤) 대학 재학 중, 7월 백중에는 스님 앞에서 경을 외우기 위해 세다가야(世田ケ谷)의 외삼촌댁으로 갔었다고 다

음에 듣게 됐는데, 그날의 그 눈물은 기쁜 눈물이 틀림없다고 나는 확신하는 것이다.

재를 올리는 것은 내가 초등학교 4학년 2월(1955년), 외할아버지인 타로시치의 33회 기일의 법회였다. 성대하다고는 할 수 없지만 단나사의 본당인 관음사에서 엄수되었다. 1952년에 작고한 외할머니 세이의 법회도 정중에게 행하였다.

외할머니의 7주기는 중학교 2학년 때였는데, 그해가 밝아 정월이 지난 얼마 후에 '데릴사위를 들인 어머니'는 어떻게 재를 올리면 되는지, 날짜는 언제가 좋은지, 답례품은 어떤 것이 좋은지, 그런 것을 알아보는 장문의 편지를 외삼촌에게 띄웠다. 아무 실수가 없도록 '오빠'인 외삼촌한테 꾸지람을 듣지 않도록 편지를 쓴 것이다. 이윽고 '여동생에 대한 지시'가 적힌 '올케'의 답장을 받고 준비를 시작하였다. 기일의 법회는 내가 도쿄에 간 다음에도 이어져 그때마다 나도 틈을 내어 귀성하였다. 효성이 지극한 외삼촌의 모습도 가까이서 보게 되었다.

고향의 잔설(殘雪)을 보고도 외삼촌은 눈물을 글썽였다

'아버지 위패'를 지닌 어머니와 이세(伊勢) 신궁 참배

내가 교원이 된 지 5년이 지날 무렵의 3월 말, 외삼촌이 고향으로 오신다고 해서 나도 부모에게 돌아간 일이 있었다. 그해는 예년보다도 눈이 많이 와서 아직도 집 2층 높이까지 눈이 남아 있었다, 설국에서는 지붕에 싸인 눈을 몇 차례고 쓸어 내리기 때문에 집 주위에는 '토루(土壘)로 둘러싸인 것처럼 눈이 높이 쌓이게 된다. 시문이나 TV에서는 '눈 쓸어 내리기' 등으로 보도되는데 우오누마(魚沼) 지방에서는 지붕의 눈을 쓸어 내리는 것을 '눈 파기'라고 한다. 눈을 파내는 것이다. 이것을 보면 눈이 얼마나 많이 왔는가를 짐작할 수가 있을 것이다. 겨울의 추위라면 북해도에 크게 뒤지지만 눈의 양만큼은 일본에서 제1 많이 쌓이는 곳이다. 어쨌든 논밭의 눈이 사라진 뒤에도 집 주위에는 눈이 남는다. 특히 햇볕이 닿지 않는 집 북쪽 응달은 상당히 늦게까지 5월이 되어서도 눈이 남는 일이 드물지 않다. 3월 말에도 이곳은 일부의 큰 도로 외에는 길도 밭도 하얗게 덮이고 처마 끝에는 단단한 눈이 남아 있다.

눈이 많았던 그해는 많은 눈이 아직도 남아 있었다. 2층에서 눈을 보면서 이야기를 하고 있던 외삼촌은 잠시 침묵했는

가 싶더니, 갑자기 밖을 가리키면서 "얘, 이 눈을 보아라. 이 눈 아래에서, 이 눈 아래에서" 하고 말이 막혀, "에치고 사람은…, 에치고(越後) 사람은…" 하고 말하면서 눈물을 흘렸던 것이다. 나도 30 가까이 되어 있었으므로 이상하다고는 생각하지 않았다. 외삼촌의 마음을 짐작하고 잠시 추억을 함께 했던 것이다. 설국에서 눈이 쌓이지 않는 간토(關東)로 나오지 않은 사람 아니고는 알 수 없는 눈에 대한 감개가 스며 있기 때문이다. 그러나 고향의 잔설을 보면서 눈물을 흘리는 사람은 좀처럼 없을 것이다.

아버지 타로시치(太郎七)의 급서에 당시 17세의 외삼촌이 도쿄로부터 달려와, 숨이 끊어진 아버지의 이불 속에 함께 들어가서 하룻밤을 새운 일은 이미 말한 바 있다. 아버지의 죽음은 1923년 2월의 일이었으므로 바로 눈이 한창인 때였다. 잔설을 보고 눈물을 흘린 외삼촌의 뇌를 우선 스친 것은 아마도 눈 속에서 자란 어린 시절의 자기 모습이었고, 동시에 눈에 묻힌 것처럼 살았던 살아 계실 때의 부모의 모습은 아니었을까? 그것이 단숨에 주마등처럼 뇌리를 스쳐갔을 것이다.

이보다 반 년 전인 1973년 10월, 이세(伊勢)에서는 신궁의 제 60회 정천궁(正遷宮)이 엄수되어, 임시 출사자(出仕者)로서 작곡가 다이(黛敏朗) 씨, 성양화가 무카이(向井潤吉) 씨, 동경대 교수 (철학자) 우에야마(上山春平) 씨 등과 함께 외삼촌은 데이료(庭燎 : 마당에서 피우는 모닥불) 봉사를 부탁받았다. 야간에 신

뜰에서 피우는 화톳불 봉사에서, 전통의상 하쿠쵸(白丁)를 입은 외삼촌

1973년 10월 2일, 이세(伊勢)에 있는 신궁(神宮) 제60회 신령을 옮기는 식[御遷宮]에서 화톳불 봉사 역할을 맡았다. 외삼촌(67살)에게 있어 분명히 평생 가는 가장 감격적인 일이었을 것이다. 그것은 이 전통의상 '하쿠쵸(白丁)'를 입고 찍은 사진을 복사하여 친척들에게 나눠주고 다닌 것만 생각해도 잘 알 수 있다.

1967년 5월, 1969년 10월에 이어서 이 달의 31일에도 원유회의 초대를 받고 있다.

령이 신궁에 돌아오는데 그때 모닥불을 지키는 역할이었다. 이 봉사는 외삼촌의 생애에서의 감격적인 임무였다. 어천궁(御遷宮)의 봉사를 한 것을 명예로 생각하여, 얼마나 기뻐했는가는 훗날 그때의 백정(白丁 : 신사의 의식 등에서 물건을 나르는 사람)의 모습을 복사해서 친척에게 나누어 준 것으로도 쉽사리 짐작할 수가 있다. 제60회 어천궁에 앞선 6년 전 6월(1967년), 신궁의 용재(用材)를 신역으로 운반하는 가와비키(川曳)에도 작가 하야시(林房雄) 씨, 유명한 감담사인 다카라이(寶井馬琴) 스승 등과 함께 참가하였다. (나도 29년 후, 다음의 제61회 어천궁에 앞선(1993년) 1987년 6월, 국학원 대학 봉예단(奉曳團)에 끼어 육예(陸曳)에 참가하였다. 이 무렵 나는 야간 정규제 고교로 전근하여 낮에는 국제대학에 다니고 있었다. 당시는 문학

연구과 신도학 전공 박사과정 후기를 마치고 대학원의 특별 연구생이었다).

아버지의 죽음에서 17년 후(1940년), 작품이 영화화되어 원작료가 들어온 34세의 외삼촌은 64세의 어머니를 모시고 이세 신궁을 참배하였다. 이세의 여관에서는 '3인분의 식사'를 부탁해서 의심을 받았다고 한다. '또 하나의 상'은 아버지의 위패 앞에 놓였다. 위패와 함께 참궁(參宮)한 것이다. 외삼촌은 크게 울었을 것이다. 이 이세 신궁의 참배 이야기는 여러 차례 들은 기억이 있다. 물론 그 이야기를 할 때마다 외삼촌은 울었는데, 후년에 고향의 잔설을 가기키며 '에치고 사람은……, 에치고 사람은……' 하고 말하면서 오열하는 외삼촌의 뇌리에 떠오른 것은 눈이 한창 쏟아지는 한 겨울에 세상을 떠난 아버지의, 그리고 '평생에 한 번'의 이세 신궁 참배를 실현하지 못하고 돌아가신 아버지의, 살아계셨을 때의 모습이었을 것이라고 짐작이 가는 것이다. 거기에 어머니의 모습과 함께 있었을 것이라는 것은 두말 할 필요가 없을 것이다.

한 방울도 마시지 않는 것도, 마셔도 '태도가 흐트러지지 않는' 것도…

갑자기 가방만 들고 '3등차'로 상경하다

'도쿄의 외삼촌'이 오면 어린애 마음에 우선 술이, 이어서 눈물이, 웃음이 그리고 큰 목소리가 연상되는 것이지만 한 방울의 술도 마시지 않고 돌아가신 일이 있었다. 나름대로의 준비를 하고 있던 아버지와 어머니도 "술을 마시지 않아 정말로 마음이 편해서 좋았다"고 말하면서도 맥이 빠진 것 같았다. 이틀인가 사흘 유숙했는데 '태도가 흐트러지지 않고 돌아간 것이 약간 서운했다. 아직 중학생이 되지 않았던 무렵의 일이었던 것으로 생각한다. 참 진기한 일도 있는 법이구나 하는 생각이 들었다. 브레이크 역(?)의 외숙모도 함께였지만 정말로 마시지 않고 돌아간 것이다. 의사로부터 몸에 해로우니까 술을 삼가라는 말을 들었다는 것이 그 이유였다.

외삼촌이 상처를 입은 멧돼지처럼 되는 것은 외숙모가 잘 처리를 해주는 것을 예기하고 있는 점도 없지 않았으나 그 외숙모도 함께 있었는데 이제까지의 '거치른 신'이 거짓말처럼 즐겁게 이야기하고 웃고, 연극의 음색을 흉내내는 데에 머문 것이다. 눈물도 있었을 것이지만 술이 안 들어갔기에 그 양은 '약간 적었다'. 마시지 않으니까 시간도 짧았다. 심야에까지 이르기는 했지만.

외삼촌 내외가 돌아간 뒤 의사가 술을 마시지 말라고 한 것이 정말인가, 몸 어디가 나쁜가, 저렇게 기운이 펄펄한데 믿을 수가 없다고 하는 것이 부모의 일치된 생각이었다. 우연히 식사 시간에 화제가 되었기 때문에 기억을 잘 하고 있다. 부모가 내린 결론은 '술을 마시면 난동을 부리는 일이 있으므로 의사에게 부탁해서 그렇게 말하도록 한 것이라'는 것이었다. 어른의 세계에는 그런 일도 있는 것이구나 하고 감탄하는 마음이 들었다. 그리고 만약에 부모의 결론이 맞았다 해도 거짓말이라면 언젠가는 탄로가 나는 법이므로, 그때에는 오히려 더 큰 난리가 날 것이 아닐까 하는 걱정이 어린 마음에도 들었던 것이다.

이 이야기는 그것으로 끝이 나서 그 진상을 나는 알 수가 없다. 다음에 귀성했을 때에는 옛날로 돌아가 있었다.

그렇다고 어머니도 '올케, 사실은 어땠어요' 하고 물을 수도 없었을 것이다.

한 모금도 마시지 않고 돌아간 뒤 1, 2년이 지난 4월 말의 일이다. 저녁에 학교에서 돌아오자 거실에 외삼촌이 앉아서 웃는 얼굴로 나를 맞이하는 데 나는 놀란 것이다. 갑자기 찾아온 것이다. 강연 때문에 온 것이라고 했다. 이때에는 술을 마셨는지 어떤지 모른다.

이튿날 오후 귀경하는 외삼촌을 아버지와 형과 세 사람이 역까지 전송하러 갔는데 그날은 학교가 연휴 때였다. 그때의 외삼촌은 양복을 입은 모습으로 큼직한 가방 하나를 들고 있었다. 우리는 고무장화를 신고 있었다. 설국에서는 기온이 올라가 눈이 오지 않아도 4월 말경에는 경울의 연장으로 고무장화를 신고 있었으므로, 외삼촌의 갑작스런 내방 또한 연휴 무렵이었다고 생각된다. 하늘은 맑게 개어 있었다. 우에노(上野)행 급행열차 3등 칸을 타고 돌아갔다. 3등 칸은 지금의 보통 열차로 2등 칸도 연결되어 있었다고 생각하는데, 열차 전체는 낡았는데도 "여기면 된다, 여기면 된다"고 말하면서 3등차 문 근처의 2인석에 앉았다(2인용 좌석은 서로 마주 보는 것이 기변형 차량이었으나 문 가까이에는 벽에 면한 2인석이 붙어 있었다). 외삼촌은 51, 2세로 젊었던 것이다. 우에노까지의 4시간 남짓한 시간을 한숨 자면서 느긋하게 돌아가겠다는 느낌이었다.

이제까지 외삼촌이 올 때에는 항상 홈에 들어가서 2등차가 멈추는 위치에서 기다리고 있었으므로, 3등 칸으로 됐다고 말하면서 차에 오른 외삼촌에 약간 이상한 생각이 들기도 하였다. 이때는 3등차로 돌아가신 것이 뇌리에 강하게 남아 음주에 관한 일은 전혀 기억에 없다. 마시지 않을 리가 없으므로 아마도 마시더라도 '거친 행동은 하지 않았을' 것이다.

'눈물'도 없고 '흐트러짐'도 없이 끝난 회갑연 축하

마시면 '행동이 거칠어진다'고 정해진 것도 아니다

대학 4년 1967년 1월, 외삼촌의 환갑연에 초청을 받은 일이 있다. 이때에는 술을 마셔도 태도가 전혀 흐트러지지 않았다. 앨범으로 확인해 본 결과 모두 14명의 조촐한 연회였으나 시종 웃음을 띠고 즐겁게 보였다. '행동이 흐트러지는' 기색 같은 건 전혀 느껴지지 않았다. 자기의 회갑 축하에 동작이 흐트러지는 사람은 있을 수 없으나, 그래도 이제까지의 외삼촌이라면 지난날을 생각해 보더라도 크게 울어도 이상할 일은 아니었다. 그런데 "설마 이렇게 회갑을 맞이할 날이 올 것이라고는 꿈에도 생각하지 않았다"고 하면서 술잔을 거듭할 뿐이었다. 웃는 얼굴로 빨간 모자를 쓰고 빨간 소매 없는 웃옷을 입었는데 멋쩍은 듯이 보였다. 그로부터 3개월 뒤인 4월에 '도쿠가와 이에야스'의 마지막 권, 즉 제26권이 간행되었다.

연회장은 니코다마가와엥(二子玉川園) 근처에 있는 후지칸(富士觀) 회관 안의 약간 고급스런 느낌이 드는 요리집으로, 큰 방 한가운데에 황금 병풍으로 두른 연회석이 마련되어 있었다. 참고로 하는 말이지만 최근에 그 근처의 재개발이 진행되어 유원지도 후지칸(富士觀) 회관도 철거되어 대형 상업시설과 고층

맨션이 들어선 모양이다. 이따금 전원 도시선을 타고 전차가 니코다마 역에 가까이 가면, 아무런 탈 없이 평온하게 끝난 그날이 떠올라, 나도 모르게 차창 밖으로 시선이 가는 것이었다.

회갑연에서 5년 반쯤이 지난 8월 초, 외삼촌댁의 정문에 이어진 별채를 빌려 새로운 세대를 꾸몄던 시절의 일인데, 종형제(둘째 이모의 아들) 집의 결혼식에 참석하는 외삼촌과 함께 자동차로 니가타로 향한 일이 있었다. 근무처인 고교는 여름 방학이라 수업이 없어서 나에게는 충분한 시간이 있었다. 외삼촌과 나, 운전기사 세 사람이었다. 외숙모는 같이 가지 않았으므로 만일에 무슨 일이 생기면 나의 책임 같아서, 외삼촌과 함께 간다는 것은 즐거운 일이지만, 만약에 무슨 일이 있으면 곤란하다는 일말의 불안을 느끼면서 도행을 했던 것이다. 나는 식장에 나가지 않았으나 몇 시간 뒤 함께 초대된 어머니와 기분 좋게 돌아와서, 약간 술을 마시고는 그대로 조용히 잤기 때문에 안도의 한 숨을 쉰 일이 기억난다.

마시면 '행동이 거칠어진다'고 정해진 것은 아닌 것이다. 술을 마실 때마다 크게 난동을 부린다면 어떻게 일을 할 수 있겠는가. 전집의 자상한 연보에는 작가들과의 여행에 더하여, '대중문예'에 실린 좌담회가 여러 차례 나와 있다. 하세가와(長谷川伸) 문하의 작가들에 의한 좌담회였으므로 당연히 끝난 후에는 마셨을 것이다. 가볍게 마시면서 한 좌담회였을지도 모른다. 그때마다 행동이 거칠어졌다고는 생각하지 않는다. 외삼촌도 당연한 일이지만 그때그때의 일을 생각하고 있었을 것이다. 그래도 급한 성격이어서 여러 가지 일이 있었을 것이라고는 '대중문예' 야마오카소하치 추도호의 기사를 보아도 짐작을 할 수가 있다.

다만 귀성 중의 며칠은 집필한다는 의무가 없기 때문에 다른 뜻으로 보면 홀가분한 기분이었다는 것은 분명한 것 같다. 쫓기는 일상에서 해방된 감각은 당사자의 것이지만, 술로 '행동이 흐트러진 외사촌'의 기억은 나의 경우 모두 고향인 니가타에서의 일이었다.

'기쁨 80%, 불안 20%'로 동행한 자동차 귀성

2박 일정이 평온하게 지나 안도의 한숨을 쉬다

종형제 댁의 결혼식에서 귀성하는 외삼촌과 동행할 때의 '일말의 불안'은 이미 적었다. 외삼촌이 귀성하면 아버지나 어머니(형이나 형수)가 상대하지만 이때는 사정이 약간 달랐다.

앞에서 말한 바와 같이, 부모는 작은 가게를 운영하고 있어서 여러 손님들이 드나든다. 가게 바로 안쪽이 다실로 손님과 주고받는 말이 거기까지 들린다. 그곳에는 신을 모신 감실(龕室)과 불단이 있어서 귀성 중인 외삼촌은 자는 시간 외에는 대개는 그곳에 있었으므로, 그렇게 되면 유숙을 해도 안정감이 없다고 해서 이웃 농가 자리를 사서 거기에 집을 지어 만년의 10년쯤은 거기에서 지냈다.

그 집은 "언젠가는 다케오(健生)에게 주겠다"고 외삼촌이 친척 앞에서 공언했던 집으로 이전에 2층에서 잔설을 보면서 "이 눈을 보라. 이 눈 밑에서……, 이 눈 밑에서……'라고 말하면서 눈물을 흐렸다는 것을 이미 적었는데 그것은 바로 이 집에서 일어난 일이다. 이번의 니가타 행은 그 집으로 가서 숙박을 할 예정이었고, "다케오, 잘 부탁해" 하고 외숙모로부터의 부탁도 있었다. 그래서 당연히 '밤'에 무슨 일이 일어나면 시중을 드는 것은 내가 될 것이다. 술을 드시기 시작하면 시간이 길어지고, 그것만이라면 좋은 편이지만 어렸을 때 보았던 관경이 되살아나 술을 마신 뒤의 경과를 알 수 없는 것이 불안의 씨앗이었다.

그 집은 내가 부모에게 의존하지 않고, 신문 배달을 하면서 대학을 졸업한 보상적인 의미도 있었다. (4년 중에 처음 1년 5개월은 신문 보급소에서 먹고 자면서 조간과 석간을 배달하였다. 일요일과 축일에도 석간이 있었던 시대였다. 나머지 기간은 점포 근처에 방을 빌려 조간만을 배달하였다). 신문을 배달하면서 학교에 다닌다는 것을 어머니로부터 들은 외삼촌은 "괜찮겠나? 이내 손을 드는 게 아니야?" 하고 말했다고 하는데, 외삼촌의 소년시대만큼 고생스럽지는 않았지만 나도 가계를 돕는 일을 아무 지장 없이 하고 있었으므로 하는 일에는 그다지 힘이 들지 않아 손을 드는 일은 없었다. 초등학교 고학년 무렵부터 가게 보는 일이나 배달, 월말의 수금, 중학생이 되자 야채의 거래(5월에서 가을에 걸친 일이지만, 등교 전에 약간 떨어진 농가를 자전거를 타고 채소나 가지, 오이 등을 구입하였다) 등등 나 자신도 감탄할 정도로 집일을 돕고 있었다. 이야기를 하고 돌아가는 손님의 차 대접은 초등학교 3, 4년 무렵부터 하고 있었다. 머리의 회전은 둔했으나 수족을 움직이는 데에는 지장이 없었다. 장차, 대학에 진학을 한다 해도 식품과 잡화를 소매하는 집의 경제 상태를 생각하면 부모로부터의 송금은 기대할 수 없기 때문에 신문을 배달하면서 통학을 하게 될 것이라고 이미 고교에 들어갔을 때부터 어머니와 이야기가 되어 있었다 (그 대신 수험 공부는 하지 않았다). 평소에 어머니로부터 외삼촌에 의지하지 말라는 말을 듣고 있었고, 의지한다는 것은 꿈에도 생각하지 않았다. (이 무렵 외삼촌은 베스트셀러의 작가가 되어 있었다). 외삼촌에 의지하지 않고 혼자의 힘으로 하지 않으면 안 된다고 하는 어머니의 말 뒤에는 외숙모와 어머니의 미묘한 줄다리기가 있었던 것 같았고, 당시에는 그것을 어렴풋이 재미있게 느끼고 있었다.(나의 학생생활은 신문배달 외에 은행, 장학회의 장학금을 받고 있었다. 즐거웠다).

당시의 나는 외삼촌의 인생도 맨손으로 시작했다는 것을 알고 있었으므로 신문 배달을 괴롭다고 생각한 일은 한 번도 없었다. 가끔 외삼촌을 찾아갔으나 무엇인가를 탐내는 행동은 하지 않았을 것이다. 저녁밥을 맛있게 얻어먹는 것 그뿐이었다. 원래 부담으로 여겨지는 생각은 전혀 가지고 있지 않았다. 그와 같이, 예상 외로 '말을 하지 않는' 조카를 알게 될 것이라고 생각했다. 그러저러한 일로 집을 나에게 주겠다는 말을 외삼촌이 하게 된 것이다(외삼촌이 죽은 뒤, 그 집이 미등기라는 것을 알고 시골은 한가한 곳이구나 하고 느낀 기억이 난다. 현재는 집도 토지도 나의 명의로 되어 있다).

내가 고교에서 대학으로 진학하던 무렵의 외삼촌은 추리소설이나 소화사를 쓰던 마쓰모토(松本清張) 씨나 샐러리맨 소설의 겐지(源氏鷄太) 등과 문단의 톱을 다투고(?) 있었다. 가끔 매스컴에 화제를 제공하는 '도쿄의 외삼촌'은 나의 남모른 자랑거리였다. 본인인 내가 말하는 것도 이상하지만 저 유명한 '야마오카 소하치'의 집에서 저녁을 먹고 있다는 것이 말할 수 없는 힘이 되어 주었다. 그러나 그것을 친구에게 이야기하는 일은 없었다. 원래 '야마오카 소하치'가 외삼촌이라는 것을 내가 먼저 이야기하는 일은 없었다. 외삼촌이 죽은 뒤 상당히 지나고 나서, 30년 가까이 지나고 나서 가끔 나 자신이 남 앞에서 이야기하는 일도 있었으나 (지금도 이렇게 이것저것 추억을 적고 있다), 당시는 내가 먼저 이야기한다는 것은 '유명인'과 가까운 관계에 있다는 것을 선전하는 것 같아서 싫었다. '야마오카 소하치'를 너무 의식하고 있었기 때문인지도 모른다. 주제넘는 말을 하자면 너무 가까워서 객관적으로 볼 수가 없었다고 생각한다. 그러나 마음속으로는 항상 외삼촌을 자랑으로 생각하고 있었다.

이때의 귀성은 2박 3일의 일정이었다.

첫째 날, 견혼식 전날 아침 7시경 출발, 국도 17호선을 경유하여 니가타로 향하였다 (아직 간에치(關越) 자동차도로는 없었다) 군마(群馬)에서 니가타로 가는 산 너머에 이르자 "좀 멈춰라. 이 근처에서 맛있는 메밀국수를 먹고 가자" 해서 사루가쿄(猿ケ京) 온천 근처에서 때 이른 점심. 오후 3시가 지나서 니가타의 집에 도착하였다, 도착하자마자 바로 위스키 '온 더 록'

으로 목을 추겼다. 좀처럼 유리잔을 손에서 놓지 않았다. "자, 잠깐 쉴까?" 하고는 잔을 채웠다. 우리는 빨리 다다미 위에서 편히 눕고 싶은데 "잠깐 숨을 돌릴까?" 하고는 또 술병으로 손이 간다. 마시기 시작하면 시간이 길어지구나 하고 생각하면서 상대를 하였다. 형도 와주어서 도움이 되었지만 정말로 외삼촌의 술은 길구나 하고 생각한 기억이 난다. "이제 시원해졌으니 잠깐 쉬자"고 일어섰을 때에는 술병은 거의 비어 있었다. 그 뒤의 일은 어머니가 와서 함께 저녁을 먹었을 것인데 기억은 없다. 조용히 넘어갔기 때문이었을 것이다.

둘째 날은 오후부터 결혼식에 참석하여 이미 말한 바와 같이 좋은 기분으로 돌아와서 조용히 지냈다. 삼일째는 정오가 지나 도쿄로 출발, 도중에 정체도 있고 해서 오후 8시경, 집에 도착. "빨리 출발했으면 정체가 되지 않았을 텐데." 하고 외숙모가 말했는데 정체는 그다지 문제가 되지 않았고 두 밤이 무사히 지나 임무가 끝난 것이 무엇보다도 기뻤다. 가벼운 기분으로 목욕을 하고 판자벽 문을 열고 집으로 돌아왔다.

《대망》 야마오카 쇼하치(山岡莊八) 내레이션의 감동
강담 '도쿠가와 이에야스(德川家康)'의 라디오 방송

나의 기억으로는 '도쿠가와 이에야스(德川家康)'가 널리 화제가 되기 시작한 것은 1957~1958년 무렵이었다. 중학생 때였다. 집에서 받아보고 있던 아사히신문의 광고란에 크게 '야마오카 쇼하치(山岡莊八), 필생의 역작'이라고 났는데 '필생'이라는 말을 읽을 줄도 뜻도 몰라 어머니에게 어떻게 읽느냐고 물었으나 시원한 대답을 얻지 못한 기억이 난다. 그러고 나서 서점으로 가서 '도쿠가와 이에야스'의 제12권과 제13권을 샀다.

1950년에 신문 연재를 시작하여 42년에 전 26권으로 완결하게 되므로 꼭 중간에 해당된 것으로 (물론 26권으로 끝날 것이라고는 아직 전망을 할 수가 없었지만) 제1권이 아니라 어정쩡하게 책을 샀다고 지금 와서 생각이 난다. 책방에는 신간이 그것밖에 없었다는 사정도 있지만, 신문 광고의 선동을 받은 기분으로 갔었을 뿐이다 (내가 '도쿠가와 이에야스'를 읽은 것은 완결된 뒤 2년이 더 지나서였다).

'도쿠가와 이에야스'는 그 수년 전부터 라디오의 문화방송에서 일요일의 밤 8시에서 강담으로 방송되고 있었다. 밤이 되면 도쿄에서 오는 민간방송의 중파의 전파가 니가타에서도 수신을 할 수가 있었다. 5대째 다카라이(寶井馬琴)의 강담이 도시바의 제공으로 집에까지 도착한 것이다. 그렇다고 해서 매주, 처음부터 끝까지 제대로 들은 것은 아니다. 모두(冒頭)의 '원작 야마오카 소하치(山岡莊八)'라는 내레이션을 듣는 일이 다이얼을 맞추는 목적이기도 하였다.

기분 좋게 '원작 야마오카 소하치'라는 내레이션에 귀를 기울이고 있었던 무렵부터 40여 년 뒤의 2001년, 나는 〈일본과 일본인〉이라고 하는 메이지시대로부터 이어진 잡지의 의뢰를 받아 작은 글을 쓴 일이 있다. 우연치고는 참 이상한 것이어서 나의 글이 게재된 호에 바킹(馬琴)의 회고담 〈유고〉가 연재되고 있었던 것이다. 그 문장 안에 외삼촌의 이름이 나올 뿐만 아니라 스승과 외삼촌의 사진까지도 첨부되어 있었던 것이다.

사진 설명에는 '1957년, 문화방송 수록 스튜디오에서 촬영된 것'이라고 되어 있었다. 강담 '도쿠가와 이에야스'의 방송은 7년 간에 이르러 '전인미답의 장편'이 되었다고 하는데, 소설이 완결되기 전에 끝나기로 되어 있었을 것이다. 여하간 다카라이 스승과 야마오카 소하치, 그리고 야마우치(山內建生)의 3자가 뜻하지 않게 〈일본 및 일본인〉의 같은 호에 나란히 실린 것이다.

실은 외삼촌과 바킹 스승의 사이는 단순한 원작자와 예능인의 관계가 아니라 그 이전부터 깊은 교분이 있어서 의형제의 맹세까지도 맺은 사이었다. 이에 대한 이야기도 '좋은 이야기'

로 여겨거지므로 여기에서 간단히 적어보기로 한다.

시오바라(鹽原) 온천이 문인들의 작업장으로, 또는 유흥의 장으로서 이용되어 왔다는 것은 유명하지만 하세가와(張谷川伸) 문하의 작가들도 이곳을 좋아하여 곧잘 이 온천에 있는 여관의 신세를 지고 있었던 것 같다. 전시 하인 1944년, 여관에 머물고 있던 외삼촌은 당시의 젊은 주인 이즈미(泉) 씨(시인)와 '어떤 일'에 대해서 내기를 했다고 한다. 그것이 이즈미 씨도 참가해서 세 사람이 의형제가 되는 계기가 되었다고 한다. '의형제 이야기'는 외삼촌으로부터 약간 듣고 있었으나 앞서 나온 〈대중 문예〉의 야마오카 소하치 추모호에 실린 이즈미 씨의 〈허허실실〉이라는 제목의 문장이 '야마오카의 아우가 된' 전말을 주체적으로 적고 있다.

거기에 따르면 당시에 여관 근처의 상이군인 요양소의 군인을 위하여 한 달에 한 번, 위안회를 수년 동안 개최하고 있었다. 그것을 좋은 일로 보고 바킹 스승은 매회 자진하여 출연해 주었다고 한다.

그러나 전운이 위급함을 알리고 교통 사정도 나빠져서 오는 사람도 적어져서 마침내는 '바킹 혼자의 무대'가 되어 있었다. 어느 날, 이 교통난으로는 '바킹도 올 수 없을 것이다'라고 외삼촌이 말하자 젊은 주인은 '꼭 오도록 약속이 되어 있다'고 말했다고 한다. 그래서 외삼촌은 '이러한 악조건을 무릅쓰고까지 와준다면 나는 바킹을 평생의 형으로 삼겠다'고 선언했던 것이다. 두 사람이 '오는 것은 무리이다' '아니 꼭 온다'고 말하다가가 마침내 외삼촌은 '그래? 그럼 바킹이 올 때까지 젓가락도 잔도 들지 않기로 하자'고 했다고 한다. '반드시 온다'고 이즈미 씨도 양보하지 않았다.

시간은 심야 12시를 알리고 있었다. 그래서 '한 시까지 기다리기로 하자. 한 시 정각까지' 하고 외삼촌이 외쳤다. 그때, 목탄자동차가 숨가쁜 소리를 내면서 도착하여 바킹이 내려섰다. 외삼촌은 '여! 형님, 잘 오셨소' '형님, 잘 오셨소. 고맙소' '역시 나의 형님이다' 하고 '형님'을 연발하면서 맞이했다고 한다. 이즈미 씨로부터 경과를 듣고 바킹이 말하기를, '허, 훌륭한 동생이 생겼군' 하였다고 한다. 외삼촌 쪽이 네 살 젊다. 이즈미 씨는 '술을 드시면 반드시 우는 야마오카 선생은 그날 밤 아직 한 방울도 마시지 않았는데 울고 말았다'고 적고 있다.

그러나 이 이즈미 씨의 문장을 읽고 서로 말을 주고받는 동안에 '소하치 선생은 몸가짐을 엄히 가졌다'고 되어 있으므로 어떤 의미에서는 분위기가 심상치 않았던 것 같다. 외삼촌이 '오는 것은 무리이다'고 하면서도 '바킹이 올 때까지 젓가락도 잔도 들지 않겠다'고 했다는 것은 묘한 뉘앙스로, 바로 '허허실실'도 외삼촌이 바킹이 오는 것을 가슴속 깊이 기대하고 있었지 않았는가 하고 여겨지는 것이다. 상처를 입은 군인을 위문하기 위하여 일부러 와준 바킹의 모습을 눈으로 본 외삼촌의 가슴은 너무 벅찼을 것 같다. "기다리는 보람이 있었어, 형" 하는 심정이었을 것이다.

그 이즈미 씨는 1971년 외삼촌이 새로 쓴 소설 〈봄의 언덕길〉이 HK의 대하드라마에서 방송되었을 때, 일본 컬럼비아에서 판매된 같은 이름의 가요곡의 작사를 썼다 (작곡은 고가 마사오 씨). 노래는 후나키(舟木一夫 : 대하 드라마 〈봄의 언덕길〉에 출연하고 있던 후나키 씨가 이듬해 결혼했을 때의 중매인을 맡았다).

1971년에는 내가 결혼해서 외삼촌의 별채를 빌려서 살고 있던 때로, 외삼촌과 함께 '봄의 언덕길'의 레코드를 들은 일이 있다는 것을 기억하고 있다. 일요일의 점심 전에 집세를 내지 않는 셋방살이의 '의무'로 외삼촌댁의 마당을 쓸고 있을 때 "다케오, 잠깐 이리 오너라, 이런 레코드가 나왔다"고 해서 그대로 응접실로 들어갔다. 다른 사람은 아무도 없었다. 외삼촌은 솜씨 있게 자신이 바늘을 바꾸어 소형 플레이어의 턴테이블에 판을 얹고 전원을 켰다.

그때, "이 노래의 작사를 한 이즈미 씨는 온천 여관 주인으로 나의 동생뻘이다. 강담의 바킹은 너도 잘 알고 있지?" 그다지 자상하지는 않았으나 세 사람이 '의형제의 관계에 있다'는 말을 들은 것이다.

맹세를 한 경위는 잘 알 수 없으나 '의형제'라는 결론만은 머리에 남아 있었기 때문에 외삼촌이 돌아가신 그해(1978년) 연말에 시오바라 온천에 가까운 야이타(矢板) 시의 아는 사람을 방문하였을 때, 여관에 들러서 아주머니에게 인사를 한 기억이 있다.

이즈미 씨의 '허허실실'을 읽기는 2개월 전이었다.

아! 오늘 밤 외삼촌이 라디오에 나온다
아침부터 몹시 기다려진 방송

주 1회의 '원작 야마오카 소하치'의 내레이션에 귀를 기울이고 있었기 때문에, 외삼촌이 직접 라디오나 TV에 나오면 당연히 가슴이 뛰었다.

NHK 라디오 제1방송의, 이것도 주말 밤이었다고 여겨지는데 '나는 재치교실의 아오키 선생입니다' 하면서 출석자의 점검으로 시작되는 버라이어티 프로 '재치교실'에 정규 멤버에 섞여서 외삼촌은 가끔 출연하고 있었다. 사회자인 아오키 아나운서가 선생님역으로 출제를 하고 재치를 동원하여 '학생'이 즉흥적으로 대답을 하는 것으로, 신문의 프로그램 난에 외삼촌 이름이 나오기라도 하면, "오늘 밤 외삼촌이 나오신다" 해서 아침부터 방송이 기다려졌다.

'재치 교실'은 프로그램 난에 이름이 나오지 않아도 어쩌면 외삼촌이 출연할지도 모른다고 생각하고 있었으므로 매주 라디오 스위치를 넣었다. 초등학교 3, 4학년부터 프로그램을 이해할 수 있다는 생각으로 귀를 기울였다 그러한 일이 1955년을 전후하여 10년 가까이 이어졌다. 또 이 무렵, 같은 NHK 라디오의 제2방송에서 가끔 방송된 '가공(架空) 실황 방송'에서는

'세키가하라(關原)의 싸움이 다루어졌을 때 해설자로서 출연하고 있었다는 것도 기억하고 있다.

NHK TV의 '사실은 소설보다도 신기하다고 합니다'라고 하는 아나운서의 명대사로 시작하는 인기 퀴즈 프로 '나의 비밀'에 외삼촌이 게스트 해답자로 나왔을 때에는 집에는 아직 TV가 없어서 어머니와 둘이서 옆집에서 보았다. 방송은 '60년 안보'의 선동이 한창인 1960년 6월경으로 이 고장에서 TV가 나온 지 2년도 채 되지 않은 시기였다. 이때에도 가슴이 몹시 설레었던 기억이 난다.

이 방송이 시작되기 2주일쯤 전에 NHK의 담당자로부터 집에 전화가 걸려왔다. 프로의 종반에 짜여 있는 '게스트와의 대면' 코너에 누군가를 추천해 줄 수 없느냐는 것이었다. 게스트를 생각해 내는 데에 시간이 좀 걸리자, 사회자의 힌트로 "그 무렵의 마음에 떠올리는 사람"이 없느냐는 것이었다. 며칠 뒤 다시 걸려온 전화에 어머니는 여러 가지로 생각한 끝에 약국 아주머니와 함께 있는 어머니의 동급생 반바(番場文子) 씨의 이름과 주소를 알려주었다. 이런 사정이 있었기 때문에 이때의 방송은 이제까지 이상으로 가슴이 설레 기대되는 바가 컸다.

기다리고 기다렸던 대면 코너에서는 외삼촌은 한 순간 생각에 잠겨 있다가 "누이동생의?" 하고 조심스럽게 말하였다. "그렇습니다. 누이 동생의……" 하고 대답하자 아나운서가 힌트를 말할 필요도 없었다.

외삼촌의 TV 출연에 대해서는 훨씬 훗날의 일이지만 이런 일도 있었다. NHK에서 민방으로 옮긴 야기(八木治郎) 아나운서가 진행을 맡았던 '사람에게 역사가 있다'고 하는 프로가 외삼촌을 다루었을 때, 1975년 전후의 일이었으나 프로 후반에 내가 대학생 시대에 영어 수업을 받았던 미나가와(皆川三郎) 선생이 출연한 일이 있었다. 그때 나는 "앗! 저분은 영어 선생님이 아냐?" 하고 나도 모르게 소리치고 말았다. 선생님은 외삼촌과는 초등학교에서 동급생이었다는 것이다. 그러고 보니 선생 말투에서는 에치고 사투리를 약간 느낄 수가 있었다. 선생님은 메이지학원대학의 교수로 내가 재학했던 아세아 대학에는 강사로서 출강을 하고 있었다. 그로부터 다시 10년쯤 지난 뒤에 나는 아세아 대학에서 주 2회 정도 강사로 수업을 기다리게 되었는데, 강사 대기실에 선생님이 계신 것이 아닌가.

여러 학생 중의 한 학생에 지나지 않았던 나였지만 곧 인사를 드린 것은 물론이다. 선생님은 고희를 맞았어도 여전히 건강하게 학생들을 가르치고 있었던 것이다. 외삼촌은 이미 7주기를 맞이하려 하고 있었다. 선생은 나의 이야기에 놀란 것 같았으나 그때 외삼촌에 대해서 무어라고 말씀하셨는지 그다지 기억에 없다.

해군사관학교를 목표로 공부를 한 선생이었으나 시력에 결함이 있어서 사관학교의 진학을 단념하고 영어학으로 방향을 바꾸었다고 말한 것이 인상적이었다. 해군사관학교에 진학 못한 것을 지금도 분하게 생각하고 있다는 느낌을 지울 수가 없었다. 그 말을 들으면서 여기에 '또 한 사람' 지기를 싫어하는 에치고 사람이 있다는 것을 생각하지 않을 수 없었다.

"이 영화의 원작자는 야마오카 소하치래요" 어머니는 자랑스러워했다

새로운 발견! 그래, 외삼촌은 현대극도 쓴 거야

본가가 가게를 하고 있었던 관계로 영화관에서 오는 포스터를 점두에 붙이고 있었다. 아직은 초등하교 저학년 무렵이었다고 생각하는데, 무심코 점두에 붙은 포스터를 보고 있자 '원작 山岡莊八'라고 인쇄된 것을 본 일이 있었다. 어? 글자가 다른데 하고 묘한 기분에 사로잡혔던 일을 기억한다. 영화의 제목은 잊었으나 오식이라는 것을 모르는 초등학생에게는 컬러로 인쇄된 포스터인데 어째서 글자가 다를까 하고 이상한 생각이 들었던 것이다. 영화 포스터는 날짜가 기입된 할인권과 함께 전달되었다. 당시의 영화관 입장료는 100엔 정도? 할인권이 있으면 반액으로 되었다. 어느 때 할인권을 얻으러 온 사람에게 어머니가 포스터를 가리키며 이것저것 설명하면서 "이 영화의 원작자는 야마오카 소하치래요" 하고 칭찬하는 투로 이야기를 한 일이 있었다. 그 영화는 시대극으로 타이틀이 '월야앵화(月夜櫻花)'였다는 것을 분명히 기억하고 있다. 외삼촌의 전집 연보를 보았더니 1954년 2월에 같은 이름의 단행본이 간행되고 있었다. 아마도 영화가 된 것도 같은 해인가 이듬해의 일로 내가 초등학교 4, 5학년 무렵이었을 것이다. "이 영화의 원작은 야마오카 소하치래요" 하고 약간 소극적으로 칭찬하던 어머니의 목소리와 모습이 지금도 뇌리에서 떠나지 않고 있다. 우리 집에서는 고교생이 되면 한 달에 한 번, 영화를 보아도 좋도록 되어 있었다. 네 살 위의 형이 영화관에서 돌아와 "오늘 영화 가운데 또 한 가지는 외삼촌 것이었다'고 말한 적이 있었다. 두 편을 상영하는 것이 당연한 일로 여겨졌던 시대였고 때로는 세 편이 상영된 일도 있었다. 그래서 가게에 붙은 포스터를 보았더니 분명히 '원작 야마오카 소하치(山岡莊八)'라고 씌어 있었다. 영화의 제목은 '그날 밤의 비사(秘事)'였다. 외삼촌은 현대극도 쓰는구나 하는 의외로운 생각을 한 것은 나의 모자란 소견으로 확실히 시대물이 많기는 하지만 '시대'를 불문하고 썼다. 그때는 현대극이었기 때문에 포스터에 쓰인 '원작 야마오카 소하치(山岡莊八)'를 미처 보지 못한 것이다. 기억에 잘못이 없는가 하고 연보를 보았더니 영화화는 1957년의 일로 타이틀도 배우의 이름도 기억대로였지만 영화에는 '꽃이 있는 긴자'라는 부제가 붙어 있었던 것 같다.

가게에 포스터 붙이는 일을 초등하교 때부터 줄곧 도왔던 관계로 어느 틈엔가 나의 일이 되어 있었기 때문에 배우의 얼굴과 이름, 소속 영화회사 등이 자연히 머리에 들어왔다. 사다(佐田啓二)와 기시(岸惠子)가 주연한 기쿠다(菊田一夫) 원작의 '그대의 이름은' 시리즈로 되어 있었는데, 근처의 친구들과 그 포스터를 보고 떠들고 있을 때, 같은 학년의 한 사람이 '군(君)의 이름은?' 하고 큰 소리로 읽었기 때문에 "바보, 군이 아니라 기미(너)라고 읽는 거야" 하고 모두 큰 소리로 웃은 일이 있었다. 시대극 배우 구로카와(黑川彌太郎)와 기타가미(北上彌太郎)의 얼굴을 구별할 수 있는 사람은 드물 것이라고 지금도 남몰래 마음속으로 자랑으로 삼고 있다. 그러한 잡동사니 지식이 60년이 지난 지금 술을 마시는 자리에서 쓸모가 있었던 일이 있었다. 국산 영화에 비해서 양화(洋畫)의 경우, '배우의 이름과 얼굴'은 조금밖에 머리에 들어오지 않았다. 양화의 상영이 적었던 탓도 있었지만 어딘가 먼 나라 이야기 같아서 양화에는 그다지 흥미를 느끼지 않았기 때문이다.

그 무렵 시골 영화관에서는 3~4일에 상영 작품이 바뀌어 가게에는 20일 가량의 포스터가 와 있었다. 포스터는 순차적으로 내걸었으나 포스터가 도착하면 모두 훑어보게 되었다. 어떤 영화가 왔는가, 외삼촌 영화는 없는가 하고 설레는 가슴을 안고 포스터를 모두 펴 놓고 확인했던 것이다.

잠자는 외삼촌의 온몸을 멋대로 주물렀다

장딴지가 미끈한 느낌이었다

귀성하면 대개가 밤 늦게까지, 아니 새벽까지 혼자 술을 마시기 때문에 아침에 일어나는 시간이 늦다. 물론 나는 일찍 잠자리에 든다. 오후, 학교에서 돌아올 때까지 자고 있었던 일이 몇 차례 있었다. 그럴 때, 잘하는 일이라고 생각해서 외삼촌의 수족을 주물렀다. 원래 어머니의 어깨를 가끔 주물러서 솜씨가 좋다는 칭찬도 있고 해서 주무르는 데에는 자신이 있었던 것이다. 자고 있는 2층으로 살며시 올라가서 이불 안에 손을 넣고 주무르기 시작하는 것이다. 코를 골고 있다. 푸우, 하고 크게 숨을 쉬면서 자고 있다. 몸을 뒤척이는 일도 있다. 한 시간쯤 지나면 몸을 약간 움직이게 되고 잠시 뒤 얼굴을 들고 "너냐?" 하고 말하고는 그대로 베개에 머리를 떨어뜨린다. 어머니가 주무르고 있다고 생각한 모양이었다. 잔다고 하느니보다는 꾸벅꾸벅 졸고 있는 것 같았다. 잠시 뒤 "솜씨가 좋구나" 하고 말하면서도 눈을 뜨지 않는다. 평소에 어머니의 어깨를 주무를 때에는 길어도 15분이었으나 외삼촌의 경우는 두 시간 가까이 주물러도 이상하게 싫증이 나지 않았다.

지금 생각하면 외삼촌은 나에게는 반가운 '손님'으로 오리쿠치(折口信夫)가 말한 대로 타향에서 내방하여 환대를 받고 돌아가는 신이나 같았다. 시간은 전혀 신경이 쓰이지 않았다. 소설이 영화가 되기도 하고 가부키(歌舞伎)가 되기도 하고, 게다가 라디오나 TV에도 출연하는 '도쿄의 외삼촌'은 그야말로 타향에서 온 '손님'이었던 것이다.

외삼촌은 내가 주무른 대로 기분이 좋은 듯이 몸을 맡기고 있었다. 집에서도 외숙모가 곧잘 주물러주지 않았을까?

어느 귀성 때, 이때에도 신이 나서 외삼촌을 주물렀다, "잘한다"는 말을 듣고 싶었던 생각이 난다. 아마도 고교생이 되었을 때였을 것이다. 주무른다고 해도 손과 발에 한정되어 있었다. 손의 경우는 위팔에서 팔꿈치로, 팔꿈치에서 손등으로, 그리고 손가락으로, 손가락 하나하나 그 끝까지 주물렀다. 한쪽이 끝나면 반대쪽으로 돌아가서 다시 같은 동작을 되풀이한다. 이 손으로 작품을 쓰고 있구나 하고 생각하면서 주물렀다. 그러고 나서 발로 옮겨 넓적다리, 장딴지, 발목에서 발가락도 하나하나 꼼꼼하게 주물렀다. 그때 알아차린 일이 있었다. 장딴지가 평탄한 느낌으로 탄력성이 없었다. 50세 중간의 외삼촌의 장딴지는 탄탄한 근육을 느낄 수가 없었다. 지금의 나는 당시의 외삼촌보다도 열 살쯤 연상이 되었는데, 날마다 돌아다니는 탓인지 장딴지가 튼튼하고 탄력성이 있다. 아마도 외삼촌은 일에 열중하는 나머지 나처럼 날마다 급한 걸음으로 걷거나 역의 계단을 오르내리는 일이 적었기 때문이 아닌가 하는 생각이 드는 것이다.

이때, 주무르기 시작한 지 꽤 오랜 시간이 지났을 때 "얘야, 가지고 싶은 거 뭐 없니? 용돈이라도 좋은데 가지고 싶은 것이 없어?" 하고 물었다. 어떻게 대답할까 하고 잠시 생각하고 있다가 물건을 얻는 편이 흔적도 남는다는 생각을 하고 "바지를 가지고 싶어요" 하고 대답하였다. 시골 고교생으로서 약간 멋을 부리고 싶었던 것이다. "그래, 알았다" 그러고 나서도 계속 주물렀다. 외삼촌은 누워 있는 채로 있었다. 차차 이쪽이 초조해졌다. 외삼촌이 돌아갈 기차 시간이 가까워졌기 때문이다. 바지를 살 시간이 없어지는 것이다!

기차 시간보다 약 한 시간 전에 일어나서 준비를 하기 시작하였다. 역까지 택시를 부르면 5분도 채 걸리지 않으니까 시간적으로는 여유가 있으나 바지를 사려면 고을 양품점에 들르지 않으면 안 된다. 그 시간이 있을까 하고 신경이 쓰였다. 준비를 끝낸 외삼촌이 다실로 내려오자 "차라도 마시고 가세요." 하고 어머니는 차 준비를 하기 시작한다. "그럼 한 잔 마셔볼까?" 외삼촌은 바지를 산다는 약속을 잊었구나 하고 단념을 하고 있는데 "얘야, 바지 값이다" 하고 지갑에서 5000원 지폐를 꺼냈다. 아, 잊지 않으셨구나. 나로서는 외삼촌과 함께 양품점으로 가는 일밖에 생각하고 있지 않았는데, 이럴 수도 있구나 하고 안도의 한숨을 내쉬면서도 함께 쇼핑을 하는 즐거움을 잃은 것 같아 좀 서운한 생각이 들었다.

모기에 물려 열이 나자 의사가 왕진을 왔다.
나의 '맥주 첫 경험', 마루에서 방뇨(放尿)한 외삼촌

이런 일도 있었다. 초등학교 때, 학교에서 돌아오자 외삼촌께서 열이 나서 의사가 와 있다고 했다. 이상하다, 아침에는 아무런 일도 없었는데 하고 생각했는데, 그날 아침 귀성 중인 외삼촌께서는 드물게 아침 일찍 5시가 지나서 일어나 냇가로 낚시를 하러 간 것이 원인이었다고 한다. 그 때 모기에 물린 것이다.

도쿄에서 낚싯대를 일부러 가져오신 것일까? 그것은 확실한 기억이 없는데 아무튼 낚싯대를 가지고 나가신 것은 잘 기억하고 있다. 집 뒤편은 온통 논으로 논길을 4, 5분쯤 걸으면 냇가였다. 시나노(信濃) 강의 지류로 여름에는 은어, 늦은 가을에는 연어가 잡힌다. 거기에서 다시 10분쯤 상류로 올라가서 통칭 '아카[赤] 강'에서 낚싯대를 드리웠는데 한 마리도 잡지 못했다. 이 근처는 이전에 개구쟁이 소년이었던 외삼촌이 마음놓고 쏘다닌 곳에 틀림없었다. 그 뒤 나는 아침을 먹고 등교를 했으니까 낚싯대를 담근 시간은 길어야 두 시간 정도였을 것이다.

외삼촌은 무명 홑옷으로 뒤를 걷어 올린 모습이었으므로

엎드리지 않아도 정강이가 노출되어 걸어갈 때에는 좋지만 걸음을 멈추면 모기한테 물리기에 안성맞춤이었던 것이다. 그러나 그것으로 열이 난다는 것은 '도쿄의 외삼촌'은 강하게 보이지만 어딘지 약한 면이 있구나 하는 묘한 생각이 들었다. 나는 반바지로도 아무렇지가 않은데.

지금 새삼스럽게 돌아보면, 일찍 일어나기는 했으나 밤늦게까지 술을 마신 것도 아니고 아마도 모기가 좋아하는 체취여서 그 체취를 맡고 모기가 달려들었을 것이다. 모기의 입장에서는 반바지의 초등학생은 안중에도 없었을 것이다. 의사를 부를 정도였으니까 아마도 파라매 모기였을지도 모른다.

이 발열 사건에는 다음과 같은 일화가 있다. 의사가 왔다는 말을 듣고 살며시 놀러갔다가 돌아와 보니 다실의 테이블 위에 맥주 빈병과 컵이 놓여 있었다. 오늘날에는 생각할 수 없는 일이지만 왕진 온 의사에게 맥주를 대접한 것이다. 이 의사는 공제병원의 젊은 의사로 아버지 생가의 먼 친척이었던 모양이다. 물론 아직 집에는 냉장고도 없는 때라 미지근한 맥주였다. 외삼촌이 왔으니까 맥주를 사다놓은 것이다. 병을 기울여보니 바닥에 약간 남아 있어서 아무도 보고 있지 않은 것을 기화로 나팔을 불었다. 소금기가 빠진 절인 국물 같은 맛으로 약간 썼다. 처음으로 마신 맥주였다. 나는 맥주파인 셈이지만 그 시발점에 '모기에 쐬어 열을 낸 외삼촌'이 있었던 것이다.

또 이런 일도 있었다. 고교생 때 화장실에서 나온 나는 마루에서 외삼촌과 딱 맞닥뜨린 일이 있었다. 상당히 늦은 시간이었다. 그러자 외삼촌은 "너도 오줌 누러 왔니?" 하고 말하면서 잠시 뒤 "그래, 귀찮으니까 여기서 보자" 하고 말하면서 오줌을 누기 시작한 것이다. 외삼촌은 마당 쪽을 향하고 있었고, 등불은 외삼촌의 등을 비추고 있었으므로 '어두컴컴해서' 호스는 볼 수 없었으나 술꾼의 독특한 긴 시간의 '방뇨'였다. 술을 마신 끝에 장난기 어린 소행이었겠지만, 고향에 돌아와서 개구쟁이였던 시절을 회상하는 것 같기도 하였다. 소변을 다 본 뒤에 "됐다" 하고 물건을 거둔 것이다. 이때의 외삼촌은 55, 6세였을 것이다. 나는 과연 외삼촌답다고 생각하면서 곁에서 자초지종을 바라보았다.

훗날 외삼촌의 소설을 읽다가 방뇨 장면을 만날 때마다 그날 밤의 추억이 되살아나는 것이다, 이를테면 '도쿠가와 이에야스' 제2권에서는 다케치오(竹千代) 시대의 이에야스가 아홉 살 연장자인 오다노부나가(織田信長)가 있는데도 불구하고 오줌을 누었다거나 이마카와(今川) 집안의 인질이었던 여덟 살의 다케치오가 이마카와 어소(御所)의 신년 하례연에서 마루에서 '한 줄기의 은실'을 갈겼다는 이야기가 나온다. 다테(伊達政宗) 제2권에는 도요토미 히데요시(豊臣秀吉)와 다테가 회견하는 장면에서 '두 사람은 나란히 서서 절벽 아래로 방뇨를 하였다'고 되어 있다. 유신 뒤 에치고 무인 집안의 딸을 그린 '여자의 일생'에서는 관군 측과의 담판이 실패로 끝난 뒤 본의 아니게 일어나지 않을 수 없다고 생각을 굳힌 가로(家老) 가와이(河井絆之助)가 회장을 떠나는 장면에서 '가와이는 말없이 절을 나왔다. 그러고 나서 방뇨를 하며 독수리가 나는 것을 물끄러미 바라보았다'고 되어 있다. 외삼촌의 몸에 지나간 날의 그 분만이 아는 '감각'이 깊이 스며 있었을 것이다.

나가오카(長岡) 시에서 두 강연
“그 ‘수재’는 나의 사촌입니다”

중학생 때, 야마모토(山本五十六) 기념 공원이 개원되어 그 기념 강연을 위해 외삼촌이 귀성한 일이 있었다.

개원 시기를 전화로 확인했더니 1958년의 일이었으니까 중학 2학년 때였다.

야마모토 이소로쿠에 대해서는 교실에서 배운 기억은 전혀 없으나, 초등학교 무렵부터 ‘진주만 공격’을 지휘한 군인으로, 더욱이 이 근처의 나가오카의 출신이기에 잘 알고 있었다. 당시의 어른들의 대화나 소년 잡지의 기사 등에서 여러 가지 정보가 머리에 들어왔기 때문이었을 것이다. 아이들끼리도 야마모토 원수라고 부르고 있었다. 그 야마모토 원수를 기념하는 공원이 생겨서 거기에서 강연을 한다고 해 역시 외삼촌은 훌륭하다고 생각했는데, 시대소설을 쓰는 것이 외삼촌의 본래 하는 일이라고 생각하고 있었기 때문에 야마모토 원수와 어떻게 연관되는가도 생각해 보았다. 지금 이 나이에 외삼촌의 야마모토 원수에 대한 생각은 상당했을 것으로 알 수가 있다.

외삼촌이 작고한 뒤 ‘프레지덴트’지에 야마모토에 대한 전쟁 중의 단편이 재록(再錄)된 것을 읽은 것이 시작이었다. 거기에서는 억제한 듯한 필치로 사족(士族)의 혼을 간직한 젊은 날의 야마모토가 그려져 있었다. 전집의 상세연보를 보니, 1944년에 고단샤(講談社)로부터 《원수 야마모토 이소로쿠》가 간행되어 있고, 마찬가지로 그것을 전후하여 '킹'지에 연재된 '방패'에서는 장래의 항공 결전을 후배에게 뜨겁게 이야기하는 '부장(副長) 야마모토 대좌'가 등장하는데 아무리 보아도 젊은 날의 '야마모토 원수'였다. 1962년부터 쓰기 시작한 《소설 태평양 전쟁》(9권)에서는 야마모토 대장에 많은 페이지를 할애하고 있다. 해군 보도반원이었던 외삼촌의 해군에 대한 생각은 남다른 면이 있었으므로 야모모토 원수에 대해서 이야기하는, 더욱이 원수가 태어난 고향에서 이야기한다는 것은 각별한 감회가 있었을 것으로 여겨진다.

나가오카 시라고 하면, 니가타 시 다음 가는 현내에서 두 번째로 큰 도시로 당시의 인구는 15만 명 정도였다. 이 시에 본점을 둔 대광상호은행(현재의 대광은행)이 시내의 후생회관에서 창업 20년 기념 강연회를 연 적이 있었다. 고교 3년생 11월의 일로 다니고 있던 학교의 현관에도 손으로 쓴 포스터가 붙어 있었다. 강사는 아사히신문 OB의 평론가 가지(嘉治隆一) 씨, '육체의 문'으로 유명한 다무라(田村泰次郎) 씨, 그리고 외삼촌 세 사람이었다. 학생 승강구에는 포스터가 붙은 일은 좀처럼 없는 일로 나는 곧 그것을 알아차렸다. 이미 외삼촌이 나가사키의 강연을 위해 온다는 것은 알고 있었던 탓도 있었지만 다른 학생들의 눈에도 띄었는지는 확실하지 않다. 이 일도 나는 교실에서는 입을 다물고 내 편에서 화제로 삼지 않았기 때문이다. 가지 씨의 이름은 그때 처음으로 알았지만 다무라 씨의 이름과 '육체의 문'이라고 하는 작품만은 시골 고교생도 알고 있었다.

강연 전날은 우리 집에 온 외삼촌과 석양에 국도 17호선의 공사가 시작되어 흙이 파헤쳐진 수확 뒤의 논을 보러 갔다. 고향이 어떻게 변하는가에 대해서 관심이 있었을 것이다. 이튿날, 외삼촌이 어떻게 해서 나가사키에 갔는지는 등교를 한 나로서는 알 수가 없으나 아마도 기차로 갔을 것이다. 고이데(小出)에서 나가오카까지는 기차로 40분쯤 걸렸는데 도로 사정이 현재와는 아주 달라져 있었다. 그러나 나가사키로부터는 심야에 자동차로 돌아오셨던 기억은 있다. 집 앞에 차가 멎고 인기척이 났다. 기차는 없는 시간이었다. "앗, 돌아오셨다"하고 갑자기 집안이 활기에 찼던 것을 기억하고 있다.

어머니가 "수고하셨어요" 하고 마중을 하자 "오늘은 좋았어" 하고 강연 뒤의 간담회에 대해서 한창 즐거운 듯이 피력하고 있었다.

이야기에 따르면, 외삼촌이 고이데 출신이라는 것을 들은 어떤 인물로부터 "옛날, 나가사키 중학에 고이데에서 통학했던 야마우치(山內隆一)라고 하는 수재가 있었다. 나가사키 중학이 시작된 이래 1, 2등을 다투는 수재였다"는 말을 들었다고 한다.

그 사람이 외삼촌의 본명이 '야마우치(山內庄藏)'라는 것을 알고 있었는지. "그래서 말야, 그 사람은 나의 사촌이야 하고 말하였더니 그래요? 하고 사람들이 모두 놀란 것을 보고 매우 기분이 좋았다"고 기쁜 듯이 이야기하는 것이었다.

야마우치는 혈연으로는 외삼촌의 할아버지 동생의 장남으로 분명히 사촌임에는 틀림없다. 나가사키 중학에서 와세다 대학으로 진학한 그는 고등문관시험에 합격하여 종전 뒤에는 아오모리 현의 총무부장으로 있었다. "세상이 제대로 돌아갔으면 지사도 될 사람이었는데" 이것은 아버지의 입버릇이었다.

나가사키에서의 강연 뒤 그 고장의 간담회 석상에서 "그 야마구치라고 하는 사람은 나의 사촌입니다" 하고 말하는 외삼촌의 얼굴은 어떠한 표정이었을까 하고 상상만 해도 즐거운 기분이 든다. 그 큰 콧수염이 실룩거리지나 않았을까?

처음 찾아간 외삼촌 댁에서 본 것

특공대 서명첩, '총조화운동' 팸플릿, '신타로'란 표찰

처음으로 '도쿄의 외삼촌 집'에서 유숙한 것은 중학교 3학년 여름방학 때로 우란분회(盂蘭盆會)가 있은 지난 8월의 중순이었다(1959년). 아버지와 둘이서 기차로 상경하였다. 5월에 도쿄 방면의 수학여행으로 도쿄에 있었으니까 두 번째의 상경이었다. 외삼촌댁은 처음이었다. 저녁 때에 도착, 응접실에서의 찬 홍차의 달콤한 향기는 지금도 잊을 수가 없다. 물론 그것이 '홍차'라고 안 것은 훗날로, 16일부터 3박을 한 것으로 기억이 난다.

이튿날인 17일 오전, 외삼촌은 아버지와 나를 다실로 불러들여 여러 가지를 설명해 주었다. 다실 입구에는 '다경실(茶經室)이라고 쓴 현판이 걸려 있었다. 또 하나의 방에는 특공대원의 명복을 비는 공중관음이 봉안되어 있었고 출격한 대원들이 남긴 서면첩이 있었다. 이때 처음으로 외삼촌이 가노야(鹿屋)의 기지에서 출격하는 특공대원을 전송했었다는 것을 알았다.

특공대에 대해서는 나도 중학생 나름대로 지식이 있었으므로 외삼촌 이야기를 열심히 들었지만 그 구체적인 이야기의 내

용은 기억할 수가 없다. 다경실의 유래 외에는 그다지 깊은 이야기는 하지 않았을 것이다. 그러나 이때, 공중 관음에 절을 하고 서명첩을 보게 되었는데 훗날 내가 특공대원의 일을 생각하는 원점이 되었다. 당시의 중학생은 자기(磁器)에 처음으로 빨간 색을 표현했다는 초대 사카이(酒井田柿右衛門)의 자기에 많은 흥미가 있었다.

그 뒤 거실로 돌아와서 전전날에 막 끝난 제1회 '총조화의 모임'에 대해서 팸플릿을 보이면서 여러 가지 이야기를 해 주었다. 거실 테이블 위에는 '9000만 국민의 날'이라고 씌인 부채가 몇 개 놓여 있었다. 참석자에게 준 것이었을 것이다. 당시의 일본의 인구는 9000만 명대였다.

때는 격렬하게 국내가 흔들린 이른바 '60년 안보'의 전년인 1959년, 미소 냉전의 그림자가 국내의 정치 대립에 미치고 있던 시대로 최소한 '8월 15일'을 '국민 종조화의 날'로 정함으로써 정치 휴전을 하여 '만세(萬世)를 위해 태평을 연다'는 맹세를 세운 1945년 8월 15일의 마음을 되찾으려는 운동이었다. "세계 최초의 원자폭탄의 세례를 받은 군민으로서 이날 민족은 슬픈 현실 하에 심신이 모두 하나였다. 외삼촌은 제1회 모임의 사회도 맡고 있었다. 이 운동은 정계나 실업계, 예능계에서 활약하고 있는 사람들이 이름을 내건 대중적인 국민운동으로 '종전 때의 마음'으로 돌아가서 국내의 대립항쟁을 피할 것을 호소하는 모임이었다. '동서 독일이나 남북 조선에 못지않은 대립을 자아내고 있는 것처럼 보이는 것은 얼마나 슬픈 일인가' 운운하고 취지서에 적혀 있다. 이때 외삼촌은 53세였다.

이 운동에는 평생 관여하고 있었다. 지금 생각해 보면 후에 문인극으로 아나미(阿南) 육군상을 눈물로 열연하는 한 문사가 원하는 바와, 실제로 정당, 기업, 단체 등을 운영하고 있는 조직인 사이에는 그 수도에 있어서 약간의 차이가 있지 않았을까? 이때 본 팸플릿에 임원으로서 사회당 국회의원 '이토(伊藤卯四郎)'의 이름이 있었다. 초등학교 무렵부터 책은 그다지 읽지 않았으나 신문을 읽는 것은 좋아해서 시사적인 일에는 상당히 관심이 있었기 때문에, 외삼촌이 말하는 '총조화'의 중요성은 나름대로 이해를 할 수가 있었다. 그 운동의 임원에 무턱대고 스트라이크나 데모를 선동하는 사회당 국회의원이 여럿 있었는데 약간 의외라는 생각이 들었다. 처음으로 보는 이름이었으나 작은 글자로 첨가된 '일본 사회당 중의원 의원'이라는 글자가 인상적이었다. 이것으로 사회당 안에서도 '난리를 좋아하지 않는' '국민총조화운동에 찬동하는' 의원이 있다는 것을 알았는데, 이윽고 이토 씨 등 사회당에서 이탈한 여러 의원에 의해서 공산주의와의 결별을 선명히 한 민주사회당(훗날의 민사당)이 결성된다.

훗날 내가 민사당에 호감을 느끼게 되는 요인은 그 '반공과 의회주의'의 정치 이념이 아니라 외삼촌댁에서 본 팸플릿에 있었던 것이다. 참고로 이토 씨는 후에 민사당의 부위원장으로

'옛 무사의 풍격'
《대중문예》야마오카 소하치 추도호(1978년 2월호)에 실린 '옛 무사의 풍격'이라 불리는 카지 아유타 화백의 그림.
'천공에 계신 관세음보살님을 모시는 저택 안쪽 정자에 안내 받았을 때, 故야규렌야사이가 애용하던 목검을 손에 든 선생님의 모습은 옛 무사의 풍격 그 자체로, 지금까지도 제 눈에 강렬하게 새겨져 있습니다. (중략) 그때 스케치한 것을 토대로 하여 그렸습니다. 기백이 담긴 그 눈빛, 야무지게 다문 입매의 엄숙함 등, 생각처럼 잘 그리지 못한 것은 제 미숙함 때문이라고 생각해 주십시오'
카지 화백은 그렇게 말했지만, 외삼촌의 표정은 무척 잘 묘사되어 있었다. 잡지나 신문에서 보는 사진 속 외삼촌은 웃고 있는 모습이 많아서, 말하자면 격식을 차린 듯한 느낌이 없지 않아 있다. 외삼촌은 배려하는 것에 익숙하여 상냥한 웃음도, 크게 입을 벌려 웃는 표정도 가슴속 깊이 새겨져 있지만, 내 머릿속에서 되살아나는 또 하나의 '얼굴'에는 날카로운 눈빛으로 다른 이들을 움츠러들게 하는 매서움이 있었다. 카지 화백의 이 그림에는 그런 외삼촌의 표정이 정교하게 표현되어 있다.

있었다.

이제까지 니가타에 머물기 위해 왔을 때의 외삼촌의 모습밖에 머릿속에 없었던 나는 처음으로 방문한 외삼촌댁에서 '도쿄의 외삼촌'의 새로운 일면을 보게 된 것이다. 외삼촌이 여러 가지 일을 하고 있었을 것이라고 상상은 하고 있었지만 그것을 구체적으로 알게 된 것이다. 그러나 공중 관음의 봉안도, 국미 총조화의 소원도 소설의 배경에 있는 것이지만 그것을 미처 몰랐던 것이다. 소설이 작가의 인생관, 인간관과 관계가 없는 것이 아니라는 것은 미처 생각하지 못했던 것이다.

외삼촌 이야기를 들은 이튿날은 아버지와 함께 버스를 타고 도쿄 구경을 나갔다. 외숙모가 도쿄역 승강장까지 함께 나와서 유람승차권을 사주었다. 저녁 때 돌아오자 "이봐라, 다케오, 어디가 제일 좋았니?" 하고 묻기에 이것저것 생각한 끝에 '메이지신궁'이라고 대답했던 일을 기억하고 있다. (깨끗하게 청소된 참배도 인상적이었다).

그때 어째서 바로 대답을 하지 못했는지 내 자신의 머리가 둔하다는 생각이 안타까웠다.

그날의 유람 버스 가이드의 이름이 '야마노(山野)' 양이었다는 것을 50여 년이 지난 지금도 기억하고 있다. 이러한 유람 버스에서는 해산을 할 때에 촬영한 승차기념의 집합 사진이 배포되는데, 그것을 보고 있던 외삼촌이 "또 한 장 없나? 이럴 때에는 여분으로 한 장 더 부탁하는 거야" 하고 말하는 것이었다.

처음으로 찾아간 외삼촌댁에 두 마리의 아키타 견(犬)이 사육되고 있다는 것은 나에게는 흥미가 깊었다. 그중의 한 마리는 '신타로'라는 이름이었는데 그 무렵 '태양의 계절'에서 인기 연예인이었던 이시하라 신타로에서 딴 이름이라고 외삼촌이 한 말을 기억하고 있다. 그때 "다케오는 이시하라를 알고 있니?" 하고 물어서 "알고 있습니다" 하고 나도 모르게 큰 소리로 자신 있게 대답했던 것이다. 물론 '태양의 계절'은 아직 읽지 않았으나 신문에서 잡다한 지식을 얻고 있던 중학생에게는 그 이름은 친근한 것이었다. '태양의 계절'은 곧 영화화되어 3년 전 일박의 수학여행에서 찾은 니가타 시의 여기저기에서 본 나가타(長田門裕之)와 미나미타(南田洋子)가 수영복 차림으로 있는 입간판이 초등학교 6학년생에 약간 눈부셨던 기억이 있었기 때문이다.

외삼촌댁 마당에는 굵은 철사로 둘러싸인 한 평 반쯤의 개집이 두 개가 있었는데 그중의 하나에는 '외삼촌의 손으로 쓴 신타로'라고 쓰인 표찰이 걸려 있었다. '신타로(愼太郎)'가 아닌 '신타로(志ん太郎)'로 되어 있는 것이 인상적이었다.

외삼촌 '친구' 무라카미(村上元三)의 '안보 반대' 비판
지면은 떠들썩했으나 시중은 조용했다

1960년 5월~6월을 피크로 하는 이른바 '60년'의 미일 안보조약 개정반대 투쟁(안보투쟁)은 외삼촌댁을 찾아간 이듬해인 고교 1학년 때로, 전학련 데모대의 국회구내 난입, 신안보 조약 승인의 '강행' 체결, 수차례에 걸친 안보개정저지 전국통일행동, 허가티 사건(미국 대통령 방일을 의논하기 위해 일본에 온 허가티 신문담당 비서가 탄 자동차가 하네다 공항 근처에서 데모대에 포위되어 미군 헬리콥터에 의해 구출된 사건), 국회 주변 데모와 동대(東大) 여학생의 압사, 미국 대통령 방일 직전의 중지요청(아이젠하워의 대통령의 아시아 순방은 필리핀, 대만, 오키나와, 한국의 순방으로 끝났다). 새 안보조약의 국회 자동승인, 비준서 교환, 기시(岸) 내각 퇴진, 이케다 내각 발족 등등 여러 가지 일이 기억에 남아 있다. 미쓰이(三井三池)의 노동쟁의도 이 무렵이었다. 같은 해 1월, 신안보조약조인 때문에 미국으로 가는 기시 수상 등 전권단의 출발을 방해하기 위하여 전학련이 하네다(羽田) 공항 빌딩을 의자나 테이블로 봉쇄하는 난리가 있었다는 것도 선명하게 기억하고 있다. 이 무렵의 일은 날짜도 기억에 남아 있다. '총조화'는 어림도 없는 일이었다.

개정조약 조인 때 일본측 전권단의 수석이 기시 수상인데 대하여, 미국 측은 허터 국무장관이라는 비판도 있어서, 아이젠하워 대통령이 조인에 입회하였다. '서명'하는 기시 수상과 허터 국무 장과, 양자에 껴어 자리에 앉아서 바라보는 팔짱을 낀 대통령. 신문에 크게 실린 조인식의 사진도 뇌리에 새겨져 있다.

매일 아침 집에서 보는 아사히신문에는 안보 반대의 움직임이 크게 보도되어 있었다(다른 신문도 마찬가지였을 것이다). 전해에 외삼촌댁에서 '국민총조화운동'의 이야기를 듣고 있던 터라 그것과는 반대된 '반대투쟁' '반대집회'의 문자가 눈에 띄었다. 그러나 어머니에게 가끔 오는 '성사명'(聖事命 ; 성장의 집에서 발행하는 신문)에 실린 다니구치(谷口雅春) 총재에 의한 '미일안보조약의 개정은 필요하다'라는 논설을 읽기도 했기 때문에, 신문을 좋아하는 소년이기는 했지만 신문의 영향을 받지 않고 '안보개정반대는 잘못이다'고 생각하고 있었다. 부모의 평소의 이야기 내용으로 보아 부모들이 안보반대를 부르짖는 사회당을 싫어하는 이유도 있고 해서 '총조화'를 원하는 외삼촌도 부모도 같은 생각이라고 생각했기 때문이다. 게다가 외삼촌은 그 전해에 '소설 기시 노부스케(岸信介)'를 간행하고 있었다. 안보조약의 개정을 추진한 것은 기시 수상이었으므로 안보반대에는 자연히 비판적이었던 것이다. 당시 안보반대라는 글자가 크게 지면을 장식하고 있는 동안 국회에서의 공청회에서 사이키(佐伯喜一), 오히라(大平善悟), 구스미(久住忠南)의 세 사람이 의견을 진술했다는 기사는 각별한 것이었다. 반대의견을 말한 다카미(高見順) 씨 등의 이름과 함께 분명히 기억하고 있다.

안보조약의 개정으로 고정 유효기간이 '10년'이 되고 사전협의 등이 도입되어, 적으나마 일본의 주체성이 가미된다는데 왜 반대하는지 알 수가 없었다. 사전협의라고는 하지만 '노'라고 정말로 말할 수 있는가, '전쟁에 휘말려 버리지는 않는가' 등등의 국회논의가 날마다 지면을 장식하고 있었다. 퇴영적이고 소극적인 의견이 소리 높았다는 것은 50여 년이 지난 현재와 비슷하다.

이 무렵 '소설 신조(新潮)'지였다고 생각하는데, 무라카미(村上元三) 씨가 '안보반대가 아니면 인간이 아니다'라고 하는 글을 썼을 것이다. 아시히신문의 광고란에 실려 있었다는 기억이 난다. 그 제목을 보고 무라카미 씨는 '안보 반대'파를 비판하고 있는 것이로 직감되어 역시 세상은 안보반대의 소리만이 아니라는 의견이 강해졌다. 특히 무라카미 씨는 우리 집에서 외삼촌이 화제가 되었을 때 '외삼촌과 매우 친한 소설가'로서 으레 이름이 나오는 작가였으므로 더더욱 '안보반대는 잘못이다'고 생각한 것이다. 잡지나 신문에서 보는 무라카미 씨는 늘 일본 옷차림으로 보기도 좋았다.

고이데에는 현의 출장 기관이 몇 개 있었고, 여기에 근처의 공무원 조합 사람들이 참가했을 것이다, 300~400명의 사람들이 두서너 차례 석양에 초등학교 교정에 모여서 기세를 올리기도 하고 시내로 데모를 하기도 했는데 그것을 제외하면 고교생의 눈에 고이데는 평온하였다. 지면은 시끄러웠으나 시내는 평온하였다. 만약에 아사누마 위원장의 자살(刺殺) 사건이 없었더라면 사회당은 총선거에 크게 졌을 것이라고 지금도 생각하고 있다.

'아사누마도 나쁜 사람 아니었는데' 눈시울 뜨거워졌다.

'씁쓸한 사건'임에 틀림없었던 안보반대투쟁

이른바 '60년의 안보투쟁'은 '총조화'를 주장하고 있던 외삼촌에게 씁쓸한 사건이었다라고 여겨지는데, 아사누마 사건에 대해서는 내 나름대로의 추억도 있어서 조금 적어보고자 한다.

사건은 5월에서 6월에 걸친 '안보반대의 소란'이 거짓말처럼 사라진 10월 12일 오후의 일로, 장소는 히비야(日比谷) 공회당이었다. 나는 사건 직후에 상영된 영상에 따른 임시 뉴스를 '학교에서' 보았다 (직후라고 해도 지금과 달라서 방영은 사건 발생에서 5~10분 후의 일이었는지도 모른다). 마침 프로 야구의 일본 시리즈가 한창인 때로 방과 후 학교의 TV로 야구중계를 보고 있었다. 해산, 총선거(11월)를 앞두고 열린 자민당의 이케다 총재(수상), 사회당의 아사누마 위원장, 민주사회당의 니시오 위원장 세 사람에 의한 '3당 당수입회강연회'의 자리에서 사건은 일어난 것이다.

아직 TV 방송이 이 지방에서는 약간 신기했던 때로, 교장 선생님은 부재였을 것이다. 어떤 선생님이 학생들을 위해서 교장실의 문을 개방하여 TV를 복도 쪽으로 돌려주었던 것이다. 와글와글하면서 10여 명의 친구들과 일본 시리즈를 보고 있을 때에 임시 뉴스가 흘러나왔다.

이 뉴스가 끝난 후에도 실황중계는 중단되지 않고 시합이 끝날 때까지 계속되었다. 당시의 사회당은 중의원만으로도 160여 명의 의원을 거느린 제1 야당이었고 동시에 '안보반대투쟁의 선두'에 서 있었다. 그 위원장인 아사누마 씨는 아직 서기장이었으나, 베이징에서 '미국제국주의는 중일 양국민의 공동의 적이다'고 말하는 등 '안보반대투쟁의 주역'이었다. 그 위원장이 안보투쟁 후 처음 총선거를 앞에 두고 연설회에서 찔린 것이다. 그럼에도 불구하고 임시 뉴스를 끼워 넣으면서 야구의 실황중계는 계속되었다.

안보반대투쟁이 한창이었던 5월 말 기시 수상이 신문 등이 연일 보도하는 '안보반대의 소리'만이 국민의 소리가 아니다, 고라쿠엔 구장의 거인전은 연일 만원이 아닌가, '소리 없는 소리'에 귀를 기울일 필요가 있다, 안보반대는 국제공사주의의 선동이라는 뜻을 말하여, 신문에서 조소를 당하기도 하고 있었으므로 왜 야구 중계가 그대로 계속되었는지, 지금 생각하면 이상한 생각이 든다. 비준서의 교환(6월 23일)에서 '안보반대'의 열기가 식었기 때문이었을까? 그 정도의 안보반대밖에 안 되었던가?

사회당 위원장의 조난 뉴스는 교장실 옆에 있는 교원실에도 들렸을 것이지만 한 사람도 TV 앞으로 달려오지는 않았다. 다음 달인 11월의 총선거 때, 시중에 나붙은 '고 아사누마 위원장의 얼굴 사진'에 '시체를 뛰어넘어'라는 글귀가 적힌 사회당의 포스터를 여러 장 목격할 수가 있었는데 내 기억으로는 주위는 조용했다. 총선거의 결과를 보아도 자민당의 의석은 늘어나고 사회당은 분열극으로 감소된 분의 일부를 민주사회당으로부터 회복했을 뿐이다. 확실히 1년여 동안에 지면에는 '안보반대의 소리'가 춤을 추고 있었으나 그것은 겉보기뿐이고 '소리없는 소리'가 따로 있었다는 말일 것이다.

현재 역사교과서에는 '1960년, 내각은 신 안보조약에 조인을 하고 중의원에서 조약의 승인의 채택을 강행하였다. 이 때문에 격렬한 비판이 일어나 기시 내각의 퇴진과 국회 해산의 요구를 내걸고 민주주의의 옹호를 외치는 10수만 명에 이르는 집단시위행진 등이 이루어져 세계의 주목을 끌었을 정도였다'고 기록되어 있다. '안보투쟁은 총자본과 총노동과의 싸움이었다'고 기록하고 있는 책도 나와 있다. 그러나 심층심리적으로는 미국의 점령정책에 대한 본능적인 감정적 반발도 있고 해서 '미일안보조약 개정반대'는 반미운동의 성격을 띠고 고양된 면은 부정할 수 없다고 해도, 선거결과로 생각해 보아도 안보투쟁은 '민주주의의 옹호' 운운보다도 미소 냉전의 와중에 사회당이나 공무원계 노동 등의 용공세력과 여기에 매스컴이 가세해서 '반 기시 무드'를 선동하여 선동을 확대했을 뿐이라는 해석이 가능한 게 아닌가 생각되기도 한다.

공산당에는 대중동원의 힘은 없었으나 공무원노조를 규합

하고 있던 '적국통일행동'을 이끄는 동원력은 있었다. 당시의 총평 간부인 오타(太田薰) 의장도 이와이(岩井章) 사무국장도 후년에 레닌 평화상을 수상하게 되는데 그 용공 노선은 분명했다. 신문사의 노조로 조직된 신문노조도 용공적이었다. 이 무렵, 개인용 5구 수퍼 라디오를 사주었는데 밤이 되면 미일 군사동맹에 반대하는 일본 인민의 집회가 도쿄에서 열려, 수만 명이 참가하였다는 모스크바 방송이나 베이징 방송의 전파가 들어왔다. 묘한 기분이었다.

민주주의 옹호 운운의 교과서 기술보다도 '소리 없는 소리에 귀를 기울여라' '국제 공산당의 선동이다'의 기시 수상의 발언 쪽이 훨씬 진상을 말하고 있지 않았을까? '공산주의는 평화세력이다'라고 진보적 문화인이 하는 선전이나 다름없는 평론이 통용되고 있던 시대였다. 중국과 소련 간에는 동맹상호원조조약이 있었고 이듬해에는 '베를린의 벽'이 만들어진 미소 냉전의 시대였다.

아사누마 사건이 일어난 후 만약에 외삼촌을 만나서 감상을 물을 수가 있었다면 "아사누마도 대중운동 출신의 나쁜 사람은 아닌데 중공으로 가서 선동에 힘입어 쓸데 없는 허풍을 늘어놓았으니 딱하지. 좋은 일본 사람이었어" 하고 말하면서 누시울이 뜨거워졌을 것이다. 아무튼 '국민 총조화'를 원하고 있던 외삼촌에게는 한탄스런 '60년 안보'였을 것이다. 10월의 아사누마 사건 이전에도, 6월에는 안보반대의 청원을 수용하고 있던 가와카미(河上丈太郎) 씨가 어깨를 찔리기도 하고 7월에는 이케다(池田勇人) 자민당 새 총장의 취임 축하회에 스며든 인물에게 퇴진 직전의 기시 수상이 넓적다리를 찔리는 등 좋지 않은 일이 있었는데 시골의 고교생에게는 안보투쟁을 포함해서, 이들에 의해서 국가의 정세가 흔들리는 일은 전혀 느낄 수가 없었다. 그것은 11월의 총선거의 결과가 여실히 말해주고 있다고 생각한다.

아사누마 위원장을 찌른 야마구치(山口二矢) 소년이 도쿄 구치소에서 자살한 '11월 2일'은 나의 만 16세의 생일이었다. 그날 밤, 나의 라디오로 그 소식을 듣고 나도 모르게 "야마구치 소년이 죽었대요" 하고 큰 소리로 전한 기억이 난다. 남의 목숨을 빼앗는 일의 시비는 말할 필요도 없이 분명하지만 야마구치 소년이 스스로 목숨을 끊은 일이 국민에게 숙연한 감정을 주었을 것이다. 이것도 총선거에 적지 않은 영향을 주었을 것이다. 이러저런 일로 해서 야마구치의 이름은 가슴에 깊이 새겨졌고 '안보소동의 1년'은 특히 잊을 수 없는 해가 되었다.

야마구치 소년에 대해서 만약에 외삼촌에 무엇인가를 물었다면 "나에게 무슨 말을 하라는 말이냐"하면서 눈물을 흘렸을 것이다.

'멤버가 쟁쟁한 잡탕 좌담회'

후쿠다(福田) 씨와 외삼촌은 자리를 함께 했다

60년 안보 해의 가을, 우연히 본 요미우리신문에서 후쿠다 씨는 '안보투쟁에서 승리했다고 좌익진영은 말하고 있지만 새 안보조약은 성립되지 않았는가. 좌익진영은 안보투쟁에서 졌다고 보아야 할 것이다'는 취지의 평론에서 막혔던 체증이 쑥 내려간 것 같은 느낌을 받았다. 그 후에도 후쿠다 씨의 신랄하고 정확한 세평에서 크게 배운 바가 있었다. 최근 '야스쿠니'의 저자 쓰보우치(坪內裕三) 씨의 '서중(書中) 일기'를 읽었는데 뜻하지 않게 후쿠다 씨와 함께 외삼촌의 이름이 나와 있어서 깜짝 놀랐다.

'2005년 5월 21일 (일요일)

…이어서 '신소설' 1947년 11월호를 읽다. '새 문학 수립을 위하여'라고 하는 제목의 좌담회 멤버가 대단하다, 아니 엉망이다. 이노우에(井上友一郎), 에도가와(江戶川亂步), 이토(伊藤整), 오바야시(大林淸), 기기(木木高太郞), 사카구치(坂口安吾), 히라노(平野謙), 후쿠타(福田) 그리고 야마오카(山岡莊八)라고 하는 분들의 모임이라서 전후 얼마 안 되는 혼란기를 생각하면 잡

탕이다'.

확실히 '대단한 멤버'라고 나도 생각한다. 외삼촌에 대해선 지금은 시대소설가로서, 특히 '德川家康'으로서 인상이 강하지만 그것을 약화시키면 '잡탕'이라는 말은 약간 완화되는 것 같은 생각이 들지만. 어떤 내용의 좌담회인가 해서 조사를 해 보았더니 사카구치 전집의 제17권에 수록되어 있었다.

좌담회는 '왜 순문학과 대중문학이 공통된 독자를 가지지 못하고 있는가?' 하는 문제제기로 시작되어 있었다. 후쿠타 씨의 발언은 전반까지는 그리 많지 않고, 그 끝부분을 적어 보면, '얼마동안 이런 상태가 계속될 것이 아닐까? 잘못하면 일본은 언제까지나 무대 입구에서 맴돌고 본무대에는 발을 걸치지 못할지도 모르다', 또는 '개념적으로 일체가 되어야 한다고 해서 일체가 된 착각을 갖는 것보다도 저마다 서로 각자의 일을 하는 것이 좋지 않을까?'라고도 하였다. 외삼촌도 '우리도 현 상태로는 그렇게 할 수밖에 없다고 생각한다' '일반적으로 대중문예와 통속문예는 혼동되어 있는데 이것은 전혀 별개의 것이다. 대중잡지의 모든 면을 점령하고 있는 통속성, 그것을 대중성과 바꾸어 놓는 싸움이 우리의 임무라고 생각한다'는 발언을 하고 있다.

최근까지 우연히 헌책방에서 외삼촌의 《그 후에 부는 바람》이라고 하는 책을 발견하여 구입했는데 판권을 보니 1946년

10월 발행으로 되어 있었다. 위의 좌담회는 이 무렵에 있었던 것 같다. 패전에 의한 사상의 혼미에서 어떻게 빠져나오는가가 테마인 현대소설로, 농지해방을 앞에 두고 흔들리는 농촌의 인간 모습(인간심리의 무늬)이 그려져 있었다. 입센의 《인형의 집》이나 조라의 《선술집》의 책이름이 잠깐 나오기도 하고, 마을의 공부모임에서 마르크스의 잉여가치설이 자상하게 해설되는 장면이 있기도 하고 또 공산주의에 끌리는 청년과 그것과는 구별을 지으려고 하는 외삼촌 같은 젊은이가 등장하기도 해서, 이 시기에 역시 외삼촌도 여러 가지로 고민한 바가 있었구나 하는 생각이 들었다.

여담이지만 《그 후에 부는 바람》에 대해서 약간 언급해보고자 한다.

소설의 종반에서 마을의 지주 집에 농학박사가 외삼촌 같은 젊은이 다가미(田上修二)를 향해 "진리……이 두 자를 향하여 각자 성실히 하자꾸나, 그 진리는 무엇인가? 그것을 깊은 인간애로부터 간단히 갈파한 말이 지금 일본에 두 가지가 나와 있다. 그 하나는 폐하의 입에서 또 하나는 폐하가 사랑하시는 세상의 어머니의 입에서……"라고 말하고, 다시 '폐하는 만세에 태평을 열기를 바란다'……고 말씀하였다. 그리고 내 아들을 이 전쟁에서 잃은 어머니는 전쟁이 없어지면 얼마나 좋을까 하고 소박한 말로 호소하고 있다……이 두 가지 말 속에 인류의 영원한 희망이 있고 진리가 있는 거라네. 하고 말하는 장면이 있었다. 그러나 소설의 모두 부분의 '일본에 부과된 새로운 책임은 무장도 없고 상극도 없는 평화국가의 전형을 이 지상에 창조하는 명예와 그 명예를 이루려면 헤아릴 수 없는 곤란과 근면과 용기와 생각이 요구되고 있다……그것으로부터 눈을 돌릴 수 없는 것이 일본의 현실이다'고 어딘지 점령군의 검열을 의식해서 썼다는 냄새를 느낄 수가 있었는데 그것을 염두에 두면서 풍자적인 뜻도 포함시키면서 쓴 것이 아닌가 하는 생각에 잠기고 말았다. 왜냐하면 외삼촌도 싸움이 없는 평화로운 세상을 강하게 원하고 있었을 것이지만, 이 소설이 간행된 시기는 제국의회에서의 헌법개정논의가 한창인 때로, 비무장을 구가하는 새 헌법의 초안을 점령군이 기초한 사실을 보도한다는 것은 검열의 대상이 되어 있었고, 이 당시의 '평화국가' 일본은 압도적인 군사력을 과시하는 점령군에 의해 무장해제된 벌거숭이 상태였기 때문이다. 더 나아가서 국기 게양도 마음대로 할 수 없는 피 점령기로 국기의 게양이 허락된 정월이 되자마자 큰 국기를 현관에 세웠다는 외삼촌의 회고담을 듣고 있었기 때문이다.

패전 직후의 혼돈된 사조 속에서 '하나는 폐하의 입에서, 그리고 또 하나는 폐하가 사랑하시는 세상의 어머니의 입에서' 진리가 제시되어 있다고 박사로 하여금 말하게 하는 그 한 구절이야말로 간과할 수 없는 것처럼 여겨진다. 소설 자체는 동생을 생각하는 씩씩한 아가씨가 장차 운명에 농락될 것이라는 암시로 끝나 있다. 점령 통치하에 마치 행방을 알 수 없는 일본의 내일을 이야기하는 것처럼. 외삼촌의 작품치고는 진기한 결말이라고 생각하였다.

《그 후에 부는 바람》에 대해서, 대중문학대계 28에 소재된 야마오카의 연보에는 '이 작품은 전후의 재기작(再起作)이 되었다'고 적혀 있다. 잡탕 멤버에 의한 '좌담다회'로 이야기를 돌려볼 때, 여러 가지 것을 가르치고 생각하게 해준 후쿠타 씨와 같은 자리에 외삼촌이 앉아 있었다는 것을 알기만 하여도 나는 기뻤다. 거기에서 사카구치 씨는 외삼촌보다도 한 살 위였고 동향이라고 해도 니가타 출신으로 어느 정도는 서로 생각이 같았을까? 사카구치 씨의 발언은 무뢰파(無賴派 : 제2차 대전 직후, 무뢰한 자세를 나타낸 몇몇 작가에게 주어진 명칭)다워서 재미있었다. 오바야시 씨는 외삼촌과 같은 세대의 작가로 대중문학에 몸을 담은 작가로서 발언하고 있다. 오바야시 씨에게는 영화화된 작품이 많았고, 그것이 소년시대에 영화 포스터 붙이는 일을 도왔던 나의 기억 안에 남아 있다. 이토 씨는 소하치 전집의 연보에 의하면, '德川家康' 1000만 부 돌파기념 축하회(1965년 3월)에 출석하고 있으니까 나름대로의 교제가 있었을 것이다. 기기 씨는 대뇌생리학을 전문으로 하는 게이오(慶應) 대학 의학부 교수 하야시(林) 씨의 펜네임으로 많은 추리소설을 쓰고 있다. 그의 '머리가 좋아지는 책'은 60년 안보의 해에 베스트셀러였다. 제목에 끌려 사서 읽었지만 나에게는 전혀 효과가 없었다. 부제목인 '대뇌생리학적 관리법'을 간과하고 있었던 것이다. 이것도 고교 1년생, 60년 안보 소동의 추억이다.

'60년 안보' 전 해에 쓴 《소설 기시노부스케(岸信介)》
다시 읽고 '후기'에 놀랐다

우리 집에는 외삼촌의 소설이 30권쯤 있었다. 고등학생이던 형이 외삼촌댁에 자러 갔을 때 '창고에서 마음에 드는 책을 가져가거라. 단 두 권 이상 있는 책 중에서 고르렴.' 이렇게 말씀하셔서 가져온 책들이었다. 지금도 몇몇 제목을 기억하고 있다. 《얼굴 없는 남자》, 《도원의 귀신》, 《진주는 울지 않는다》, 《해적선》, 《야마다 나가마사》, 《니치렌(日蓮)》……. 이 소설들은 책꽂이에 꽂혀 있을 뿐, 아버지도 어머니도 외삼촌의 작품을 읽은 일은 없었다. 돌아올 때의 인상이 너무 강해서 그다지 마음이 내키지 않았을지도 모르고 본디 소설을 읽는 습관이 없어서였다.

《얼굴 없는 남자》는 제목이 마음에 들어서 반쯤 읽었었다. 마음과 몸에 남은 전쟁의 상처가 낫지 않은 남자의 어두운 이야기에서 시작하는데 읽다가 책을 덮어버렸다. 아직 중학생이 읽기에는 좀 어려웠기 때문이다. 아마도 외삼촌의 작품이니 인간의 어두운 면을 그리면서 거기에 동전의 뒷면처럼 선의의 빛이 희미하게 보이는 느낌으로 이야기가 흘러가지 않았을까, 멋대로 이렇게 상상해 본다. 그때 내가 끝까지 읽은 외삼촌의 책은 《소설 기시 노부스케》이다. 이 책은 형이 서점에서 발견해서 사왔다. 1959년 5월 60년 안보투쟁 소동이 일어나기 일 년 전 출판됐다.

평소부터 신문을 자주 읽으며 시사문제에 관심이 많았던 중학생의 기억으로는 그 무렵 기시 수상(기시 내각, 1957년 2월~1960년 7월)의 평판은 그다지 좋지 않았다(이시바시 단잔 수상이 총리가 된 지 얼마 안 돼서 병으로 사퇴했기 때문에 외무장관으로 임시 수상대리직을 겸임하고 있던 기시 씨가 서둘러 내각을 조직했으며 그 직전에 기시 씨, 이시바시 씨, 이시이 고지로 씨, 세 사람이 총재 선거에서 경쟁했다는 사실들도 분명히 기억난다. 그 4년 전 스탈린이 세상을 떠나고 마렌코프 추방, 흐르시쵸프가 등장한 일도 기억한다. 요시다 시게루 내각이 끝날 무렵부터 하토야마 이치로 내각, 사회당 통일, 자민당 결당(보수 연합), 오가타 다케토라 씨 급사, 하토야마 소련 방문, 일본 소련 국교회복, 국제연맹 가입, 이시바시 내각 이렇게 정치 상황이 변한 일도 기억에 남아 있다. 어쨌든 신문 정치면이나 외교면은 자주 읽었다. 탄피를 주우러 미군 훈련장에 들어간 주부가 총에 맞아 목숨을 잃은 질라드 사건 등은 날마다 답답한 심정으로 읽었다. 초등학교 5, 6학년 무렵 지금 생각하면 너무 부끄러워서 웃을 수도 없는 이야기지만 한때 커서 아나운서가 되고 싶다고 꿈꾸며 방송부에 들어갔다. 집에서는 신문을 큰 소리로, 특히 국제면을 읽기도 했다).

당 내부에서는 반 기시 세력이 존재하는 한편 양 기시라는 어중간한 그룹도 있어 수상은 리더십을 제대로 발휘하지 못한 채 흔들리고 있다는 이야기가 지면을 채운 일을 기억한다. 미시마 유키오 씨의 화제작 《흔들리는 미덕》을 본떠 흔들리는 수상이라며 야유를 받기도 했다. 그런 수상을 일부러 소설로 쓰다니 외삼촌은 수상을 응원하고 싶으신 걸까, 아니면 수상과 친하다고 말하고 싶은 걸까 생각하곤 했다. 어쨌든 현직에 있는 총리대신을 소설로 쓰다니 의외였다. 그래서 시사문제를 잘 아는(?) 소년은 《소설 기시 노부스케》를 펼쳤다(읽은 건 1,2년 뒤 고등학생이 되고 난 뒤 기시 수상이 물러난 뒤였는지도 모른다).

전쟁 중 도조내각의 상공대신이었던 기시 수상이 사이판 함락 뒤 각료 회의에서 다른 각료들이 겁을 먹고 입을 다물고 있는 상황에서 나서서 도조 총리에게 이의를 제기하며 내각 불일치로 물러나도록 만들었다는 소설의 도입부는 오랫동안 머릿속에 남았지만 외삼촌이 이 소설에서 무엇을 말하고 싶었는지는 별로 기억이 안 난다. 그 뒤에도 왜 현직 수상을 소설로 썼을까 오랜 시간 알 수 없었다.

최근 고서점에서 《소설 기시 노부스케》를 발견했기에 다시 읽어봤다. 거기에는 강화조약이 발효된 뒤 혼란한 정치계에서 경제 자립, 헌법 개정을 위한 보수 연합과 정당 근대화(총재 공식 선거)로 일본을 재건하려는 정치가의 노력이라기보다도 현재 수상의 전쟁 때부터 전쟁 뒤의 모습이 인간다운 뒷이야기와 함께 그려진다. 아무리 시사문제에 관심이 있었다고 해도 그 나이에 읽기에는 좀 어려운 내용이었다.

그렇지만 세상의 평가가 반드시 좋을 수는 없는 현직 수상의 실명을 내건 소설을 쓰는 일은 대중작가이기는 하지만 큰 모험이 아니었을까, 아니 대중작가라면 더욱 피하고 싶어하는 일이 아닐까, 이렇게도 생각했지만 이건 큰 문제가 아니었다.

이 책을 다시 읽고 놀란 점은 《소설 기시 노부스케》의 작가 후기이다. 이는 외삼촌의 명확한 반 진보주의적 문화인 선언이 아닐까 이런 생각이 들었다. 《소설 기시 노부스케》가 간행된 쇼와 34년은 몇 번이나 말하지만 60년 안보투쟁 일 년 전으로 이 무렵에 중고등학생이 된 나에게는 예를 들어 평론가 나카지마 겐조 씨나, 연출가 센다 고레야 씨, 신극배우 스기무라 하루코 씨처럼 신 중국의 영향을 받은 문화인들의 언동을 아사히신문에서 많이 읽은 기억이 난다. 그 무렵 나의 애독서는 집에서 구독하던 아사히신문이었다. 문예평론가·아오노 스에키치 씨의 이름도 기억난다. 그런 시대사조 속에서 외삼촌은 작가 후기를 썼다.

'1959년 부처님 오신 날, 공중관음소사(空中観音小舎)에서'라고 말미에 쓰인 한 문장이 있는데 여기에는 예를 들어 '……계속 중국의 업적을 기리는 문화인이 있는데 그들에게 3개월 동안 농촌에서 밭을 갈고 오라고 하면 어떨까./ 며느리와 시어머니 문제를 신경 쓸 정도라면 가정을 완전히 없애고 아이는 탁아소에 맡긴 뒤 중공식(中共式)에서 일하라고 명령하면 여성들은 뭐라고 할까.' 등등이 씌어 있다. 1959년은 제1회 총조화(總調和) 모임이 열린 해이기도 하다.

그 무렵 니가타 시골 마을 중학교에서도 신 중국에는 파리가 한 마리도 없다고 사회 선생님이 자신 있게 말했고, 농촌은 집단화로 인민공사가 되어 생산량이 눈에 띄게 늘어났다고도 가르쳤다. 교단 앞의 선생님은 신 중국의 영향을 받아 찬양하듯이 말했다. 또 거기에서는 이삭이 잔뜩 달려 그 위에 사람이 누워도 괜찮다(부러지지 않는다)고도 말했다. 사람이 누워도 괜찮다고 말할 때의 선생님은 과연 조금 자신이 없는 목소리로 말한 듯한 느낌이 들기도 했지만(별걸 다 기억하고 있다고 나 자신도 생각한다) 이처럼 신 중국의 훌륭함을 진보진영에서 열병에라도 걸린 듯 들떠서 이야기하던 시대에 외삼촌은 중국의 업적을 기리는 문화인 여러분들은 자신의 논밭을 조금이라고 갈고 오면 어떻겠습니까, 이렇게 말하며 가볍게 나무랐던 것이다.

더욱이 '요시다 수상도 잔뜩 안 좋은 평가를 받고 물러났지만 물러난 뒤에도 계속 그리워하는 사람들이 많았다. 이 주인공도 지금이 가장 공격을 많이 받는 시기라고 생각하면 이상할 게 하나 없는 일일지도 모른다. 하지만 주인공이 무엇을 생각하고 어떤 길을 걸으며, 또 걸으려 했고 걸을 수 있었는지를 검토해 보는 것도 결코 의미가 없는 일은 아니라고 생각하여 글을 쓴 것 같다.' 이렇게 이어진다. 이런 구절이 작가 후기에 있으리라고는 전혀 생각하지 못했다.

조금 더 인용을 하면 이 글은 이렇게 끝난다.

'……다만 나는 사람은 백지로 태어나고 그 백지 위에 외부 환경이 묘사되어 그걸로 인간의 의식이 태어난다는 유물철학의 입장은 취하지 않는다. 인간은 태어나면서부터 백지와 개성을 가지고 있다. 이상의 싹을 소중히 하며 거기서 창조성을 키울 수 있다고 생각한다. 따라서 양심이나 책임감이 나에게는 무시할 수 없는 인격 완성을 위한 포인트이다. 그런 의미로 실명을 그대로 쓴 등장인물들도 작가를 넓은 마음으로 용서해주길 바란다.'

신문에서 시사정보를 읽는 데 관심을 가졌을 뿐인 평범한 소년이 유물철학 같은 말을 이해할 수 있을 리가 없다. 다만 쇼와 30년대 중반의 진보적인 문화인의 언설이 크게 영향을 미치던 시기에 외삼촌은 이런 생각을 하고 이를 공개한 것은 솔직히 말해 쾌재를 부르고 싶은 기분이다. 늘 민중을 입에 올리면서 마음속으로는 언제나 높은 곳에서 우월감에 빠져 있는 이는 좌익뿐만 아니라 우익들도 그렇지만 그런 사람들과는 반대의 입장에 있고 싶어했던 외삼촌의 반짝이는 두 눈이 생생히 보이는 것만 같다.

내가 가지고 있는 51년 된 빛바랜 기사

아사히신문에 연재한 '마지막 종군'

잊을 수 없는 1962년 8월 첫 무렵의 일이다.

우리 집에서 오랫동안 구독한 아사히신문에 '마지막 종군'이라는 제목의 외삼촌 글이 5회에 걸쳐 연재됐다. 해군보도반원으로 가노야(가고시마 현) 기지에서 특공대원과 2개월 동안 함께 먹고 자며 그들의 출격을 배웅한 체험을 쓴 글로, 고등학교 3학년이었던 나는 좀 과장해서 말하면 책을 씹어먹을 듯이 열심히 읽었다. 다음날 신문이 어서 오기만을 목이 빠져라 기다렸다. 3년 전 외삼촌의 집 다실(다경당)에서 보여주신 대원들의 글들과 사진도 실려 있었고, 그 시절 신라이 특별공격부대 사령관인 오카무라 모토하루 대령과 함께 찍은 사진도 마지막 회에 첨부됐다. 오카무라 대령보다 한걸음 뒤로 물러난 위치에 외삼촌의 모습이 보인다. 1945년에 외삼촌은 39세였다.

이 연재는 꽤 반응이 좋았는지 9월 중순 속편이라고 할 수 있는 '마지막 종군 그 뒤—생각보다 컸던 반응—'이 연재됐다. 나는 이 6회에 걸친 기사를 스크랩해 두었으며 지금도 소중히 간직하고 있다. 마음만 먹으면 예전 기사는 큰 도서관에 가서 마이크로필름이나 축소판으로 얼마든지 읽을 수 있지만, 이 외삼촌의 글만은 상당히 색이 바랬으나 그 시절 집으로 배달된 신문에서 오려낸 걸 읽을 수 있다. 얼마나 감명을 받았는지 두꺼운 종이로 앞뒤에 표지를 만들어 스크랩해 두었다.

이 6회에 걸친 글은 감사하게도 그 32년 뒤 1994년 8월에 간행된 전사 학생 유문집, 야스쿠니 신사편 《위기가 닥치면 나는 신의 나라의 벚꽃》(전전사)에 자료로 전문이 실렸다. 그런데 어떻게 된 일인지 '마지막 종군 그 뒤—생각보다 컸던 반응—'의 끝에 게재 시기 불명이라고 되어 있어 깜짝 놀랐다. 서둘러 출판사에 부탁해 제2쇄부터 게재 시기를 쓰게 한 것은 말할 필요도 없다. 생각지 못한 곳에서 고등학교 3학년 무렵에 했던 신문기사 스크랩이 도움 되었다.

지금 이렇게 외삼촌을 추억하면서 다시 '마지막 종군'을 읽어 봤는데 '해군보도반원 야마오카 소하치'의 마음속을 들여다볼 수 있었다. 때때로 차오르는 눈물을 꾹 참고 때로는 흐르는 눈물에 잠시 눈을 감으면서 글을 쓰셨을 외삼촌의 모습이 눈앞에 보이는 듯하다. 가노야에서는 가와바타 야스나리 씨, 다카미 쥰 씨, 니와 후미오 씨 등과 한때 함께 지냈다.

외삼촌은 '마지막 종군 그 뒤'의 마지막 단락에서 '마지막으로 나도 이 사람들의 13주기를 맞이해 마당 한 구석에 공중관음(空中觀音)이라 이름을 붙인 초암을 세워 기도를 올린다고 써도 괜찮을까……' 이렇게 씌어 있다. 외삼촌이 마당에 다실을 짓고 관음상을 모신 건 13주기, 1957년 8월 15일을 기리기 위해서였다. 내가 그 2년 뒤, 공중관음에 절을 올렸다는 사실이 글을 쓰면서 생각났다.

1957년이라고 하면 중학교 1학년이었는데 그해 가을, 다경당 사진을 몇 페이지나 실은 〈집과 토지〉라는 잡지를 외삼촌 집에서 보내주신 일이 있다. 거기에는 야마나시 현 마을 민가에서 사용한 천 년이 넘은 옛 나무를 썼다고 씌어 있었다. 공중관음을 뭐라고 설명했는지는 유감스럽게도 기억나지 않는다. 그 잡지를 어머니가 가게 앞을 지나던 외삼촌의 초등학교 동창이며 중학교 선생님으로 일하는 여성을 큰 소리로 불러 '야마오카 씨 집에 있는 다실이래요.'라며 자랑스럽게 보여준 일이 있었다.

소년 비행병으로 출격하는 특공대원을 직접 본 경험이 있는 고사카 지로 씨의 《오늘 나는 살아 있다》(신조문고), 《특공대원들에게 보내는 진혼가》(PHP문고) 등의 책도 있다. 고사카 씨는 대원들의 한결같은 행동과 영혼을 쓰고 싶어서 '불타는 마음으로' 간신히 30년 뒤 팬을 들었다고 한다. 그 과정에서 외삼촌의 집 다실에 초대된 일이 있었다고 씌어 있다. 그때 외삼촌이 특공대로 글을 쓰라고 권했지만 아직 '쓸 수 없었다. 글을 쓸 자신이 없었다……' 이렇게도 씌어 있다. PHP문고 가운데 '제3화 마지막 캐치볼'은 외삼촌의 마지막 종군 속에 있는 장면을 바탕으로 쓴 것이다.

소하치 전집 상세연보의 '1965년' 페이지에 8월 13일 가노야에서 특공대 전사자 위령제에 시 한 수를 바쳤다고 씌어 있다.

동포를 살리려 간 병사들에게 스무 살도 되지 않은 마음을 바치다.

'내가 보고 들은 한에서는 조금도 거짓이 없었던 세계…… 그렇기에 나도 평생 그 영향에서 벗어나 살아가려고는 생각하지 않는다.' 이렇게 인정하며 마지막 종군을 마친 외삼촌은 3년 뒤 전사영령 20주기에 위와 같은 글을 바쳤다.

어머니가 말씀하시길 "그야 그보다 남자다운 사람은 없었지."

진잔소 야외무대에서 '구니사다 츄지'를 열연

내가 중고등학생 무렵 어머니가 두 번 도쿄로 간 일을 기억한다. 물론 젊은 날의 외삼촌이 간다에서 인쇄·제본 사업을 하던 시절, 어머니는 식사를 준비하며 도왔다고 하니 이전에도 몇 번 상경했을 테지만 나의 소년시대 기억으로는 1958년과 1961년이었다. 외삼촌이 상경하라고 편지를 보냈기 때문이다. 1958년은 외삼촌이 중부일본신문사의 중부일본문학상(쥬니치 문학상)을 받아 '야마오카 소하치 씨 축하연'이 진잔소에서 열렸을 때이며 36년에는 외삼촌의 작품이 가부키자에서 나카무라 우타에몬 주연으로 상연됐다.

간다에서의 인쇄·제본 사업은 실패로 끝나지만 그 시절 일을 어머니가 가끔 이야기한 적이 있었다. 빚을 갚지 못해 어려웠던 때 돈을 받으러 온 사람에게서 몸을 숨기기 위해 외삼촌은 순간 붙박이장에 숨었다. 상당히 많은 빚을 졌다. 그런데 "그럼 돌아올 때까지 기다리지." 그 사람은 이렇게 말하며 몇 시간이고 자리를 떠나지 않았다. "그때는 겨울이어서 쇼조가 재채기라도 하면 어쩌나 걱정되어 어쩔 줄 몰랐어." 이 위기는 간신히

모면한 듯하지만 얇은 얼음 위를 걸어가듯 위태로운 상황이 몇 번이나 있었다. 나중에 외삼촌이 직접 해준 이야기인데 일로 들어온 '중학교 강의록' 요베에서 공부를 했다고 한다.

진잔소에서의 축하연은 6월로 〈도쿠가와 이에야스〉 신문연제 2000회 돌파와 쥬니치문화상 수상을 기념해서 열렸다. 상세 연보에 따르면 축하연에는 요시카와 에이지 씨, 가이온지 쵸고로 씨 등 400명이 넘는 손님이 왔다고 한다. 하세가와 신 문하생 작가 친구들이 만든 무대극 '아카기 산'에서 들었다고 한다. 외삼촌은 52세였다.

축하연에 갔다 온 어머니가 말하길 야외에 설치된 무대에 조명을 받으며 등장한 '구니사다 츄지'는 정말 남자다웠다고 아직 흥분이 가시지 않은 목소리로 이야기했다. 나는 중학교 2학년이었지만 몇 번이고 몇 번이고 기회만 있으면 이 이야기를 하는 바람에 어느새 초여름 산들바람이 불어오는 진잔소 야외무대에서 조명을 받으며 훌륭한 연기를 하는 외삼촌의 모습을 직접 본 것만 같았다. 그래서 해마다 진잔소 여름 풍물시인 '반딧불 저녁'이 열렸다는 소식을 들을 때마다 언제나 누군가 그리운 친구의 소식을 들은 것만 같은 기분이 들었다.

나카무라 우타에몬이 주연을 맡은 외삼촌 원작의 연극이 가부키자에서 상연된 건 고등학교 2학년 가을이었다(전집의 연보에 따르면 이 해 6월에도 외삼촌의 〈혼아미쓰지의 도적〉이 오노에 쇼로쿠 주연으로 상연됐으며 4년 뒤인 1957년 9월 나카무라 우타에몬은 〈전국어전(戦国御前)〉이라는 외삼촌 작품에서도 주연을 맡았다). 어머니도 그 나이의 사람들이 거의 그렇듯 지방 순회공연을 하는 가부키를 보는 일을 무척 좋아했기에 도쿄 가부키자에서 게다가 오빠의 작품을 볼 수 있어서 많이 흥분한 게 아닐까.

상연하는 작품은 〈딱정벌레 도박〉. 전국시대 주군집안인 오쿠다이라 가문 젊은 부인의 모습으로 꾸미고 스스로 부인을 대신해 인질이 되어 가이의 다케다 가쓰요리 아래 있던 신분이 낮은 소녀의 재능을 키워주며 살아가려 하지만 실패하고 마는 이야기이다. 동시 상연하는 작품이 〈무장의 비극(熊谷陣屋)〉(이치노타니후타바군기一谷嫩軍記의 3단, 9대·이치카와 에비조 주연?)이라는 고전 가부키여서 어머니는 이 작품도 기대했다.

이 뒤에도 외삼촌의 새로운 작품 몇 가지가 가부키자에서 상연됐다. 우타에몬 씨는 2001년 85세로 세상을 떠났으니 앞에서 말한 작품에 출연했을 무렵에는 40대 초반으로 생각보다 젊었다. 어머니가 본 외삼촌의 연극에서 주연을 맡았다는 이유만으로 나는 그 뒤에도 계속 NHK 무대중계나 신문 인터뷰 기사로 우타에몬 씨를 만나면 다른 배우들에게서는 느끼지 못한 친근감을 느꼈다.

도쿄에서 돌아온 어머니는 '은혜를 갚기 위해 내 아이의 목숨을 바치겠습니다.' 구마가이 나오자네의 속마음을 몇 번이고 이야기했다. 외삼촌 연극은 '우타에몬이 참 잘 생겼더라.' 이렇게 말하기는 했는데 달리 또 뭐라고 했는지는 기억나지 않는다. 지방 공연으로 몇 번이나 본 적이 있는 무장의 비극이 어머니에게는 더 알기 쉬웠을지도 모른다. 다만 별거 아닌 듯이 말해주신 외삼촌에게서 들은 이야기가 두 가지 기억에 남아 있다.

하나는 인기를 믿어서는 안 돼, 인기에 의지해서는 안 돼, 신자를 만들어야한다고 말했다. 인기는 오르기도 하다가 내려가기도 해서 오래 가지 않지만 신자는 그런 일 없이 늘 일정하며 어려울 때 힘이 되어준다. 두 번째는 '어머니 감사합니다.' 어떤 아이라도 자연스럽게 말하지만 '아버지 감사합니다.'를 말할 수 있는 아이로 키우는 일이 중요하다는 이야기이다. 고등학교 2학년인 소년은 우리 외삼촌은 그런 일을 생각하고 계시는구나! 이렇게 감명받은 일을 기억하고 있다.

이번 상경으로 어머니는 외삼촌의 이야기를 오랫동안 들을 시간이 있었구나 생각하면서 깊은 인상을 느끼며 어머니 말에 귀를 기울였다. 어릴 때부터 기억 저편에는 한 손에 술잔을 들고 호탕하게 이야기하시며 때로는 뚝뚝 눈물을 흘리는 외삼촌의 모습이 또렷하게 남아 있어서 진지하게 말하는 외삼촌의 모습도 그 이야기에 귀를 기울이는 어머니의 모습도 좀 낯설었기 때문이다.

그리고 어머니 입에서 내가 고등학교를 졸업 한 뒤의 일(신문 배달을 하면서 대학에 다닌 일)을 들은 외삼촌이 '괜찮을까? 금방 포기하는 거 아냐?' 이렇게 말했다는 이야기는 아마 이때의 일일 것이다.

어느 날 밤 말했다. "나는 소설가가 아냐 이상가야."

과거의 인간군상에서 다음 세대의 빛을 찾는다

내가 《도쿠가와 이에야스를》 읽으려 생각해 처음으로 책을 펼친 것은 완결된 지 2년 뒤인 1969년 5, 6월 무렵으로 막 교사가 됐었을 때였다. 잊을 수 없는 그 2년 6개월 전 대학교 4학년 가을, 날마다 학교에서 만난 니가타 시 출신 친구가 "야마오카 소하치의 〈도쿠가와 이에야스〉는 정말 재미있어. 이번에 25권이 나왔는데 하룻밤 만에 다 읽어버렸어. 야마우치는 읽은 적 있어? 야마오카 소하치는 니가타 출신이라던데." 이렇게 말해서 순간 당황한 적이 있었다. "아니 아직 못 읽었어." 아무렇지 않게 대답했는데 친구는 내가 고이데 출신이라는 사실은 알았지만 야마오카 소하치가 나의 외삼촌이라는 것은 모른다. 앞에서 말했듯이 주변 사람들에게 전혀 이야기 하지 않았기 때문이다. 자랑하는 것만 같아서 왠지 말하고 싶지 않았다.

읽으면서 굉장한 작품이라고 생각했고 재미있었다. 처음에는 맑아 보이다가 눈 깜짝할 새에 엄청나게 퍼붓는 비를 가져오는 적란운 같은 외삼촌이 용케도 한 인물을 바탕으로 18년이나 글을 써왔다니 인상 깊었다. 하지만 점차 장대해지고 오래 걸릴 것을 각오하고 쓰기 시작했다는 사실을 깨달아 많은 준비를 했구나 감명을 받았다. 무려 이에야스 어머니가 시집을 가는 장면부터 시작한다(작가 후기에는 글을 쓰기 2년 전부터 준비를 했다고 한다).

초등학생일 때 본 맑았다가 갑자기 비가 내리는 적란운 같은 모습만으로 외삼촌을 판단해서는 안 된다고 반성하게 됐다. 꼼꼼하지 않으면 신문소설을 쓸 수 없을 테고 다른 연재(신문, 월간지)도 있으며 단편 소설 집필도 함께 했다. 신문·잡지를 가리지 않고 수필 의뢰도 들어온다. 전집 상세 연보를 살펴보니 신문만 해도 아사히·마이니치·요미우리·닛케이·산케이 지방 신문은 말할 것도 없이 주니치신문·홋카이도신문·도쿄신문·가호쿠신보·니가타일보·홋고쿠신문·오사카신문·고치신문 등에 집필했다는 기록이 있다(그 가운데서도 닛케이·산케이·도쿄 신문의 집필이 눈에 띈다). 월간지 연재가 햇수로 10년이 걸린 〈소설 태평양전쟁〉에서는 다달이 400자 원고지로 40장 씩 꾸준히 썼다고 작가 후기에서 말한다. 몇 가지 작품을 같은 시기에 썼으니 한 달의 시간을 잘 나눠 날마다 스케줄을 소화하지 않으면 도중에 실패했을 것이다. 연보를 보면 근면하고 자주 글을 쓰는 일상을 상상할 수 있다. 술 마실 시간 따위는 전혀 없어 보인다. 물론 농담이지만 그만큼 바쁘게 보인다는 뜻이다.

그것이 프로 글쟁이의 삶이라고 말하면 그뿐이지만 그런 제약이 많은 나날을 보내면서 시간을 쪼개 고향으로 돌아온 외삼촌이 마음껏 해방감에 잠기듯이 포악한 신처럼 행동하게 되는 것은 어쩔 수 없는 일이었다. 소년 시절에 본 외삼촌의 모습이란 바로 그런 모습이었다. 일을 하는 외삼촌의 모습은 작품으로 상상할 수밖에 없다.

외삼촌의 소설을 읽을 때는 늘 그 얼굴을 머릿속에 그리면서 곰곰이 생각하며 책장을 넘겼다. 자연스럽게 그렇게 된다. 이 때도 그랬는데 만일 외삼촌의 작품이 아니었다면 아무리 화제가 되어도 26권이라는 이야기를 들은 것만으로 포기했을 가능성이 높다.

지금 생각나는 것은 외삼촌의 인간관이다. 인간에게는 생각의 차이나 오해로 생기는 악행은 있어도, 욕심에 눈이 멀게 되는 약점을 가지고는 있어도, 구할 방도가 없는 성질 나쁜 사람은 흔하지 않다……. 그런 인간도 신은 다 보고 계신다…… 이런 인간관이다. 이것을 여러 작품에서 자연스럽게 느낄 수 있다. 작가에 따라서는 인간의 추함, 잔인함, 방자함 등에 중점을 두며 이를 있는 대로 강조하고 끝나는 작품을 쓰기도 한다. 이도 인간의 속일 수 없는 모습임에는 틀림없지만 외삼촌은 인간의 그런 면에도, 그 깊은 곳에서 광명을 찾고 싶었던 게 아닐까 생각한다. 외삼촌이 인간의 추한 모습을 모를 리가 없다. 그런 모습을 알고 있기에 그것만으로 붓을 들 수 없는 사람이 대중작가·야마오카 소하치라고 생각한다. '사람이 짐승과 다른 이유'(요시다 쇼인 사규칠측(士規七則)의 한 구절)를 생각하며 거기에 중점을 두려 했다고 생각한다.

《도쿠가와 이에야스》에서는 전국이라는 혼란한 시대를 살아가는 인간의 모습을 통해 인간심리를 묘사했다. 전집 연보를 보면 '뛰어난 여성 묘사로 많은 여성독자들을 끌어당겼다.' 어떤 잡지에서 이런 기사를 썼다고 하는데 정말 그렇다. 곰곰이 생각해 보면 남녀를 가리지 않고 인간의 속마음만큼 파악하기 어렵고 복잡한 일을 또 없을 것이다. 어느 시대에도 그런 사람이 긍지를 마음에 지니고 진실 된 일을 찾아 다른 사람과 어울리며 자기 자신과 싸워 왔다. 외삼촌은 거기에 중점을 두며 인간의 마음을 그리고 싶었던 게 아닐까. 그래서 전국의 정복자 이에야스의 소설이지만 현대 직장인들도 받아들일 수 있는 게 아닐까.

얼마 전 어떤 신문 투고란에 '같은 인물이라도 작가가 다르면 시점이나 해석도 다릅니다.' '나는 지금 야마오카 소하치의 〈도쿠가와 이에야스〉를 읽고 있습니다만 이 소설의 훌륭한 점은 등장인물을 공평하게 묘사한 점입니다. 주인공을 영웅으로 만들기 위해 적을 나쁘게 묘사하는 작품이 있지만 이 소설은 사실을 바탕으로 상대의 입장도 냉정하며 평등하게 다루고 있습니다.' 이런 14살, 여중생이 보낸 감상이 실려 있었다(2011년 11월 7월, 산케이신문). 똑똑한 중학생이구나 혀를 내둘렀는데, 작가 마키메 마나부 씨(1976년 생)는 중학교 1학년 겨울방학 두 손목뼈에 금이 간 골절을 치료하면서 26권을 모두 읽었다고 한다. 마나부 씨는 한자나 표현이 어렵고 하나를 들으면

열을 아는 전국 시대 무장들의 뛰어난 머리에 감탄하면서도 '한 권씩 읽을 때 마다 신기한 일이 생겼다. 점점 전국 시대 무장들의 대화를 이해할 수 있게 됐다.' '읽으면서 나의 뇌는 순식간에 지혜를 익히기 시작했다. 자신의 뇌가 변해 가는 것을 느끼면서 나는 책장을 넘겼다.' 이렇게 말했다(2007년 6월 18일, 산케이신문 '이 책과 만났다'). 위에는 또 위가 있다고 다시금 느꼈다.

외삼촌은 《도쿠가와 이에야스》 제1권 작가 후기에서 '물론 역사적인 사실을 왜곡하지 않았으며 독자들이 지루하지 않도록 열심히 노력했다. 하지만 이는 세상에서 말하는 역사 소설과는 조금 다르다. 작가의 공상을 자유롭게 사용한 말하자면 낭만도 물론 아니다. 이른바 나의 전쟁과 평화이며 오늘의 내 그림자이고, 과거의 인간군상을 그리면서 다음 세대의 빛을 모색하는 이상소설이라 말하고 싶다. 너그러운 꾸지람을 부탁한다.(1953년 9월 24일)' 이렇게 인정했다. 작가 스스로 오늘 나의 그림자이며 과거의 인간군상에서 다음 세대의 빛을 모색하는 이상소설이라 말했다. 외삼촌보다 다음 세대의 빛을 바라는 사람은 또 없을 거라고 나는 생각한다.

내가 외삼촌 집 별채에서 머물 무렵(1971년)의 일이다. 외삼촌이 "나는 소설가가 아니다. 이상주의자야. 이상가." 이렇게 말한 적이 있었다. 거실에는 외삼촌과 나 두 사람밖에 없었다. 상당히 늦은 밤 시간이었다. 외삼촌과 마주보고 있을 때는 늘 그렇지만 대화라기보다 나는 고개만 끄덕이며 이야기를 들었고 외삼촌이 일방적으로 이야기하는 경우가 많았다. 조금이라도 질문을 하면 그 10배, 20배가 넘은 대답이 돌아왔다. 위의 말 앞뒤로 무슨 말을 했는지 기억이 안 난다. 다만 '소설가가 아니다…… 이상가야' 이런 구절만 생각난다. 그때 좀 더 깊이 물어봤더라면 좋았을 텐데 이런 생각도 든다. 하지만 소설이 오늘 나의 그림자이며 작가가 바라는 세상의 표현이라면 소설가와 이상가 사이에 비약은 없다. 〈도쿠가와 이에야스〉는 다음 세대의 빛을 모색하는 이상소설로 만들었다. 이는 다른 많은 작품들도 그럴 것이라고 생각한다.

제1권 작가 후기 마지막에 쓴 1953년 9월 24일이라는 날짜를 보면 외삼촌은 몇 살이었을까 생각하곤 한다. 이때 외삼촌은 47살로 그 한 달 전 명절에는 1년 전 돌아가신 어머니를 위해 만든 묘에 처음으로 성묘를 했다. 묘비에는 아버지 다로시치의 '보상원태법명각거사(宝祥院太法明覚居士)' 법명과 어머니 세이의 '방청원선법수선대자(芳清院禪法壽仙大姉)' 법명이 함께 새겨졌으며 그 무렵 나는 초중학교 3학년이었는데 새로 만든 묘를 말없이 바라보는 외삼촌의 눈빛이 지금도 생생하다. 왜냐하면 친척 가운데 묘비에 비해 새긴 글자가 좀 크지 않느냐고 말한 사람이 있어서 과연 성묘를 온 외삼촌이 뭐라고 말할지 내 부모님이 신경 썼기 때문이다. 이 일에 대해 외삼촌은 아무 말을 하지 않아서 어린 마음에 안심했던 기억이 있다. 작가 후기의 날짜 24일은 어머니 세이의 기일이기도 하다.

얼마 전 책꽂이 구석에서 잠들어 있던 외삼촌의 단편집 〈수컷 솔개 이야기〉(강담사)를 아무런 생각 없이 손에 들었다. 이 책은 1963년 봄 도쿄로 온 내가 고서점에서 처음으로 산 외삼촌 책으로 1959년에 간행됐다. 이 책 마지막 부분 광고에 작가 네 사람이 쓴 〈도쿠가와 이에야스〉(그 무렵 14권이 나왔다)를 추천하는 글이 실려 있다. 그대로 책을 덮기가 아쉬워서 여기에 올리고자 한다. 내 마음을 대신 말한 것만 같다.

하세가와 신 씨 '이 책은 재미있는 역사소설이며 인간 해설서라고 생각합니다.'

가이온지 쵸고로 씨 '너의 열정은 전편에서 느껴진다. 사람을 감동시키는 소설이다. 힘을 주는 소설이다.'

야마테 기이치로 씨 '슬프고 분하여 의분이 북받치는 감정을 냉정한 붓으로 미래를 향한 이상을 이야기하는 방대한 야심작이다.'

무라카미 겐조 씨 '이런 소설은 지금까지 본 적도 없고 앞으로 없을지도 모른다.'

"늦은 밤은 지금 아무런 의미가 없어"
서투른 시의 비평과 첨삭

외삼촌이 〈도쿠가와 이에야스〉로 제2회 요시카와 에이지 문학상을 수상한 것은 1968년 3월의 일로 그 일 년 전 아세아대학 상업학부를 졸업한 나는 사단법인 국민문화연구소(이사장은 오다무라 도라지로 선생님. 선생님은 여러 방면에서 활동을 하시며 아세아 대학에서는 일본 사상사를 담당했다)의 긴자사무소에서 일하면서 밤에는 고탄다의 릿쇼대학교 사학과에 편입해 3학년이 끝나는 무렵이었다. 편입학을 한 것은 고등학교 일본역사 선생님이 되기 위한 준비이기도 했다. 필요한 교직원면허는 이미 가지고 있었지만 아직 실력이 부족하다고 생각했기 때문이다. 날짜는 잊어버렸지만 같은 해 2월 첫 무렵 늦은 밤 집으로 돌아와 습관처럼 펼친 신문에 외삼촌이 상을 받게 됐다는 기사가 작게 실려 있었다. 연하장 말고는 외삼촌에게 따로 편지를 보내는 일이 없었지만 그때는 축하한다는 내용을 담은 편지를 보냈다. 그러고 보니 연하장은 초등학생 때부터 외삼촌 부부에게 해마다 보냈었다. 지금도 악필이기는 하지만 그때는 지렁이가 기어가는 듯한 글자로 '도쿄 도 세타가야 구 세타가야(東京都世田ヶ谷区世田ヶ谷) 2—1398 야마오카 소하치

귀하, 야마오카 미치에 귀하' 이렇게 써서 해마다 보냈다. 정식으로는 ヶ를 빼고 世田谷라고 써야 하지만 나는 지금도 世田ヶ谷가 훨씬 익숙하다. 도쿄올림픽 무렵에 世田谷区로 주소가 변경돼서 좀 아쉬운 기분이 들었다.

이 때 외삼촌에게 보내는 편지에 나는 다음과 같은 말을 덧붙였다.

> 늦은 밤 습관처럼 펼친 신문에서 외삼촌의 수상 기사를 발견해서 기뻤습니다.

지금 생각해보면 너무 부끄러운 단가(短歌)이지만 이 단가는 이상하게도 잘 기억하고 있다. 단가는 앞에서 쓴 국민문화연구회가 대학교관유지협의회와 공동으로 개최한 여름 합숙연수 '합숙교실'에서 배워 서투른 솜씨지만 가끔씩 지었다. 이 합숙교실에서는 지적인 이해가 물론 중요하지만 젊을 때 국민동포애를 바탕으로 인생관·역사관을 갈고 닦아야 한다는 이유로 연수 주제에 단가 창작이 들어 있었다(합숙교실 제1회는 1956년 여름으로 지금도 계속 열린다). 어느 시대에도 일본인은 단가를 공부했지만 현대를 살아가는 사람도 단가를 공부해 역사 속 인물들의 노래를(마음을) 좀 더 가깝게 느낄 수 있다. 평행한 인간관계와 함께 시간에 따른 수평적인 인간관계에도 관심을 가지라는 의미의 단가 공부였다. 사람들이 흔히 말하는 취미로 공부하는 단가와는 좀 다르다.

왜 이 시를 글자 하나하나 모두 기억하고 있냐면 편지를 보낸 며칠 뒤 외삼촌 집에 가니 신을 모신 불단을 등지고 외삼촌이 평소에 앉아 있는 거실 책상 위에 내가 보낸 편지가 있었다. 외삼촌은 '고맙구나' 말하면서 봉투에서 편지를 꺼내 늦은 밤은 여기서는 의미가 없다고 비평해 주셨기 때문이다. 옆에 있던 외숙모도 '그래 늦은 밤은 이상해.' 이렇게 두 사람이 단가를 가르쳐 주셨다.

그때는 그 말의 의미를 바로 이해하지 못해서 그런가? 생각하며 막연하게 이야기를 들었다.

"예를 들면 늦은 밤이 아니라 '일을 마치고'라든지 '돌아와서'로 한다면 의미가 분명해질 거야."

편지 여백에 연필로 '일을 마치고', '돌아와서'를 쓰면서 비평해 줬다. '일을 쉬다'로 써도 괜찮지만 말이다. 결국 어떻게 고쳤는지는 기억나지 않는다. 하지만 내가 지었던 단가와 '일을 마치고', '돌아와서', '일을 쉬다'는 기억한다.

그러고 보니 외삼촌이 글을 쓸 때는 언제나 연필로 그것도 4B처럼 부드러운 심으로 쓴다고 들은 적이 있는 것 같다. 외삼촌의 원고를 외숙모가 다시 깨끗한 글씨로 고쳐 썼는데 그래서인지 외삼촌과 외숙모의 글씨체는 구별할 수 없을 만큼 비슷했다. 외숙모가 '내가 쓴 글을 남편이 썼다고 생각하는 사람이 있어서 곤란해.' 이렇게 말한 적이 있을 정도였다. 어느 날 오른손 엄지손가락을 만지면서 '다쓰오 씨, 여기에 건초염이 생겨서 아파요'라고 말한 적이 있었다. 팔꿈치부터 손목까지 하얀 파스를 붙였다. 외삼촌 작품 뒤에는 언제나 외숙모가 있었다. 외삼촌 부부의 훌륭한 공동 작업이라고 다시 한 번 느꼈다.

늦은 밤이 얼마나 안 좋은 표현이었는지 지금은 잘 안다. '습관처럼'이라는 말 뒤에 '발견해서'가 오는 것도 좋지 않다. 그때의 편지가 지금 내게 있었으면 하는 아쉬움이 남는다.

일을 마치고 돌아와 펼친 신문에 외삼촌 수상 기사가 있어 기뻤다.

지금이라면 이렇게 단가를 썼을 거라고 생각해 본다. 이것도 오십보백보이기는 하지만 말이다.

요시카와 에이지 씨는 외삼촌보다 12살 이상 나이가 많으며 다이쇼 시대 말엽에는 이미 세상에 이름을 알렸다. 34년 전 요시카와 씨 집에 들어간 Y의 무용담은 앞에서 말한 대로이지만 월간지 편집장으로 일하던 외삼촌이 원고를 받으러 가자 밤을 센 요시카와 씨가 소금을 핥으면서 잠을 쫓으며 글을 쓰고 있었다는 이야기를 들었다. 요시카와 에이지 문학상 수상기념 파티 인사에서는 요시카와 선생님이라 하기도 하고 요시카와 씨라 하기도 한 일이 인상 깊다(외삼촌이 태어난 고향 우오누마시에 2008년 9월 야마오카 소하치의 업적을 기리는 모임이 발족됐다는 소식을 들어 기뻤다. 여기 있는 50페이지짜리 팸플릿에 '정말로 고향을 사랑한 작가 야마오카 소하치……' 이렇게 써줘서 참 고마운 일인데 몇 가지 잘 못된 점이 있었다. 그 가운데서도 '야마오카 소하치와는 견원지간이었던 요시카와 에이지'라고 쓰여 있어서 깜짝 놀랐다. 아무리 생각해 봐도 오해이며 잘못된 정보이다).

참고로 요시카와 에이지 씨의 남동생 요시카와 스스무 씨(문예춘추 근무, 나중에 육흥출판 사장)와는 체신관사 양성소에 함께 다녔다고 한다. 이야기의 내용을 잊어버렸지만 '신 씨(스스무 씨의 별칭) 신 씨' 이렇게 부르며 반갑게 이야기하시는 모습을 몇 번 보았다. 그리고 아자부 우체국에서 일하며 숙직 당번을 하던 때 전보를 보내려고 온 미국인이 '버튼, 버튼' 말할 뿐 말이 통하지 않아서 지도를 펼쳐 보여주니 보스턴을 가리킨 일이 있었다고 한다. '보스턴을 버튼이라 발음했으니 알아듣지를 못했어. 하하하.' 유쾌하게 이야기했다. 그리고 체신관리 양성소에서는 지도 교관이 '야마우치 여기에 다니지 않아도 돼. 다른 학교에 가도 돼' 이런 말을 몇 번이나 들었다고 한다.

"이치류사이 부인은 나이 차이가 많이 연상이었어."
"다쓰오, 좋은 사윗감 하나 없을까?"

나는 고등학교 선생님이 된 지 2년이 지난 1971년 2월에 결혼했는데 그 일 년 전 가을 예물을 주고받는 일이 끝났다고 외삼촌에게 보고하러 갔다. 그때 상대는 어떤 사람이냐고 물으시기에 두 살 연상이라는 사실을 말하니 순간 놀란 듯 '그래 이치류사이 데이호의 부인도 연상이었지. 분명 두 살보다는 훨씬 많았어.' 갑자기 잘 생긴 인기 강사의 이름이 나와서 이번에는 내가 놀랐다.

이치류사이 데이호 선생님은 외삼촌보다 20살쯤 젊고 1955년대부터 1965년에 첫 무렵에 걸쳐 NHK에서 방송한 공개 버라이어티 '개그 3인조'에(산유테이 긴바, 에도야 네코하치 두 선생님과 함께) 출연했으며 이마이즈미 요시오라는 이름으로 텔레비전 방송 사회를 맡기도 한 멀티 탤런트로 활동한 분이었다. 그때는 참의원 전국구 자민당 후보로 입후보하기 바로 전이었다. 이른바 보수파 사람으로 그런 의미에서는 인맥으로 봐도 외삼촌과 가까웠을 것이다.

4, 5년 전이었을까. 다이마쓰 히로부미 씨(도쿄 올림픽에서 금메달을 딴 여자 배구 팀의 감독)와 어느 파티에서 만난 외삼촌

은 다이마쓰 씨에게서 '결혼 적령기인 딸들이 많아서 골치 아픕니다. 야마오카 씨 좀 부탁드릴게요.' 이런 부탁을 받았다고 한다. 상세 연보를 보면 자위대 나카무라 가즈오 중위와 식을 올린 가사이 마사에 씨(여자 배구 팀 주장)의 피로연에 출석했다고 되어 있으니 그때의 일이었을지도 모른다.

어느 날 외삼촌 집에 갔을 때 다이마쓰 씨가 고생했던 시절 이야기를 자주 들었는데 말을 마칠 때면 '금메달을 따도 그걸로 끝이 아니야. 감독은 힘들어. 다쓰오 좋은 사윗감 하나 없을까.' 이런 말을 했다. 아직 어엿한 남자가 되지도 못한 나이였지만 그래서 그런지 5,6년쯤 일찍 태어났다면 좋았을 텐데 잠깐 이렇게 생각한 일이 있었다.

자위대 이야기가 나와서 말인데 나중에 외삼촌은 자위대 친목회 회장을 맡았다. 만년에는 일본 유스호텔협회 회장도 역임했으며 공적으로는 1964년 돌아가신 오자키 시로 씨의 후임으로 법무성 중앙 갱생보호심사회의 위원(2기 6년)을 맡았다. 가석방 여부를 심사하는 기관으로 국회가 동의해서 뽑는 인사였다.

"바보 같으니 초슈다!" 호통에 유리문이 마구 흔들렸다.

이렇게 해서 결혼식장은 노기신사로

결혼하기로 정하고 나자 외삼촌 집을 찾아갈 일이 많아졌다. 중매인은 은사인 오다무라 도라지로 선생님 부부에게 부탁하기로 했는데 결혼식장과 신혼집을 아직 정하지 못했다. 결혼식 날짜도 정해야만 한다.

먼저 식장을 어디로 예약해야 좋을지 상담을 하러 찾아갔다. 그때는 해가 진 뒤부터 저녁시간 또는 밤에 찾아가는 일이 많았는데 안 계실 경우는 드물었고 거실에서 잠깐 쉬고 계실 때가 많았다. 결혼식을 어디서 하면 좋을지. 처음에는 그 무렵 백화점 안에 있는 결혼식장 안내 창구에 가봤지만 너무 많이 추천해주어서 오히려 정할 수가 없었다. 그렇지만 외삼촌라고 해도 상담을 받았다고 평범한 고등학교 선생에게 어울리는 결혼식장이 바로 구체적으로 떠오를 리가 없다.

그때 옆에 있던 외숙모가 '하라주쿠 도고신사도 괜찮을 것 같은데.' 이렇게 한마디 한 순간 '바보 같으니 쵸슈다!' 큰소리로 호통을 치는 바람에 장지문 넘어 복도의 유리문이 진동해 깨지는 것 아닐까 걱정할 정도였다. 오다무라 선생님은 안세이

노다이고쿠(安政の大獄)*1로 돌아가신 초슈번 군사학 사범이며 사상가인 요시다 쇼인의 여동생 후손이며 그 일을 외삼촌은 알고 있었다. 외삼촌은 2년쯤 전에 〈요시다 쇼인〉(학습연구사 새로쓴 역사소설 시리즈 제1권)을 간행했다.

쇼카손주쿠(松下村塾)*2에서 많은 수재를 키운 희대의 교육자이기도 했던 요시다 쇼인의 한결같은 삶이 외삼촌의 생각과 닮은 점이 많았으리라는 건 작품을 보면 쉽게 알 수 있다. 참고로 도고신사에서 모시고 있는 신, 도고 헤이하치로 원사가 사쓰마번 사람이었다는 사실은 모두가 아는 사실이지만 외숙모가 도고신사도 괜찮을 것 같다고 한마디 한 덕분에 사쓰마번에서 초슈번이 떠올라 초슈번 출신인 노기 마레스케 장군이 생각나서 결혼식장을 순조롭게 정할 수 있었다. 생각지도 못한 이야기에서 노기 장군을 모시는 노기신사는 어떨까 이런 생각이 든 것이다.

오다무라 선생님과 외삼촌은 서로 얼굴은 알았지만 오다무라 선생님이 외삼촌과 나의 관계를 알게 되는 작은 일이 있었다. 친구들과 마찬가지라고 하면 실례가 되지만 내 입으로 먼저 말할 수는 없었다.

---

*1 안세이(安政) 5년(1858년)에, 에도막부 이이 나오스케가 미일수호 통상 조약 체결 및 장군의 후사 문제로 자신의 정책에 반대한 영주들과 벌하고 요시다 쇼인 등의 지사를 탄압한 사건.

*2 1856년 야마구치 현에 만든 요시다 쇼인의 서당.

선생님이 교편을 잡은 아세아대학에서는 메이지백년을 본떠서 1967년과 1968년에 걸쳐 15회에 이르는 메이지백년기념 특별연속강좌가 열렸다. 70년 안보 전야 무렵으로 많은 대학을 정치편향으로 폭력화된 학생 활동가들이 건물을 점령해 책상이나 걸상으로 막는 바람에 수업을 하지 못하고 마비가 된 시기의 일이다. 아세아대학에서는 그런 일은 없었고 막 졸업을 한 나는 청강생으로 그 강좌를 몇 번 들었다. 외삼촌이 강의를 했을 때(강의 제목 '메이지백년에서 청일, 러일 전쟁의 의의')도 들으러 갔다.

많은 사람들 앞에서 강연을 하는 외삼촌은 어떤 모습일까 생각하면서 회장으로 갔다. 1200명이 들어갈 수 있는 가장 큰 교실은 학생들로 가득했고 자리가 없어서 서서 듣는 사람까지 있었다. 에치고(니가타의 옛 이름) 사투리가 조금 남아 있는 외삼촌은 때때로 공책에 시선을 주고, 재치 있게 웃음을 불러일으키면서 메이지시대 사람들의 고생담을 이야기했다. 공책에는 날짜나 지명 등이 쓰여 있었을 것이다. 외삼촌에게는 청중을 끌어당기는 힘이 있구나 이렇게 안도한 기억이 있다.

외삼촌의 강연이 열린 것은 1967년 가을이었는데 그 5,6개월 전 강연을 부탁하러 외삼촌 집을 찾아온 사람이 특별강좌 섭외위원 가지무라 노보루 선생님(종교학)으로 그때 외삼촌이 조카가 아세아대학에 다닌다고 이야기한 듯하다. 왜냐하면 가지무라 노보루 선생님이 내가 일하던 국민문화연구회(앞에서 말했듯이 이사장은 오다무라 선생님이다)의 긴자 사무소에 왔을 때 '자네가 야마우치 군인가. 얼마 전 야마오카 선생님 댁에 찾아뵈었는데 자네 이야기를 들었어.' 이렇게 말했기 때문이다. 오다무라 선생님과 가지무라 선생님은 전부터 매우 가까운 사이였고 특별강좌에서는 오다무라 선생님도 섭외위원 중 하나였기 때문이다. 이 일을 계기로 오다무라 선생님은 외삼촌과 나의 관계를 알게 됐다.

가지무라 선생님이 외삼촌 말고 또 누구를 담당했는지는 모르지만 오다무라 선생님이 가이온지 쵸고로 씨, 후쿠다 쓰네아리 씨, 고바야시 히데오 씨의 강연 의뢰를 담당한 일은 국민문화연구회 사무소에서 일했기에 선생님에게서 자주 들었다.

여담이지만 오다무라 선생님은 대학의 위원회에서 작성한 메이지백년기념 특별연속강좌 강사진 목록 원안을 가지고 후쿠다 씨를 찾아갔다. 문예계에서는 위에서 말한 사람들 말고도 하야시 후사오 씨, 다케야마 미치오 씨, 에토 준 씨가 강의했다. 후쿠다 씨를 만나고 돌아온 선생님이 '역시 엄격한 분이야. 후쿠다 씨가 의문을 가진 사람이 있었어.' 이렇게 이야기한 적이 있었다.

내가 결혼한 해의 8월 15일은 제13회 국민 총조화의 날이었는데 오다무라 선생님은 도쿄 료고쿠 일본대학강당(옛 료고쿠 국기관)에서 열린 제전에서 강연을 했다. 그보다 앞선 6월 무렵 외삼촌이 '선생님에게 부탁할 수 없을까? 한번 부탁해 줘'라고 말했기에 승낙하셨는데 대강당 1층에서 2층까지 사람들이 거의 가득 찬 것은 좋았지만 협찬단체에서 동원했다고 생각되는 사람들이나 강연 뒤의 여흥을 기다리는 사람이 많았는지 이야기하기 힘들어 보여서 죄송했다.

"다쓰요 어디서 살 거니?"

"우리집 별채는 어떨까?" 생각지 못한 말에 따르다

결혼식장이 정해지면 예식을 할 날짜도 어림잡기 쉽다. 외삼촌 일정도 물으면서 3월 12일에 하기로 정했다. 그날은 내가 일하는 학교의 기말시험 이틀째 날로 첫날에 내가 담당하는 일본사 시험을 치기로 하고 답안지를 가지고 4일 동안 신혼여행을 떠났다. 오늘날은 여행지에서 시험 채점을 하는 것은 있을 수 없는 일로 집에 가져간다고 해도 미리 신고를 해야만 한다. 답안지를 학교 밖으로 가지고 나가는 일은 개인정보 유출로 이어질 수 있는 행동이기에 원칙상 금지된 일이다. 그 시절에도 답안지를 가지고 나가는 일을 허용하지 않았지만 지금처럼 엄격하지는 않았다.

신혼집은 박봉이지만 아내도 당분간은 계속 일을 할 테고 어떻게든 되리라 생각하면서 부동산을 두세 곳 둘러 봤는데 출퇴근 거리 말고는 아무런 제약이 없다보니 또 범위를 정하기 힘들었다. 우물쭈물하는 사이에 새해가 밝아 1월 중순이 되었다. '다쓰오, 어디서 살 거니?' 이렇게 물어도 좋은 곳을 찾고 있다는 말밖에 할 수 없었다. 기다리다 지쳤는지 외삼촌이 '우리 집 별채가 비어 있는데 어떠냐?' 말하기에 조건반사적으로 꾸벅 머리를 숙이며 아무런 망설임 없이 '부탁합니다'라고 대답해버렸다. 아무리 느긋한 성격의 나라도 슬슬 조바심이 나던 무렵이어서 '살았다!' 이런 안도감과 또 다른 이유도 있었다.

스스로 깨닫지 못했지만 마음 어딘가에 외삼촌 집 가까이에 한번쯤 살고 싶다는 생각이 있었다. 야마오카 소하치 옆에서 살아보고 싶었다. 외숙모에게는 좀 폐를 끼쳤다고 생각은 하지만 이듬해 가을에는 교직원 주택을 준공한다고 하니 그때까지의 1년 6개월이라면 신세를 져도 괜찮을 거라고도 생각했다.

배우 무라마쓰 에이코 씨가 배역을 연구하기 위해 외삼촌 집을 방문하다!

학연출판 야마오카 소하치 〈요시다 쇼인〉 여담

사족이지만 외삼촌의 〈요시다 쇼인〉(1968년 12월 간행)에 관련된 이야기를 하나 하려 한다.

〈요시다 쇼인〉은 그 뒤 소하치 전집에도 소하치 역사 문고에도 들어 있지만 거기에는 처음 학연출판사판 〈요시다 쇼인〉 끝에 수록된 릿쇼대학 조교수(그 시절)이며 문예평론가인 무라마쓰 다케시 씨와 외삼촌의 14페이지나 되는 해설 대담이 없다.

무라마쓰 씨는 1994년에 돌아가셨지만 그로부터 16년이 지난 2010년 6월 무라마쓰 씨의 여동생으로 배우이며 연출가 겸 시인인 무라마쓰 에이코 씨와 어떤 파티에서 만난 적이 있다. 그때 '오빠 다케시 선생님께서 외삼촌과 대담을 했는데 알고 계십니까?' 물어보니 '어머 그래요? 꼭 한번 읽고 싶네요.' 이렇게 대답해서 그 부분을 복사해 보내 준 일이 있다. 그때 에이코 씨가 '저는 배역을 연구하기 위해 야마오카 선생님 댁을 방문한 적이 있어요.' 이런 생각지도 못한 이야기를 들어서 '예? 그런 일이 있었어요?' 놀라고 말았다.

일본교육 텔레비전(NET 텔레비전, 현재는 텔레비전 아사히) 드라마 '도쿠가와 이에야스'에 무라마쓰 씨가 출연한 일은 기억난다. 소설 완결이 나오기 조금 전의 일로 내 기억이 맞는다면 전국 시대 여성의 삶을 몇 가지 테마로 나눠서 시리즈로 방송했다.

무라마쓰 씨는 이에야스의 생모 오다이노카타를 연기했다고 기억하는데 무라마쓰 씨가 한 이야기는 속편에 나왔을 때의 일인지 센 리큐의 딸 오긴과 아케치 미쓰히데의 셋째 딸로 호소카와 다다오키에게 시집간 가라샤부인, 둘 중 누구를 연기할지 고민되어 외삼촌에게 상담을 했다고 한다. '야마오카 선생님께서 오긴은 인물적으로 실은 잘 모르는 점이 많지만 호소카와 가라샤는 분명한 사람이라고 하셨기에 가라샤 부인을 연기하기로 했어요.' 1966, 7년 무렵의 일이었다고 한다.

전집 상세연보에서 1965년 무렵을 보면 '강담회 = 1월, 야마오카 댁 다경실에서 야마오카를 중심으로 〈도쿠가와 이에야스 이야기를 하다〉, 참가한 사람은 기타오지 킨야(주연), 노부나가 역 쓰가와 마사히코, 오다이 역 마쓰무라 에이코, 주니치신문은 5일, 도쿄신문은 10일에 보도.' 이렇게 쓰여 있다. 비록 상연했을 때의 배역인지는 쓰여 있지 않지만 일본교육 텔레비전에서 방송됐을 무렵의 일이라 생각된다. 무라마쓰 씨가 오다이노카타를 연기했다는 내 기억이 틀리지는 않은 것 같다.

무라마쓰 씨는 1965년 3월 '도쿠가와 이에야스 천만 부 돌파

축하회'(제국호텔)에 참가했다. 상세 연보를 보면 이 축하회에는 정재계인 말고도 '문화계에서 가와바타 야스나리, 후나하시 세이이치, 무라카미 겐조, 이토 세이, 도미타 쓰네오, 무라마쓰 에이코 등이 참가' 이렇게 쓰여 있다.

이 축하회에서 나눠준 순은으로 만든 술잔을 가지고 있다. 빨간색 상자에 들어 있으며 크기는 직경 4.8㎝, 깊이 2㎝로 밑에 세 잎의 접시꽃 문양*[1]이 들어 있다. 상자 안쪽에는 가로로 도쿠가와 이에야스 / 1000만부 돌파 기념 / 강담사 / 쇼와 40년 3월이라고 4줄로 인쇄되어 있다. 축하회에 참가한 형(2013년 2월 사망)의 유품이다.

---

*1 도쿠가와 이에야스 집안의 문장.

후지노 쇼지[*1] 명의의 임대계약서를 써주다.

주택수당 수령 성공

빌리기로 한 별채의 주소는 '세타가야구 우메가오카 3번가 13-16'으로 외삼촌 집과 가장 가까웠다(그 집은 헐어서 지금은 없다). 그 집 1층은 다다미 4장반짜리 방과 6장짜리 방, 부엌, 툇마루, 화장실. 2층은 다다미 6장짜리 방과 6장 정도 되는 마루방. 외삼촌 집 마당과는 나무판자로 된 담으로 구분했으며 담에는 쪽문이 있다. 2층 마루방에 있던 낡은 책꽂이에는 마찬가지로 오래된 러시아 문학 전집이 있었으며 손에 들고 펼쳐 보니 누가 했는지는 모르지만 밑줄을 잔뜩 쳐놨다. 계단을 올라간 곳에 있는 붙박이장을 열어보니 '제2회 하세가와 신 상—쇼와42년—' 수상기념 상패가 있었다. 평소 생활하기에는 1층으로 충분했다.

현관을 들어가 바로 보이는 마루에는 옻칠을 한 다이묘카고[*2]가 있었다. 소설가의 집에는 신기한 물건이 있다고 생각했다. 결혼식을 올리기 10일쯤 전에 나만 먼저 여기로 이사 왔다.

이집의 월세를 낸다는 생각은 마땅한 일처럼 내 머릿속에는

---

*1 야마오카 소하치의 본명.

*2 영주가 타는 가마.

외삼촌과 함께
외삼촌댁의 별채를 빌려 살던 시절. 1972년 7월 30일 외삼촌댁의 툇마루에서 촬영. 외삼촌은 66세로, '다테 마사무네(伊達政宗)'를 월간 《소설선데이매일》에 연재한 지 4년째였다(나는 당시 29살이었다). 외삼촌에게 애교를 부리고 있는 것은 반려견 미네. 외삼촌댁에는 항상 대형견 두 마리가 있었다.

없었다. 하지만 공무원에게도 주택수당을 지급하는 제도가 시작됐기에 그건 받고 싶었다. 월세가 적힌 임대계약서를 집주인이 제출하면 월세의 반(그때 상한금액이 만 5천 엔이었다고 기억한다)이 월급에 가산된다. 욕심 많은 나는 여기로 이사 온 지 20일쯤 지난 어느 날 밤 외삼촌에게 임대계약서를 써 달라 부탁하려고 주택 수당을 설명했다. 가만히 듣고 있던 외삼촌은 갑자기 큰 소리로 '그럼 집을 가지고 있는 사람은 어떻게 되는 거야!' 말을 가로 막았다. 예상치 못한 질문에 어안이 벙벙했다. 그런 거짓증명서를 써 줄 거 같으냐! 이렇게 크게 혼날까

봐 무서워 그 일만 신경 썼다.

분명 집을 가진 사람들 중에서는 달마다 차입금을 갚는 사람도 있으니 집을 빌린 사람의 월세를 지급하는 것만으로는 불공평하며 외삼촌이 그런 의문을 가지는 것도 마땅한 일이다. 상한금액 만 5천엔(?)의 성패가 달려 있다. 그래서 요즘에는 도시의 월세가 너무 올라 새로이 주택 수당제도를 만들어…… 이런저런 변명을 하는데 힘썼다(어쩌면 차입금이 있는 사람에게는 세제혜택을 주는 등의 제도가 있을지도 모른다).

그러자 '예전에는 말이다. 도쿄에도 집이 많아서 월세가 쌌어. 요즘은 세든 사람의 권리가 강해져서 집을 빌려주는 사람이 줄어들어 버렸어. 잘못 빌려주면 돌아오지 않으니까 말이다. 그러니 월세가 오르지.' 이렇게 지나간 도쿄의 주택 사정을 한바탕 이야기한 뒤 만년필로 쓱쓱 임대계약서를 써 주었다. 이야기가 어떻게 진행될지 좀 걱정이었는데 일이 잘 풀려서 안도의 한숨을 내쉬었다.

계약서라고는 하지만 반으로 접은 종이에 집주인 후지노 쇼지가 월마다 ○엔으로(아마 3만 엔이라 써 주셨다고 생각한다) 임차인 야마우치 다쓰오에게 대여해 준다는 내용을 세로로 조목별로 썼기에 날짜를 빠트렸을 리는 없지만 인감도장을 찍었는지는 잘 모르겠다. 물론 인지도 붙이지 않았다.

아무리 관공서는 서류만 갖추면 된다고 하지만 지금 같으면 서류 불충분으로 다시 제출하라 할 만한 계약서였다. 후지노 쇼지의 펜네임이 야마오카 소하치라는 사실은 사무실 사람 누구도 모르니까 그런 면으로 이목을 끌 걱정은 없었다.

욕심 많은 나의 깜찍한 부정에 외삼촌을 말려들게 만들었지만 그때 외삼촌이 나를 어떻게 생각했을까? '이 녀석은 마음이 작은 사람이구나.' 이렇게 생각하신 게 아닐까 지금도 가끔 그리운 마음으로 떠올려본다.

“알았지? 피로연을 하기 전에 소개해 주어야 해”
결혼식 전날 밤에 해준 충고

내가 결혼식을 올린 1971년은 앞에서 살짝 말했듯이 외삼촌이 새로 쓴 〈봄의 오르막길〉이 나카무라 긴노스케(나중에 요로즈야 긴노스케가 된다) 주연으로 NHK 텔레비전 대하드라마로 방송된 해였다(1월~12월, 52화). 이 드라마에서 주연을 맡은 긴노스케 씨는 그 뒤 민영방송 텔레비전의 ‘아이를 데리고 다니는 늑대’ 등에 출연하게 되는데 봄의 오르막길이 텔레비전에 연속으로 출연하게 된 계기라고 기억한다. 이는 외삼촌의 고집 때문이었다.

〈오다 노부나가〉 초판본을 간행했을 때 젊은 긴노스케 씨가 ‘이 책을 저에게 주세요. 회사가 아니라 저 개인에게 주세요. 나는 이 노부나가를 진지하게 연구하고 싶습니다.’ 이렇게 말하며 외삼촌 집에 찾아온 적이 있었다고 한다. 봄의 오르막길이 아직 방영 중이었던 같은 해 10월, 텔레비전과 마찬가지로 나카무라 긴노스케 주연으로 무대 공연으로 만들어 가부키자에서 상연했을 때의 팸플릿에 외삼촌이 이 일을 썼다. 그때의 긴노스케는 아직 청년이라기보다는 소년이라는 느낌이 강했다는 글도 보인다. 그 뒤 계속 관심을 가졌던 배우라고 한다. 그래서 주인공인 야규 무네노리 역할은 꼭 나카무라 긴노스케로 해 달라고 외삼촌은 고집했다.

외삼촌 원작의 〈오다 노부나가〉는 나카무라 긴노스케 주연으로 1955년과 1959년에 2번에 걸쳐 도에이에서 영화로 만들었다. 내가 본 건 1959년 작품으로 '풍운아 오다 노부나가'라는 제목이었다. 시골 영화관에서 상연된 건 이듬해 2월로 중학교 3학년 3학기 때의 일이었다. 그때 영화관은 천장이 높아서 겨울에 석탄 난로가 두 대 있어도 틈으로 냉기가 들어와 추웠다. 코트 깃을 바싹 당기면서 본 기억이 있다. 처음으로 눈으로 본 외삼촌의 영화였다. 노히메는 가가와 교코가, 사이토 도산은 신도 에이타로, 히라테 마사히데는 쓰키가타 류노스케가 연기했다. 그 시절에는 영화 감상 자체가 특별한 일이었기에 정확히 기억하고 있다.

앞에서 외삼촌 일을 학교 친구들에게는 거의 이야기하지 않았다고 썼는데 피로연에 오신 교장 선생님, 교감 선생님에게도 이야기하지 않았다. 일하고는 특별이 관계가 없고 일부러 말할 일이 아니라고 생각했기 때문이다. 피로연에 온 다른 동료 하나에게는 예전에 기회가 있을 때 조금 이야기한 적이 있었으니 거기서 들었을 지도 모른다.

결혼식 전날 밤, 외삼촌에게 피로연 창구에서 배부할 좌석표를(좌석표라고는 하지만 질 좋은 종이를 사서 학교 인쇄기로 인쇄해 손수 만든 것이었다) 보여주면서, 대강 오시는 손님들을 설명했다. 이때는 거실이 아니라 어찌된 일인지 응접실(서양식 방)에서 이야기를 나눴다. 설명이 끝나고 마지막으로 '피로연에서 외삼촌께 인사말 한마디를 부탁할지도 모르겠습니다만 괜찮을까요? 사회자가 야마오카 선생님의 말씀을 듣고 싶다고 하는데 그때는 잘 부탁드립니다.' 이렇게 허락을 구하자 흠! 잠시 생각한 뒤 '그래 알았다' 대답해 주셨기에 이걸로 사전 준비는 모두 끝났다고 생각해 '안녕히 주무세요' 인사를 하고 돌아가려 하니 '다쓰오 내일 피로연이 시작하기 전에 대기실로 함께 가서 불러준 사람에게 소개를 해 다오.' 이렇게 말해서 놀란 일을 기억한다. 내가 깜짝 놀란 듯한 표정으로 바라보니 한 번 더 '와 주신 분에게 제대로 소개해줘. 알았지? 대기실에 함께 가는 거야. 잊지 마.' 몇 번이고 확인했다. 그렇구나. 그런 일을 해야 하는구나. 그때 정말 중요한 일을 배운 기분이 들었다.

그래서 피로연을 시작하기 바로 전 외삼촌을 가족 대기실에서 손님 대기실로 데리고 갔다(정식으로는 부모님을 소개시켜 드려야 하지만). 친구 한 사람 한 사람, 거기다 소꿉친구에게까지 소개를 했기에 외삼촌의 명함이 부족했다. 이때 외삼촌이 가지고 있던 명함은 보통 명함보다 조금 작고 모서리가 둥글어서 소설가의 명함은 회사원의 각진 명함과는 좀 다르다는 새로운 사실을 발견한 듯한 기분이 들었다. 아니면 각지고 보통 크기의 명함도 따로 있어서 때와 장소에 따라 나눠서 쓴 걸까. 피로연에 온 친구들 가운데 나와 외삼촌의 관계를 처음 알

왔다는 사람이 몇 명 있었다고 생각한다. 오다무라 선생님의 친구 분으로 학교에 취직하는데 도움을 준 현 교육위원회 부장도 오셨는데 이분도 나와 외삼촌의 관계를 모르셨으리라 생각한다. 나중에 현 교육위원회가 주최한 강연회에서 외삼촌을 초청하고 싶다는 이야기를 내가 전달하게 되지만 말이다.

결혼식을 하고 반년쯤 지난 뒤 '봄의 오르막길'이 가부키자에서 상연되었을 때 외숙모가 티켓을 주셔서 아내와 둘이서 보러 갔다. 그때 받은 티켓이 팸플릿과 함께 책상 서랍에서 나왔다. 날짜는 1971년 10월 9일 낮 공연으로 오전 11시 시작, 1층 2등석 45구역 42였다. 동시 상연 작품은 가와타케 모쿠아미의 〈단풍놀이〉로 여기에서도 긴노스케 씨가 주연을 맡았다. 텔레비전 방송을 하면서 무대 연습과 상연을 병행했으니 인기배우는 아무나하는 게 아니라고 새삼 깨달았다.

“제 조카는 내 눈앞 2층에서 마당으로 떨어졌습니다.”

피로연에서 생각지 못한 인사

피로연에서는 한 차례 축사를 받고 정답게 이야기를 나눈 뒤 외삼촌에게 인사말을 부탁했다. 무슨 말을 하실까 기대하는 가운데 외삼촌은 입을 열자마자 ‘제 조카는 모든 걸 깨달은 철학자 같은 면이 있어서 좀 특이합니다.’ 한 마디로 피로연 장소를 웃음으로 뒤덮었다. 나는 자신을 둔하면서도 성격이 급하다고 생각했기에 둔해서 판단이 느린 점을 침착하다든지 배짱이 좋다고 착각하는 사람이 분명 있다고 생각했다. 외삼촌도 나를 너무 높이 사셔서 그렇게 말한 거라고 생각했다. 하지만 모든 걸 깨달은 철학자 같은 면이 있다니 나도 조금은 그렇다고 생각은 하지만 이상한 비유가 있다고 생각했는데 사람들이 웃는 걸 보니 좀 특이한 면이 있기는 하다고 나 자신을 돌아볼 수밖에 없었다.

외삼촌의 이 말은 뒤에도 계속 신경이 쓰였다. 사람들에게 그렇게 보여서 지금까지 나는 이득을 봤을지 아니면 손해를 봤을지 생각하곤 한다.

외삼촌은 계속 말했다.

‘제 조카는 운이 좋아서 내가 니가타로 돌아왔을 때 눈앞에서 2층에서 마당으로 떨어진 적이 있습니다. 하지만 긁힌 상처 하나 없었지요. 그때는 정말 깜짝 놀랐어요! 장례식을 치르고 돌아가야 하는 게 아닐까 생각했습니다.'

외삼촌이 고향으로 돌아오셨을 때 내가 2층에서 떨어진 이야기는 어릴 때부터 부모님에게서도 몇 번이나 들었다. 고향으로 돌아온 외삼촌의 입으로도 몇 번인가 들었다. 그 이야기를 피로연에서 하리라고는 생각지도 못했다.

이 사고가 몇 살 때 일이었는지는 명확하게 기억나지 않는다. 아무리 생각해도 4세 때였을 텐데 자주 이야기를 들어서 어느새 어떤 장면이 내 머릿속에 만들어졌다.

명절에 돌아온 외삼촌이 2층에서 신문을 읽고 있다. 시간은 오전이었다. 외삼촌 주위를 쫄래쫄래 돌아다니던 나는 툇마루로 가서 난간을 잡고 다리를 위로 올려서 밖을 보다가 사다리를 타듯 더 위쪽 난간으로 발을 올렸다. 그래서 중심이 쏠려서 빙글 다리가 하늘로 솟더니 그대로 마당에 떨어졌다. 외삼촌이 놀라서 난간을 보니 내 모습이 보이지 않았다. 허둥지둥 툇마루로 달려와 아래를 내려다보니 외삼촌이 말하길 '개구리를 땅바닥에 던졌을 때의 모습으로 떨어져 있었어. 나비가 날개를 펼친 모양 같기도 했지.'(여기서 또 사람들은 웃음을 터트렸다). 그리고 '이건 큰일이다. 장례식을 치르고 돌아가야 하는 게 아닐까 순간 생각했습니다.' 이렇게 말했다.

왜냐하면 손바닥만 한 마당에는 한자쯤 되는 간격으로 연못까지 디딤돌로 길을 만들어 뒀기 때문이다. 그런데 '다쓰오는 돌과 돌 사이에 끼워 넣은 것처럼 떨어져서 긁힌 상처하나 없었지요. 조금만 잘못 떨어졌으면 되돌릴 수 없는 일이 되어버렸을 텐데 다행히 아무 일 없었습니다. 정말 운이 좋았어요.' 말했다.

떨어졌을 때 어머니는 외출 중이라 서둘러 데리러 온 할머니에게 '지금 의사를 부르러 갔단다. 마음의 준비를 하도록 해라' 이런 말을 들었다고 어머니는 입버릇처럼 말했다. '너는 한 번 죽었다고 생각한 아이야.' 디딤돌이라고는 하지만 근처 강가에서 평평한 돌을 주워서 만든 길이라 울퉁불퉁 솟아나 있었다. 잘못 부딪혔으면 큰일이 났을 테지. 외삼촌이 '이런! 장례식을 치르고 돌아가야 하는 게 아닐까 생각했습니다.' 말한 건 정말 그렇게 생각했기 때문일 거다.

피로연이 끝나도 두 집안의 부모님과 나와 신부 두 사람이 입구에 서서 손님들을 배웅할 때 외삼촌이 함께 서 주셨다. 그때는 몰랐는데 나중에 사진으로 보니 외삼촌이 찍혀 있었다. 신부측 아버지가 예물을 교환한 뒤 갑자기 돌아가셔서 그 대신은 아니지만 외삼촌이 배려해서 서 주셨기에 중매인인 오다무라 선생님 부부를 포함해 여덟 사람이 모여 손님을 배웅할 수 있게 됐다. 이처럼 외삼촌은 여러 가지로 신경을 써주시니 주변 사람들이 정신이 없어서 일에 제대로 대응하지 못하면 때로는 천둥 같은 호통을 치셨다.

외삼촌 성격으로 보면 만일 장인께서 건재하셔도 함께 서주었을 거 같은 기분이 든다. 기쁜 일이건 슬픈 일이건 평범한 사람들보다 크게 마음을 흔들리게 만드는 외삼촌이기 때문이다.

"결혼 10년이니 아직 이런 분위기 나오지 않는구나."

홈드라마를 보면서 중얼거렸다

결혼 전의 일인데 가나가와현에서 처음으로 보너스가 지급된 6월(1969년) 어쩐지 기분이 들떠 외삼촌집 근처 순환 7호선 근처(세타가야 와카바야시릿쿄)에 있던 양과자 제조업체 트레카 공장 안 가게에서 조각 케이크를 10개쯤 사서 찾아갔다. 일요일 저녁이었다고 생각된다.

거실 장지문을 여니 언제나 신을 모신 불단을 등지고 혼자 앉아 계신 외삼촌이 '오늘은 무슨 일이냐' 묻기에 '보너스가 나와서 케이크를 사 왔습니다.' 말하니 '어이 다쓰오가 케이크라 사왔데' 외숙모를 불렀다. 그러자 외숙모는 곧 나와서 뭐 이런 걸 다하는 표정으로 받아주셨다. 그 자리에서 상자를 살짝 열어 어떤 케이크가 들어있는지 들여다봤다. '맛있겠네. 저녁을 먹은 뒤에 모두 함께 먹도록 하자.' 외숙모가 말했다. 지금까지 언제나 빈손으로 찾아간 나로서는 취직을 했으니 조금은 신경 써야겠다고 생각했다.

저녁은 외삼촌 부부, 양녀 마사코(외숙모의 조카, 외숙모 남동생의 딸), 비서, 젊은 가정부 두 사람이 거실에 모여서 먹는 게 습관이었기에 때때로 침입자인 나도 거기에 끼어서 태연한 얼굴로 식사를 했다. 내가 태연한 표정으로 저녁 밥시간에 외삼촌 집을 찾아간 건 대학 2학년 가을 신문 가게 더부살이를 끝내고 조간만 배달하게 되고부터 결혼하기까지의 6년 6개월 동안이었다. 그때 이상하게도 술을 좋아한 외삼촌이 저녁에 반주를 즐기셨는지 전혀 기억나지 않는다.

한 해에 몇 번이나 저녁밥을 얻어먹었는데도 기억에 없다. 아마도 작은 술병 한두 개 정도만 마신게 아닐까. 어린 시절에 술을 마시면 거칠어지는 외삼촌 모습이 인상 깊어서 조용히 홀짝홀짝 마시는 외삼촌은 기억 속에서 술 마시는 모습으로 남지 않았던 것 같다.

참고로 내가 드나들게 된 무렵 비서는 외숙모의 후배로 모 여자대학 졸업생이 2년마다 교대로 더부살이를 했고 가정부는 후쿠이현 모 고등학교 가정과 졸업생 두 사람이 이쪽도 거의 2년마다 한 사람씩 바뀌면서 일했다(어느 날 1968년 1월이나 2월의 일이었다고 기억하는데 양녀 마사코가 하나야나기류라는 일본무용의 계승자 하나야나기 나오하치 스승의 무용발표회를 보러 외삼촌 집 가정부까지 모두 함께 갔기에 아무도 없으니 집을 봐 달라는 부탁을 받은 일이 있었다. 일요일이었고 손님은 입정교성회 사람이 서류를 가지고 왔을 뿐이었다. 그날 밤 그대로 외삼촌 집에서 머물렀다).

이날은 저녁을 먹은 뒤 케이크 상자를 열어 한차례 '어느 케이크를 먹을까' 가정부들이 좋아해줘서 기뻤다. 외삼촌도 웃으며 자 나는 뭘 먹을까 하면서 대화에 참여했다. 60세가 넘었으며 더구나 식사를 한 뒤였다. 젊으실 때에는 몰랐는데 좀 위에 부담이 갔을 것이다. 그 뒤로도 보너스를 받을 때마다 케이크를 사 오면 함께 드셨다.

보너스를 받을 때마다 라고는 했지만 요코하마 교직원 주택으로 이사 가기 전까지(1972년 8월 끝 무렵) 햇수로 4년 동안의 여름과 겨울 보너스를 일곱 번 받았을 뿐이지만 말이다. 이사를 간 뒤에는 오츄겐*1이나 오세보*2 선물을 가지고 가는 연말과 신년 인사를 하러 갈 때 아이를 데리고(1971년 12월 장남 탄생) 오후에 찾아가는 일이 많아졌다.

해마다 12월 연말 인사를 하러 가면 마침 일요일이라 중앙경마 아리마 기념 경기와 겹치는 일이 많아서 외삼촌은 경마를 보고 있었다. 마권을 사지는 않았지만 텔레비전으로 경기를 관람했다. 나는 경마와는 인연이 없지만 지금도 연말이 다가와 아리마 기념 경기가 열린다는 소식을 들으면 왠지 마음이 마냥 설렜다.

아직 결혼하기 전으로 외삼촌 집에서 저녁을 먹던 시절의 일인데 식사를 마친 뒤 외삼촌은 자주 프로레슬링 중계를 봤다. 자이언트 바바와 안토니오 이노키가 팀을 이루어 외국 레슬러와 시합을 한 무렵의 일로 황금시간대에 방송됐다. 팀을 이룬

*1 7월 15일 평소 신세를 진 사람들에게 선물을 보내는 날.
*2 12월 10~20일 무렵 평소 신세를 진 사람들에게 선물을 보내는 날.

레슬러들의 호흡이 잘 맞지 않자 '너무 못해' 이렇게 작은 목소리로 중얼거렸다. 홈드라마를 보고 있던 적도 있다. 드라마에 나오는 부부 모습에 '결혼한 지 10년이구나. 10년이면 아직 이런 분위기는 나오지 않겠네. 어렵지.' 딱히 누군가에게 말하는 게 아니라 그냥 혼잣말로 중얼거린 일도 있었다. 지금도 텔레비전 드라마를 보면 내 머릿속에 문득 '결혼한 지 10년이니 아직 이런 분위기는 나오지 않는구나.' 이렇게 말한 외삼촌 목소리가 떠오르곤 한다.

그럴 때 나는 마치 비평가라도 된 듯 아무리 조리 있는 대화라도 인간 심리에 맞지 않고 대사에 인생의 참된 맛이 느껴지지 않으면 단순히 지어낸 이야기가 되어버린다. 드라마는 지어낸 이야기이기에 오히려 진실과 가깝도록 만들어야 한다. 거기에 작가 인생관의 깊이와 필력이 나타난다…… 이런 평가를 내리고 싶어진다.

확인한 적은 없지만 몇 번이고 다니다 보니 외삼촌의 일상을 거의 추측할 수 있게 됐다. 늦은 밤부터 아침까지가 일에 집중하는 시간인 듯하다. 저녁 식사를 하고 9시까지는 일하기 전 휴식시간으로 9시가 지나면 이제 시작해 볼까하며 자리에서 일어난다. 아침까지 일을 한 뒤 잠을 자는 것 같다. 오후에는 집필에 관계있는 손님들도 올 테고 바깥에서 볼일도 보겠지. 느긋하게 이야기를 구상하는 시간이 아니었을까. 고향으로 돌아온 외삼촌이 밤늦은 시간이랄까 새벽까지 술을 마시여 이야기하는 일이 많았던 이유는 평소 밤에 생활하던 습관 때문이었으리라 생각한다.

"다쓰오 단속하러 나온 경시총감이 학생들을 동정해서 눈물을 흘렸어."

선생님의 의무를 가르쳐 주셔서 혼자 경찰소로 갔다

내가 선생님이 된지 몇 개월이 지난 어느 날(1969년), 외삼촌 집을 찾아가니 '다쓰오 경시총감이 울고 있었어. 요즘 학생들이 불쌍하다며 그들을 동정해서 눈물을 흘렸어.' 갑자기 이렇게 말하기에 '무슨 일이에요?' 물은 적이 있었다. 그때 경시총감은 하타노 아키라 씨였다.

하타노 씨가 경시총감으로 임명된 건 1967년으로 1년 전 여름에는 중국공산당 모택동의 탈권투쟁, 문화대혁명이 시작됐다. 문화대혁명이 일어난 건 대학 4학년이었을 때로 북경 번화가 왕푸징에서 소동이 일어나 무언가 새로운 움직임이 시작됐다는 기사를 읽었다. 왕푸징이라는 지명은 그 가시에서 처음 알았다. 이 사건의 영향으로 좌익학생운동을 하는 여러 파들이 크게 폭력적(게바르트)으로 변해 게바르트봉*1을 휘두르기 시작한 시기였다. 조반유리(造反有理)라는 모택동파의 홍위병이 내건 슬로건을 그대로 일본에서도 사용했다. '70년 안보'

*1 좌익단체가 사용하는 각목이나 그와 비슷한 막대기 형태의 무기.

의 전날 밤 일로 하타노 씨의 3년 6개월에 가까운 재임 기간 중 폭력성은 더욱 심해져 많은 대학에서는 교실이 책상이나 의자로 만든 바리게이트로 봉쇄돼 수업을 할 수 없는 상황이었다. 학교 안에 기동대를 보내는 일이 금기시 되어 있었던 것도 폭력 지배에 박차를 가했다. 극히 일부에서 일어난 일이기는 하지만 고등학교도 비슷한 상황에 처해 있었다. 베트남전쟁 반대를 부르짖으면 무슨 일이라도 용서된다는 듯한 풍조가 있어서 화염병을 던지거나 돌을 던지는 등 폭력적인 데모는 이를 규제하는 기동대와 충돌을 빚었으며 그 때마다 많은 사람들이 체포되는 일이 반복됐다. 보도블록을 가져와 그걸 부숴서 던지는 일도 많았다. 신주쿠역이 습격을 받아 역의 모든 시설과 기기를 밤새도록 부순 사건도 있었다. 1969년 3월 도쿄대학 입시는 중지할 수밖에 없는 상황이었다. 그런 가운데 경시총감으로 수도의 치안을 지켜야하는 입장에 있었던 사람이 하타노 씨였다.

그 경시총감의 평소의 노고를 위로하려 외삼촌은 몇몇 나라를 걱정하는 사람들과 함께 경시청을 찾아갔다고 한다. 그 때 날뛰는 학생들을 체포해야 하는 하타노 경시총감이 오히려 학생들을 동정해 눈물을 흘렸다고 한다. '선생의 말로 선동돼 난폭하게 굴고 그 결과 학생이 체포당했는데 제자들 몸을 걱정해 경찰서로 찾아오는 선생이 한 사람도 없습니다. 지금 학생들은 불쌍합니다.' 이렇게 말하며 울었다고 한다. 좌익 이데올

로기에 빠져 반체제를 주장하는 교수들이 체제의 상징인 경찰서를 찾아올 리가 없다는 사실은 총감이 가장 잘 알고 있었지만 그럼에도 무책임한 교수들이라고 생각한 듯하다. 경시총감의 눈물은 외삼촌을 감동시켰다.

외삼촌이 들려준 이야기를 듣고 모름지기 교사란 어떤 사람이어야 하는지를 생각하게 됐다.

하타노 씨가 경시총감에서 물러난 이듬해 1971년 11월, 히비야 공원 안 레스토랑 마쓰모토 로가 데모 단체가 던진 화염병에 불타는 등 공원 주변에서 데모 단체가 난폭하게 군 일이 있었다. 많은 사람이 체포됐는데 무려 그 안에 내가 가르치는 고등학교 학생이 셋 있었다. 그 중 두 사람은 내가 담임을 맡은 반 학생이었다. 고등학교 3학년이나 되면 선배 대학생들과 친한 사람도 있을 테고 정치문제에 관심을 지녀도 이상하지는 않다고 생각은 했다. 나 또한 중·고등학생 무렵부터 시사에 무척 관심이 있었기 때문이다(나는 좌익에 빠지는 일은 없었지만 말이다). 하지만 담임을 맡은 반의 학생이 경시청에 체포되는 일이 있으리라고는 생각지 못했다. 그 시절에는 지금으로서는 생각할 수 없지만 과격파 대학생들 사이에 섞여 고등학생이 데모에서 체포되는 일이 가끔 있었는데 설마 자신의 반 학생이 잡히리라고는 생각하지 못했다.

내가 가르친 고등학교는 가나가와현에서도 도쿄도에 가까운 가와사키시 북부에 있으며 히비야공원까지 민영철도와 국영철도를 갈아타며 한 시간 가까이 가야 했다.

두 학생은 3일쯤 있다가 나왔지만 남은 하나(내가 담임을 맡은 반 학생)는 일주일이 지나도 10일이 지나도 풀려나지 못했다. 그동안 교장 선생님께 경찰을 만나게 해달라고 몇 번이나 부탁했지만 교장 선생님에게는 교장 선생님의 입장이 있어서 쉽게 움직일 수 없는지 진척이 없다. 물론 현 교육위원회와는 연락을 주고받았을 테지만 교장 선생님은 아무런 말을 해주지 않았다. 그러다 '걱정해주는 선생님이 없어서 학생이 불쌍하다고 경시총감이 눈물을 흘렸어' 이런 외삼촌의 말이 현실로 다가와 머릿속에 되살아났다. 그래, 직접 내가 경찰서로 가서 어떻게 된 일인지 물어보자 생각했다.

그래서 완전히 혼자서 학교 일을 마치고 빵을 사서 학생이 갇혀 있는 고라쿠엔 근처 도미사카 경찰서로 갔는데 당직 형사가 조사 중인 학생의 상태를 아무리 담임이라고 해도 가르쳐줄 리 없다는 사실을 곧 깨달았다. 간신히 한두 마디 말을 하고 빵을 부탁한 뒤 돌아왔다. 이 학생은 고지식한 면이 있어서 계속 묵비권을 행사하는 바람에 오랫동안 나오지 못했다. 결국 20일 넘게 갇혀 있었다. 나중에 물어보니 '선생님께서 와주신 일은 몰랐지만 그러고 보니 그 무렵부터 조사관의 태도가 부드러워졌다고 느꼈어요.' 이렇게 말했으니 조금은 의미가 있었다고 할 수 있다.

나는 진보파의 말과 행동에는 전부터 위화감을 느끼고 있었지만 그 일과 이 일은 전혀 다른 일이라 생각했으며 아직 풋내기이지만 여기는 담임이 나서야 하는 일이라고 판단해서 경찰서로 찾아갔다. 외삼촌이 들려 준 경시총감의 눈물 이야기가 용기를 주었기 때문이다.

노벨상 가와바타 야스나리 도지사 선거 마이크 잡다

특공기지 가노야와 계속 이어진 교류

하타노 아키라 씨가 경시총감을 퇴임한 뒤 1971년 4월 도지사 선거에 출마해 재선을 노리는 사공통일 후보(사회당, 공산당 두 당에서 추천)인 미노베 료키치 지사에게 도전했을 때 외삼촌은 하타노 진영을 지지했다. 외삼촌 성격으로 진보파 지식인의 대표격인 미노베 씨와 마음이 맞을 리 없었고 앞에서 말했듯이 하타노 씨의 인성에 감동했기 때문일 것이다. 재선은 확실하다는 평판대로 미노배 씨는 하타노 씨와 큰 격차를 벌리며 당선됐지만 이 선거에서는 노벨상 작가 가와바타 야스나리 씨가 하타노 씨를 지지해 마이크를 들고 거리에 선 일이 화제가 됐다.

가와바타 씨가 가노야 특공기지에서 외삼촌과 함께 있었다는 사실은 앞에서도 살짝 말했는데 그 시절 일을 기록한 외삼촌의 글이 있다(마지막 종군—작은 새와 폭탄—, 〈일본인의 맛〉 수록, 1971년 간행).

1945년 4월 같은 비행기로 가노야로 갔을 때 군화나 덧대어 꿰맨 낡은 신발이 보통이었던 시절 가와바타 씨는 붉은 가죽으로 만든 새 구두를 신었다. 그래서 '좋은 가죽이군요. 어디서 구했나요?' 구두를 칭찬하니 도쿠타 슈세이의 유품으로 '제 발에 맞아서 받게 됐습니다.' 이렇게 말했다고 한다. 도착한 날(4월 29일)에 바로 미군기의 폭격을 받았다. '천황의 생일이라 더 심했는지도 모르겠다.' 그때 외삼촌은 '어디에 폭탄이 떨어졌을까. 목숨을 잃은 사람이 없었으면 좋겠는데……' 정신없이 이런 생각을 하고 있는데 가와바타 씨가 톡톡 어깨를 치며 '저기 봐요 작은 새들은 벌써 지저귀기 시작했어요.' 이렇게 말해서 깜짝 놀랐다고 한다. '모든 망상에서 벗어나 폭탄이 터지는 소리가 작은 새들에게 미치는 영향에 신경을 쏟을 수 있다…… 그것이야말로 작가의 영혼이 아니면 무엇이란 말인가.', '평생 내가 잊을 수 없는 중요한 가르침 가운데 하나이다.' 이렇게 생각했다.

가노야에서 가와바타 씨의 모습은 '도쿄에서 보는 가와바타 씨 보다 딱하게 보였다. 날마다 정기편이 불리며 아침저녁으로 오는 폭격기 아래서 언제나 어딘가 먼 곳을 바라보는 듯한 느낌이로 주위의 살기와는 도무지 섞일 수 없는 존재로 보였다.' 그래서 제5항공함대 사령장관 우가키 마토메 중장을 만났을 때 잡담을 핑계 삼아 '전쟁 때는 군인이 중요하지만 가와바타 씨는 다른 의미로 국가의 보물이니 그렇게 생각하시고 대우해 주세요.' 이렇게 말하자 우가키 중장은 아무 말 없이 고개를 끄덕이셨다. 그래서인지는 모르겠지만 가와바타 씨는 '2주 쯤 머물다 돌아왔다고 기억한다.' 이렇게 회상했다. 그때 외삼촌은

39세로 가와바타 씨는 외삼촌보다 나이가 8살 더 많았다.

가와바타 씨와 그 뒤에도 교류가 있었는지, 앞에서 말했듯이 〈도쿠가와 이에야스〉 천만 부 돌파 기념 파티에도 참가했으며 도지사 선거를 하기 1년 전 오사카 박람회 소식을 전하는 어떤 잡지 사진에는 가와바타 씨와 외삼촌이 접시를 들고 셀프 서비스 식당에서 서있는 모습이 찍혀 있었다. 위의 〈일본인의 맛〉이 출판 된지 3년이 지난 1972년, 가와바타 씨가 스스로 목숨을 끊었을 때에는 다른 분들과 함께 외삼촌의 추도문이 〈문예춘추〉에 실렸다. 이는 가와바타 씨의 죽음과 삶에 대한 관념을 말한 추도문이었다고 기억한다.

왜 가와바타 씨가 거리에 나가 하타노 씨를 지지하며 응원연설을 했을까. 여러 가지 억측이 그 시절부터 나왔다. 근본적으로 가와바타 씨 자신이 미노베 씨를 지지하는 진보파의 풍조를 싫어했기 때문이겠지만 그것만으로는 마이크를 잡지 않았을 것이다. 굉장히 분명한 이유가 있었을 것이며 거기에는 또 여러 사람들이 평소부터 직접적, 간접적으로 개입했다고 생각한다. 완전히 나의 추측이지만 표를 많이 얻는 일이 승패를 가르게 되는 선거이기에 가와바타 씨를 스승으로 모시던 호죠 마코토 씨들과 함께 외삼촌도 간접적이기는 하지만 조금은 관계가 있었으리라 생각한다. 왜냐하면 닛케이에서 일한 오바마 도시에 씨가 하타노 아키라 후원회의 회장이었고 호죠 씨와 외삼촌이 후원회 부회장이었기 때문이다. 물론 거기에는 정당 관계자들의 구체적인 활동이 있었을 테지만 말이다. 참고로 호죠 씨는 제5회 노마문예장려상(1946년)을 수상했는데 외삼촌은 제2회(1942년) 수상자였다.

“하타노는 잘 될 거야” 그렇게 되지 못한 도지사 선거
어처구니없는 야마오카 소하치 옹립 움직임

이 도지사 선거에서, 그 시절 자민당 일부에서는 강력한 미노베 씨의 대항마로 유명인사인 외삼촌을 세우려는 움직임이 있었던 듯하다. 어느 신문이었는지는 정확히 기억나지 않지만 소문에 들리는 사람들 가운데 외삼촌을 포함해 사진까지 실은 관측 기사를 본 기억이 있다. 그 기사를 봤을 때 외삼촌의 성격을 몰라도 정도가 있지 하고 어이없어 한 일이 기억난다(《대중문예》 야마오카 소하치 추도 호에도 자민당에서 외삼촌을 옹립하려는 움직임이 있었다고 쓴 문장이 있었으니 그런 일이 있었던 건 사실인 것 같다). 분명 소설가로서의 인간적인 관심에서인지 정치가나 재계 사람들과 외삼촌은 폭넓게 교류하고 있었고, 나아가 ‘다음 세대의 빛’을 간절하게 바란 나머지, ‘국민 총조화의 날’ 운동에서 볼 수 있듯이 소설가의 틀에서 벗어나 정재계 인사뿐만 아니라 각종 단체의 임원들과도 교류가 있었지만, 그렇다고 해서 자치단체 수장에 적성이 있는 것은 아니었다. 외삼촌의 성격으로 봐서 의회대책과 그 밖의 사교적이고 의무적인 자기억제가 늘 요구되는 수장의 직무는 아무리 생각해도 어울리지 않았다. 지명도만 보고 말도 안 되는 일을 생각해내는 정당의 무신경함에 놀라지 않을 수 없었다.

너무나 어처구니없는 이야기여서 '도지사 선거에 옹립하려는 움직임이 있다고 하던데 정말입니까?' 하고 물어보고 싶은 마음조차 들지 않았다. 도무지 현실적이지 않았고 자칫 잘못 물었다가는 역정을 내실지도 몰랐기 때문이다. 외삼촌은 옹립 움직임이 있다는 이야기를 듣고 기분이 나쁘지 않았을지도 모르지만 어디까지나 그런 정도의 이야기였을 것이다. 앞에서 말했듯이 외삼촌은 감수성이 예민하다고 할까, 마음의 미묘한 움직임을 금방 알아채는 느낌이었고, 본디 자상하고 보통 사람 이상으로 배려심이 뛰어나기 때문에, 늘 선거를 의식하며 언동이 타율적으로 제약을 받는 수장의 역할은 어울리지 않는다. 외삼촌에게는 무리다. 이건 외삼촌 자신이 가장 잘 알고 있을 터이다.

도지사선거 투표일은 4월 11일 일요일이고 결혼식은 3월 12일이었다. 마땅히 바로 혼인신고를 해야 했지만, 신혼인 두 사람은 도지사 선거가 끝난 뒤에 제출하기로 일찌감치 결정하고 있었다. 신고서를 제출하면 주민표도 바뀌고 선거인 명부도 바뀐다. 어쨌든 두 표를 확실하게 투표하는 것이 선결문제여서, 주민표가 이동하지 않도록 혼인신고를 선거 뒤로 미룬 것이다. 신고를 하든 하지 않든 시기적으로 옛 주소(양쪽 다 스기나미구)에서 투표하게 되는데, 혼인신고를 한 일로 단순한 사무절차에 차질이 일어날 수도 있다고 생각한 것이다. 투표일 뒤에 신고하면 복잡한 일이 일어날 리가 없었다. 구청 직원이 들으면 무슨 바보 같은 생각이냐고 웃겠지만, 그런 생각이 드는 걸 어쩌랴. 외삼촌이 하타노 씨를 지지하고 있었기 때문에 하타노 후보에게 확실하게 두 표를 던지고 싶었다. 우리 두 사람에게도 애초에 미노베 씨는 마음에 가는 후보가 아니었다.

투표일 밤, 외삼촌의 기색이 궁금해서 거실에 얼굴을 내밀자, 다짜고짜 "간밤에는 아주 대단했어. 신주쿠가 온통 사람들로 인산인해를 이루었더구나. 다케오, 하타노는 잘 될 거다." 하고 승산이 있는 듯이 말했다(이 무렵의 선거에서는 이튿날 개표가 일반적이었다). 그래서 "하타노 씨에게 두 표 던지고 왔다"고 말하자, "하타노는 고생을 해본 사람이라, 미노베 같은 도련님과는 달라." 하고 당연하지 않느냐는 듯한 말투였다. 선거유세 막바지인 투표일 전날 오후 6시 지나, 유력후보의 가두선전차가 신주쿠역 동쪽 입구에 진을 치고, 유세시간이 끝나는 8시까지 서로 목이 쉬도록 외치는데, 외삼촌의 얘기에서 짐작건대, 전날 밤 가두선전차 위에 서서 마이크를 잡은 것 같았다. 신문 축쇄판을 확인하니, 그날 밤 가와바타 씨도 하타노 진영에 있었다. 가와우치 고한(川内康範) 씨와 아가와 히로유키(阿川弘之) 씨, 호조(北條) 씨도 있었고, 오바마(小汀) 씨, 가수 마쓰오 가즈코(松尾和子) 씨도 있었다. 차 주위가 열 겹 스무 겹으로 사람의 물결을 이룬 것은 미노베 진영도 마찬가지였겠지만, 차 위에서는 자기 진영의 인파밖에 보이지 않으니, "하타노는 잘 될 거야" 하는 말이 저절로 나왔을 것이다.

그러나 신주쿠에 나오지 않은 사람이 압도적으로 많을 것이고, 나날의 신문과 TV 보도가 주는 인상에는 절대적인 것이 있다. 하타노 후보가 '4조엔 비전'의 구체적인 정책을 제시한 데 대해, 재선을 노리는 미노베 후보는 '스톱 더 사토'라는 구호로, 발족한 지 만 6년 반을 맞이하는 사토 장기정권(사토 에이사쿠 佐藤榮作 내각, 1964년 11월~1972년 7월)에 대한 반체제적 분위기를 조성하는 데 여념이 없었다. 현직 지사로서 '도민과의 대화'를 강조하며, 연일 지면(紙面)과 TV에서 보도하는 '고뇌하는 인텔리' 미노베 씨의 용모가 도민들 사이에 깊이 침투해 있었는지 '하타노는 잘 될 거야'하는 말처럼 되지는 않았다. 본디 외삼촌은 하타노 씨에게 호감을 갖고 있었고, 그 선입견과 기대감에서 "하타노는 잘 될 거야"라는 발언이 나왔다고 봐도 무방할 것이다. 결국, 미노베 씨는 재선했으나, 방만한 재정을 계속하여 마지막에는 증원으로 팽창한 직원의 인건비도 다 지불하지 못하고 막대한 적자를 남긴 채 퇴진했다.

두 사람 다 스기나미구에서 '확실하게' 투표를 마친 것까지는 계산한 대로였지만 그 뒤가 아니었다. 혼인신고를 하지 않은 채, 다시 달이 바뀌어 5월이 되어 있었다. 연휴가 끝난 어느 날, 중매인인 오다무라 선생으로부터 내가 근무하는 고등학교로 전화가 와서 "자네들, 아직 혼인신고를 하지 않았다던데, 그러면 쓰나. 그런 일은 제때에 마쳐 두어야지" 하고 꾸지람을 듣고 말았다. 식을 올린 지 두 달이 되어가고 있었다. 아내가 국민문화연구회 긴자 사무소에서 일하고 있었기에, 거기서 두 사람의 불찰이 선생에게 드러나고 만 것이다.

그 무렵, 국정은 자민당 정권이었는데, 도쿄도 오사카부 지사에 사회당, 공산당의 추천후보가 당선하는 등, 자치체 수준의 수장선거에서는 사공(社共) 추천 후보가 많이 득표하는 케이스가 두드러지고 있었다. 신문과 TV는 '혁신통일후보'라 부르고 있었다. 이미 교토부 지사선거에서는 혁신후보가 당선을 거듭하고 있었다. 보수진영 속에서 그에 대항하는 움직임이 있어, 엔가쿠지(圓角寺)의 아사히나 소겐(朝比奈宗源) 관장, 메이지신궁의 다테 센 궁사(伊達選宮司), 생장(生長)의 집의 다니구치 마사하루(谷口雅春) 총재, 전국사우협회(師友協會)의 야스오카 마사히로(安岡正篤) 회장 등에 외삼촌까지 가세하여 '일본을 지키는 모임'이 발족되었다. '일본을 지키는 모임'은 1997년에 결성된 보수진영의 중핵적인 국민운동조직 '일본회의'의 원류라고 할 수 있는 단체로, 그때 고쿠민신문(國民新聞 월간)에 얼굴 사진과 함께 보도된 것을 읽은 기억이 있다. 미노베 도지사가 재선된 지 2,3년 뒤였던 것 같다.

'미시마 유키오 추모의 밤' 발족인 대표였다

39년 뒤, 그날 밤의 팸플릿을 보고 놀라다!

도지사 선거 4개월 전인 1970년 12월 11일 밤, 도쿄 이케부쿠로의 도시마 공회당(豊島公會堂)에서 '미시마 유키오 추모의 밤'이 열렸다. 전달 25일, 미시마 씨가 육상자위대, 이치가야(市谷) 주둔지에서 자결(할복)한 사건(미시마 사건)에서 불과 보름 남짓 지나 대대적인 추모 모임이 열린 것이다. 초만원이라 나는 회장에 들어가지도 못하고, 공회당 앞에 모여든 수많은 사람들과 함께 스피커에서 흘러나오는 장내의 상황에 귀를 기울였다.

"이제 우리는 생명존중 이상의 가치의 소재를 여러분에게 보여주려 한다. 그것은 자유도 민주주의도 아닌 바로 일본이다. 우리가 사랑하는 역사와 전통의 나라 일본이다. 이 일본을 뼈대 없는 허깨비로 만들어버린 헌법에 온몸을 부딪치고 죽을 자는 정녕 없는 것인가." 하는 격문을 남기고 자결한 미시마 씨에 대해, 각지의 사설과 칼럼은 민주주의의 이념과 양립할 수 없다고 입을 모아 비판적인 언사를 늘어놓고, 동부 방면 총감(摠監)을 감금한 일도 있어 TV와 신문은 경칭도 붙이지 않고 '미시마' '미시마' 하고 보도했다. 수상, 관방장관, 방위청장관들도 당연한 듯이 '광기어린 행동'으로 치부했다. 미디어와 정권이 미시마 사건 비판으로 서로 공명하는 희한한 현상이 출현하는 가운데, 미시마 씨에 대한 공감을 공공연하게 입에 올릴 수 없는 분위기 속에 '추모의 밤'이 열린 것이다.

이 추모집회에 대해, 그 직후 나는 다음과 같이 썼다. "회장 안의 분위기는 스피커를 통해 차가운 하늘 아래 서 있는 사람들의 귀에도 전달되었다. …잠시 뒤 이 모임의 발기인 가운데 하야시 후사오(林房雄), 후지시마 다이스케(藤島泰輔), 가와우치 야스노리(川内康範) 세 사람이 옥외에 임시로 만든 연단에서 인사를 했다…". 또 그 사건에 대해서는 다음과 같이 기록했다. "…일본의 전통에서 되도록 거리를 두는 것이 '문명인', '문화인'인 것처럼 생각하는 사람들은, '정치적인 의미는 생각하고 싶지 않다', '비정상인의 한 사건으로 해석하고 싶다'면서 당혹스러워 했다. 한 저명한 작가는 이렇게 말했다. '신뢰받는 일본인은 약속은 반드시 지키는 사무라이 일본인이지, 오늘날의 일본인이 아니다. 만약 그렇게 생각한다면 터무니없는 착각이다'." (《국민동포》 1971년 1월호)

이 졸문에 있는 '한 저명한 작가'란 말할 것도 없이 외삼촌이다. 결혼식을 앞두고 자주 얼굴을 뵙고 있었던 무렵이다.

그 '추모의 밤'에서 43년 가까운 세월이 흘렀지만, 그 당일 참석자에게 배부된 팸플릿이 아직도 나에게 있다. 이사(2009년)할 때, 책장을 정리하다가 그날 밤의 팸플릿을 발견한 것이다. 반가움이 밀려와서 무심코 펼쳐보니, 놀랍게도 12명의 발기인 대표 가운데 '야마오카 소하치'의 이름이 있지 않은가! 발기인 총대표 하야시 후사오 씨 아래로 12명의 발기인 대표(고미 야스스케 五味康祐, 샤에키 쇼이치 佐伯彰一, 후나사카 히로시 舩坂弘, 호조 마코토 北條誠, 마유즈미 도시로 黛敏郎, 야스다 요주로 保田與重郎 등)와 29명 발기인들의 이름이 나열되어 있었다. 외삼촌의 이름이 들어있었던 것은 전혀 기억에 없는 일이다. 앞에 든 졸문을 쓸 때도 팸플릿을 자세히 들여다보지 않았던 것이리라. 당일에도 팸플릿에 외삼촌의 이름이 있는 줄 몰랐던 모양이다. 알았으면 잊었을 리가 없다.

팸플릿에 의하면, 하야시 후사오 씨와 함께, 임시 연단에 서서 회장 앞에 모여 있는 사람들에게 열띤 웅변을 토했던 가와우치 야스노리, 후지시마 다이스케 두 사람은 발기인 대표이자 '추모의 밤' 사회자였다. 이 세 사람의 발언에 관심이 쏠려, 그날 밤의 팸플릿 내용까지는 신경을 쓰지 않았다고밖에 생각할 수 없다. 그런데 39년이 지난 뒤, 거기서 외삼촌의 이름을 발견했으니 어찌 놀라지 않을 수 있겠는가. 정말 부주의한 일이었다. 알았더라면, 어떤 경위로 발기인이 되었는지 물어보았을 것이다. 아마 하야시 씨, 아니면 가와우치 씨로부터 권유가 있지 않았을까.

'하얀 국화를 바치는 우국기(憂國忌)'
우국기에 헌사도 하고 있었다

외삼촌은 미시마 씨의 행위를 비난하며 '협기의 사태'라고 기자단에 말했던 그때의 사토 에이사쿠 수상과는, '국민총조화의 날' 운동을 통해 상당히 가까이 교제하고 있었다.

사토 씨와 교류하게 된 계기는 '정계소설(政界小說) 간사장과 여비서'(《오모시로 구락부面白俱樂部》 1954년 11월호 게재, 고분샤 光文社 간행)의 작가 미야모토 미키야(宮本幹也) 씨가 소설의 모델이 되었던 사토 자유당 간사장에게 명예훼손으로 고소당한 일이었다. 그때 외삼촌은 미야모토 씨의 변호에 나섰다. 미야모토 씨의 변호를 자청했다가 오히려 사토 씨와의 교제가 시작된 것에 대해서는, '사토 씨와는 미야모토 미키야가 고소당한 뒤부터'라고 외삼촌한테서 막연하게 듣기는 했으나, 《대중문예》 야마오카 소하치 추모호에 그 상세한 경위가 실려 있다. 《고단 구랍구(講談俱樂部》 전(前) 편집장인 가야하라 고이치(萱原宏一) 씨의 글에 보면, 그는 이 경우는 절대적으로 필자 쪽이 져서 유죄판결이 날 것으로 확신하고 형님뻘인 고분샤 사장에게 그렇게 단언했다고 한다. 그러나 《오모시로 구락부》의, '편집부의 강경하고, …명예훼손에 해당하지 않으며, 언론의 자유를 위해 철저히 싸우겠다'고 말하고, '미야모토 씨가 의지가 강하고…, 게다가 야마오카 소하치 씨가 응원단장으로 강경한 의견을 표하고…' 있는 분위기였던 것 같다. 결국 유죄판결이 내려졌지만, '어찌된 일인지…, 싸움을 걸었던 야마오카 씨와 사토 씨가 오히려 사이가 좋아져서 정신적으로도 동지가 되어 있었다'.

피고의 응원단장(변호인)이 원고와 동지가 되는 것은 묘한 결과라고 생각하지만, 인간에게 흥미를 느끼는 소설가다운 일면이기도 한 것 같다. 사토 씨도 다른 잡지 편집자가 '절대적으로 진다'고 확신하며 조언까지 한 재판에 '패소'할 각오로 변호에 나선 소설가에게 흥미를 품었던 것은 아닐까.

훗날 간행된 《사토 에이사쿠 일기》 전 6권의 각권에 몇 번이나 외삼촌의 이름이 나온다. "6시에 40분이나 늦게 야마오카 소하치 씨 댁에 가다", '(가루이자와에서) 야마오카 소하치 군의 우거에 들러 정오에 귀택', '오랜만에 야마오카 소하치 군이 만나고 싶다고 해서, 10시 지나 만나다. 교토지사 패배에 대한 반성에서, 도쿄에서는 반드시 이기고 싶다, 이 사람과 회담하면 왠지 모르게 여유가 생기는 듯하다', '성회(盛會)였다. 단 야마오카 소하치 씨는 유감스럽게도 불참', '야마오카 소하치 씨가 가루이자와에서 귀경하여 금년의 총조화에 열심히 뛰겠다고 말하다' 등등이 적혀 있다. 이것은 총리 시절에 기록된 부분인데, 물론 외삼촌은 그러한 사실을 알 리가 없었다. 나름대로 친했던 것은 사실인 것 같았다(사토 씨의 국장(國葬) : 1975년 6월에서는 친구대표로 '추모사'를 바친 것으로 안다). 그 총리가 엄격한 비판을 공언하고 있는 것을 알면서도 외삼촌은 '미시마 유키오 씨 추모의 밤' 발기인 대표에 이름을 올린 것이다. 그것과 이것은 별개라고 생각하고 있었던 것이리라. 그런 만큼 미시마 씨의 자결에는 강하게 느끼는 바가 있었다는 얘기이다.

미시마 사건 당일의 《사토 에이사쿠 일기》를 보면, '제정신이 아니라고밖에 할 수 없다'고 하면서도, '미시마가 할복하고 입회인이 목을 친 훌륭한 죽음이지만 장소와 방법은 용납할 수가 없다. 아까운 사람이지만, 거친 방법은 누가 뭐라 해도 용납할 수 없다'고 기록되어 있었다. 두 달 뒤인 1971년 1월 24일 무렵에는, '작년 말에 자결한 미시마 유키오 군의 장례식, 가와바타 야스나리 씨가 장의위원장으로 나시혼간사(西本願寺)에서 거행되다' '일부 불온한 움직임이 있다 하여 여러 가지로 걱정했지만 아무 일 없이 평온하게, 게다가 약 1만 명이 참석하여 성황을 이루었다. 후나하시 세이이치(舟橋聖一) 군이 몹시 걱정했지만 무사히 끝난 일은 무엇보다 다행'이라고 썼다. 위정자의 복잡한 심경을 엿볼 수 있는 대목이다.

여담이지만, 《사토 에이사쿠 일기》의 책장을 넘기다 보니 후나하시 세이이치 씨 외에도 아사히나 소겐(朝比奈宗源), 도고 세이지(東鄉靑兒), 가와바타 야스나리, 고바야시 히데오(小林秀雄), 곤 히데미(今日出海), 호조 마코노(北條誠), 단게 겐조(丹下

健三), 스기마야 야스시(杉山寧), 야베 데이지(矢部貞治) 등, 정치가 외의 이름이 많이 나와서 흥미로웠다.

이 추모의 밤은 이듬해부터 '우국기(憂國忌)'라는 이름으로 해마다 11월 25일에 열리고 있다. 미시마 유키오 연구회 편《'우국기' 40년 : 미시마 유키오 추모의 기록과 증언》에 따르면, 그 발기인에는 나중에 아사노(淺野晃), 이치하라 도요타(市原豊太), 에토 준(江藤淳), 가와바타 야스나리, 고바야시 히데오, 니시와키 준자부로(西脇順三郎), 후쿠다 쓰네아리(福田恆存), 야마모토 나쓰히코(山本夏彦)……등 쟁쟁한 인물들이 다수 이름을 올리게 된다. 현재의 대표발기인은 이지리 가즈오(井尻千男), 이리에 다카노리(入江隆則), 엔도 고이치(遠藤浩一), 사에키 쇼이치(左白彰一), 다케모토 다다오(竹本忠雄), 나카무라 아키히코(中村彰彦), 니시오 간지(西尾幹二), 무라마쓰 에이코(村松英子), 마쓰모토 도오루(松本徹) 등 11명이다.

그 첫 번째 우국기, '제2회 추모의 밤'에 외삼촌이,

하얀 국화를 바치는 우국기

라는 글귀를 바친 것을 안 것은, 평론가 미야자키 마사히로(宮崎正弘) 씨의《미시마 유키오 '이후'》(나미키 쇼보書房, 1999년 간행)에서였다. 미시마 씨의 추모에 처음부터 관계하고 있었던 미야자키 씨의 이 책을 읽었을 때는, 아직 팸플릿의 존재

는 잊고 있었고, 하물며 그 내용은 인식의 저편에 있었기 때문이다. 헌사한 사실을 알게 되었을 때는 놀랐지만, 자결 직후 '추모의 밤' 발기인 대표의 한 사람이었으니, 그 점에서 생각하면 그렇게 놀라운 일은 아니었다(그 뒤, 이 제1회 우국기의 실행위원회 위원 230여명의 한 사람에 외삼촌이 이름을 올리고 소액이나마 기부를 한 사실도 알게 되었다. 230여명의 실행위원회 위원이라는 것은 찬동자라는 의미일 것이다. 이때 배부된 것으로 생각되는, 붉은 표지에 색도가 선명한 《우국기 : 미시마 유키오 연구의 기록, 그 하나 제2회 추모기념호》라는 소책자가 눈앞에 있다. 오다무라 도라지로(小田村寅二郎) 선생(1999년 사망)의 유족한테서 받은 장서 가운데 있었는데, 거기에 외삼촌의 이름이 적혀 있었던 것이다. 정성 들여 타자한 '우국기 모금'이라 적힌 목록까지 들어 있었다. 이 프린트에는 개개의 찬조금액이 기록되어 있고, '찬조자수 85명'이라고 적혀 있고, '찬조금 합계' 금액과 '1972년 2월 29일 현재'라는 날짜가 기입되어 있었다.)

참고로 미시마 사건 몇 달 전에 쓴 외삼촌의 문장에 다음과 같은 것이 있다. 1945년 8월 15일 새벽, 자결한 아나미 고레치카(阿南惟幾畿) 육군대신에 대한 얘기 속에 기록된 것인데, 집필 시기는 1970년 8월 무렵이고, 발표는 《소설 현대》의 같은 해 10월호인가 11월호였을 것이다(《소설 태평양전쟁》 제9권—패전의 충격—게재, '일본인의 자결!')

"자살은 스스로를 죽여 패배한 자신의 모든 생애를 부정하고 말소한다. /그러나 자결은 살기 위해 하는 것이다. /육체가 그로 인해 소멸한다는 점에서는 같지만, 한쪽은 패배자이고, 한쪽은 영원한 삶을 향해 재출발하는 엄숙한 용자이다."

아내가 말했다. "만요슈(萬葉集) 노래비 세워지나 봐요"
아내는 휘호(揮毫)하는 외삼촌의 모습을 보았다

결혼한 이듬해(1972년) 5월 무렵, 직장에서 돌아오니 아내 교코(恭子, 옛날 성 이시이(石井))가 이렇게 말하는 것이었다. "오늘 외삼촌이 만요슈의 노래를 쓰고 계셨어요. 만요슈 노래비가 세워지나 봐요." 외삼촌과 《만요슈》가 얼핏 연결이 되지 않아, 뜻밖이라는 느낌이었다. 그때는 아내 쪽이 《만요슈》에 강한 관심을 보이고 있었다.

전해 연말에 큰아들이 태어나 육아를 위해 전업이 된 아내는, 낮에 가끔 바로 뒤의 판자담 쪽문을 나가 외삼촌 집을 들여다보곤 했던 모양이다. 그때는 거실에서 외삼촌이 먹을 갈면서 붓을 들고 있었다는 것이다. 나는 그 말만 듣고 외삼촌에게 확인하지는 않은 채 이 이야기는 거의 잊고 있었다.

그 뒤 1979년인가 80년에, 우연히 신칸센 옆자리에 앉게 되어 이야기를 주고받은 인연으로, 교토에 사는 고하라 슌타로(小原春太郎 씨(가인 歌人, 가지 歌誌 《풍일 風日》 편집인이자 미곡상인가 양복점을 운영하고 있었던 것으로 기억한다. 1988년 사망)가 《풍일》지를 보내주기 시작했다. 《풍일》은 야스다 요주로(保田與重郎)를 스승으로 모시는 사람들의 와카(和歌) 잡지였다. 나도 해마다 연하장과 함께 졸문이 실린 책자를 보냈다. 돌아가신 외삼촌을 그리는 짧은 졸문 '고향의 비석'(이 책 55페이지에 수록)을 썼을 때도 보냈다. 1982년의 일이었다.

그러자 얼마 뒤 고하라 씨가 야스다 요주로가 쓴《만엽로(萬葉路) 야마노베(山ノ辺)길》(신인물왕래사新人物往來社)를 보내왔다. 1973에 간행된 것이지만 새 책이었던 그 표지를 넘기자 '야마노베길 부근 기(記)·기(紀)· 만요(萬葉) 노래비의 소재지'라는 약도가 있고, 거기에 '1 나카가와 요이치(中河與一)'부터 '39 야마오카 소하치'까지 일람표가 실려 있었다. 아, 그래, 그런 일이 있었지 하고 생각이 났다. "만요슈 노래비가 세워지나 봐요…"라고 말하던 아내의 이야기가 10년의 세월이 지나 되살아난 것이다.

표지 안쪽에 첨부된 일람표에는 야스다 요주로를 비롯하여 국문학자와 평론, 문예계 사람들과 함께, 오카 기요시(岡潔), 무나카타 시코(棟方志功), 요시다 도미조(吉田富三), 야스다 유키히코(安田靫彦), 하야시 다케시(林武), 오니시 료케이(大西良慶), 오구라 유키(小倉遊龜), 도모나가 신이치로(朝永振一郎), 유카와 히데키(湯川秀樹) 등의 이름이 있었다. 그야말로 '만요(萬葉)'라는 이름에 걸맞은 각계 명사들이었다. 거기에 외삼촌의 이름이 있었던 것은 반가운 일이었다.

전집의 상세한 연보에는 1972년 '11월, 사쿠라이시(櫻井市) 단잔신사(談山神社) 동문(東門)에 야마오카가 쓴 만요 노래비가

만엽가비(万葉歌碑)의 탁본
쇼와 47년 11월, 나라현 사쿠라이시의 탄잔 신사 동문 앞에 세워진 만요가비의 탁본. 나는 이 탁본이 건비 된 지 32년이 지난 헤이세이 16년 3월 28일에 탄잔 신사에 참배를 갔고, 같은 해 7월호 '불이(不二)'의 표지에 이 탁본이 실려 있다.

세워졌다'고 되어 있었다. 휘호를 하는 외삼촌의 모습을 생후 5개월 된 만아들을 안은 아내가 목격한 것은, 비가 건립되기 6개월 전쯤의 일이었다.

그 비문은 가키노모토 히토마로(柿本人麿)의 단카(短歌)였다.

저 하늘 흘러가는 달을 따다 망에
담아서 우리 님 위에 가려줬으면

久堅乃 天歸月乎 網尒刺 我大王者
盖尒爲有

권3(240)

외삼촌이 어떠한 경위로 거기에 가담했는지, 왜 이 노래를 골랐는지 물어볼 걸 후회해도 이미 소용없는 일이었다.

내가 단잔신사를 참배한 것은 2004년 3월의 일로, 이미 비가 건립된 지 32년의 세월이 흐른 뒤였다. 신사 동문에 세워진 석비는 높이 석 자가 될까 말까한, 생각보다 작은 것이었다. 위의 만요 노래비 탁본이 우연히 그해의 불이가도회(不二歌道會) 《不二》 7월호 표지를 장식하고 있다.

외삼촌이 지어준 아이들 이름

지금도 우리 집에 있는 '외삼촌댁 거실에 있었던 옷장'

내 이름을 지어준 것은 외삼촌이었다. 형 도시오(敏生)와 마찬가지로 어릴 때부터 '도쿄의 외삼촌이 지어준 이름'이라고 몇 번이나 들었기 때문에, 아이가 태어나도 이것저것 생각하면서 자획을 조사하거나 책을 들춰보지 않았다. 당연히 외삼촌에게 맡기고 있었기 때문에, 세상의 많은 부모처럼 자식 이름을 짓느라 골머리를 앓는 일은 없었다.

맏아들은 마사오(將生), 두 살 터울인 맏딸은 마키코(眞起子), 그 네 살 아래인 둘째아들은 아키오(曉生)이다.

글자의 뜻은 짐작할 수 있었기 때문에 이름에 담긴 의미를 특별히 찾아보지 않았다. 모든 것을 맡겼으니, 고맙게 받을 뿐이었다. 국어국자(國語國字)에 관심을 품고 있었던 나로서는 '將' '眞' '曉' 세 사람 다 이름에 본자(本字)가 들어 있는 것이 고마웠다.

맏아들이 태어나기 전 달인 1971년 11월, 화가 하야시 다케시 씨의 《국어의 건설》(고단샤)이 간행되었는데, 국학자 가계에서 태어난 하야시 화백은 '현대가나(假名 일본의 음절문자)용법'에 이르는 메이지 이후의 국어개량 노선을 엄격하게 비판했다.

이 책은 각계 인사들에게도 배부되었고, 나도 오다무라 도라지로 선생을 통해 다른 학우와 함께 받아 요청받은 대로 화백에게 독후감을 보냈다.

1년 뒤인 1972년 12월, 그러한 감상을 수록한 《메아리—하야시 다케시 저 '국어의 건설'의 반향—》(국어문제협의회)이 출판되었는데, 거기에는 '독후감상' 외에도 '각 지지의 서평과 해설' 및 '저자가 받은 감사편지'가 수록되어 있었고, 나의 감상문과 함께 외삼촌이 보낸 단문(短文)도 실려 있었다. 당시에는 별 생각이 없었지만, 이제 생각하니 '야마오카 소하치'의 감사편지와 '야마우치 다케오(山內健生)'의 감상문이 실려 있어, 나에게는 앞에 말한 《일본과 일본인》지(誌)와 함께, 중요한 의미가 있는 책이 되었다(하야시 화백의 제언에 공감하고 납득한 나는, 그 뒤 사신(私信)은 물론이고, 고교에서도 대학에서도 수업에서의 판서(板書)와 시험문제는 기본적으로는 '역사가나용법'이다. 대학에서의 텍스트도 마찬가지이다. 읽는 데는 그다지 지장이 없을 거라고는 생각하면서도 조금이라도 많은 사람들이 읽었으면 좋겠다 싶어 이 책에서는 '현대가나용법'이라고 했다).

결혼한 지 1년 반 뒤인 1972년 8월 말, 준공된 교직원 주택〔요코하마시 가나가와구 스다초(菅田町)〕에 입주가 결정되어 이사했는데, 살림살이를 실은 2.5톤 트럭이 출발할 때 외삼촌과 외숙모가 비서와 가정부와 함께 문 앞에 나와 손을 흔들어 전송해 주었다. 그 전전날 오후에는 나, 아내, 맏아들(생후 8개월)을 위해 '송별회'(약간 거창하지만)를 열어주었다. 트럭에 실은 화물 속에 전에 외삼촌 댁 거실에 있다가, 결혼한 뒤 빌리는 형식으로 셋집에 옮겨놓았던 옷장도 "가져가서 쓰렴." 하신 외숙모의 말에 함께 들어 있었다. 그 뒤, 두 번 더 이사했지만 그 옷장은 지금도 우리집에 있다.

맏아들이 태어나 아내가 육아 때문에 전업이 되어 집에 있게 되었을 무렵, 도바시 요코(土橋洋子) 씨(나중에 '호리에(堀江)'로 성이 바뀜)라고 하는 지바현(千葉縣) 출신의 재원이 외삼촌의 비서로 일하게 되었다. 아내와 동향으로, 그래선지 마음이 잘 맞아서 이사한 뒤에도 연하장을 주고받거나 가끔 전화를 하면서 계속 교류하고 있었다.

어느 날 저녁, 판자울 너머로 "마사오야! 목욕해야지!" 하는 커다란 목소리가 들려와서 "응, 무슨 소리지?" 하고 아내와 얼굴을 마주본 일이 있다. 보통 근처의 공중목욕탕을 이용하고 있었기 때문에 깜짝 놀란 것인데, 목욕탕에서는 젖먹이를 목욕시키는 것이 여간 힘들지 않을 거라는 토교 씨의 배려였다. 여름에 외삼촌은 외숙모와 함께 가루이자와에서 일할 때가 많은데, 그런 때 "마사오야, 목욕해야지!"가 계속된 것이다. 대학을 갓 졸업한 젊은 나이에 대단한 이해심을 지녔다고 14년이나 지난 오늘 새삼스럽게 감탄한다.

목욕을 하러 가면 대화가 잘 통하는지 좀처럼 돌아오지 않았다. 입주해서 일하는 도바시 씨에게도 밤에는 시간이 많았던 것이다(도바시 씨뿐만 아니라, 그 전의 비서들도 입주하여 별채에서 지내고 있었다). TV예능프로를 보면서 깔깔거리고 웃던 얼굴 그대로 돌아온 적이 몇 번이나 있었다. 사족이지만, 나는 근처의 공중목욕탕에 다녔다.

요코하마로 이사한 뒤의 일인데, 도바시 씨가 주간 《선데이 매일》에 실린 좌담회 '비서들이 말하는 유행작가의 맨얼굴'(이라는 제목이었던 것으로 기억한다)에 출연한 적이 있었다. 그 무렵 외삼촌은 월간 《소설 선데이 매일》에 '다테 마사무네伊達政宗'를 연재하고 있었다. 좌담회 기사를 재미있게 읽은 기억이 있는데, 그때 외삼촌은 이미 67,8세로 약간 고령으로 이른바 '유행작가'와는 다르다고 생각했다〔안타깝게도 아내도 도바시(호리에) 씨도 50대에 사망했다〕.

작자도 주연도 '고이데(小出)' 출신 대하드라마 '외눈박이 용 마사무네'

덕분에 사진 주간지에 사진이 실린 어머니

월간 《소설 선데이 매일》에 4년에 걸쳐 연재된 소설 '다테 마사무네'는 마이니치 신문사에서 차례로 간행되어(전8권), 그 뒤 소하치 전집과 소하치 역사문고, 고분샤 문고에도 수록되는데, 제임스 미키(三木) 씨가 각색한 '외눈박이 용 마사무네'라는 제목으로 1987년 NHK 대하드라마가 제작되어 1월부터 연말까지 방영되었다(전 50회). '봄의 언덕길'(1971년), '도쿠가와 이에야스'(1983년)에 이은 세 번째 작품인 외삼촌 원작의 대하드라마였다. 상당히 높은 시청률로도 화제가 되었는데, 실은 주역인 다테 마사무네를 연기한 '와타나베 겐(渡辺謙)'은 현립 고이데 고등학교 졸업생이었다. 고이데 옆의 히로카미 마을〔光神村 지금은 우오누마시(魚沼市) 일부〕 출신으로, 이때의 호연으로 와타나베 겐 씨는 단숨에 국민적 인기배우가 되었고, 나중에는 할리우드 영화 '라스트 사무라이'에 주연으로 출연하여 지금은 일본을 대표하는 국제파 스타가 되었다.

와타나베 씨가 고이데 고등학교 졸업생이어서 작자도 주연도 같은 '고이데' 출신이라는 이유로, '외눈박이 용 마사무네'가

방영되기 시작한 지 2~3개월 뒤, 사진 주간지 《터치》(쇼가쿠칸 小學館) 기자가 고이데 지방을 취재하고 다닌 모양이다. 화제를 먼저 일으킨 뒤 취재하는 사진 주간지다운 방식이었는데, 나의 생가〔월일옥(月日屋)〕 앞에 선 어머니의 모습이 《터치》에 실렸다. 4월경으로 기억하는데, 전차 안의 광고판에서 《터치》가 드라마 '외눈박이 용 마사무네'를 다룬 것을 알고, 어떤 내용인가 하고 역의 매점에 서서 훑어보았다. 설마 거기에 어머니의 사진이 실려 있으리라고는 생각도 하지 못했지만, 그때 어? 하고 생각하면서도 사지는 않았다. 지금 생각하니 그때 사 둘 걸 그랬나 하고 약간 후회하는 마음이 든다.

어머니는 그로부터 반 년 남짓 지난 1987년 11월에 사망했다. 어린 시절, 이른 아침부터 일 때문에 집을 비운 부모님을 대신해서 오빠 쇼지(庄藏)가 머리를 묶어주고 아침밥도 준비해 주는 등 보살핌을 받았던 어머니는 마지막 만년에도 오빠의 보살핌을 받은 셈이다. 외삼촌보다 6년 정도 긴 78세의 생애였다.

"그러고 보니 내가 심사위원이었지 뭐야!"

외삼촌의 명의 대여

외삼촌댁의 별채에서 이사하기 조금 전인 1972년 5월, 나는 재단법인 국민협회가 모집한 현상논문에 가작으로 입선했다. 주제는 '현대공산주의의 본질'이었고 응모논문은 40편 가량이었던 것 같다. 국민협회는 자민당에 대한 정치헌금을 관리하는 단체로, 발족한 것은 '60년 안보' 소동 이듬해였다. 고등학교 2학년이었던 나는 집에서 구독하고 있던 아사히신문 2면에 '국민협회 발족'이 작게 보도된 것을 읽었다. 그 임원 가운데 '야마오카 소하치'라는 이름이 있었던 것도 기억한다.

국민협회는 시국강연회와 연구회 활동도 하고 있었다. 논문 모집을 어떻게 알았는지는 기억나지 않지만, 모집요강에 기재된 몇 명의 심사원 속에 와세다 대학 정치학 교수 요시무라 다다시(吉村正) 선생 외 두세 명과 함께 외삼촌의 이름이 들어있었다. 그 시절, 중의원에 공산당 소속 의원이 두 자리수인 10여 명으로 늘어나고, 공산당이 추천한 미노베 도지사가 큰 표차로 재선하는 등, 민주연합정부 실현을 지향하는 일본공산당의 정보선전이 효과를 올리고 있는 것처럼 보였다. 그에 따른 논문 모집이었던 것으로 기억한다.

나의 논문의 논지는 '부드러운 이미지 작전에 혹하지 마라, 그 저술과 간부의 말투는 교묘하지만 종전과 마찬가지로 자유 억압의 혁명지향은 변함이 없다, 정보조작에 요주의!'라고 하는 평범한 것이었다. 그것을 당간부의 발언도 인용하면서 구체적으로 서술한 것이다. 응모할 때 외삼촌이 정말 심사에 참여할까 하고 반신반의했지만, 자신의 생각만은 정리해 둔다는 의미에서 응모한 것이었다.

시상식은 아카사카미쓰케(赤坂見) 부근에 있는 한 레스토랑의 작은 방에서 열렸다. 참석한 수상자는 1위 입선자와 가작인 나 두 사람. 요시무라 선생이 상세하게 강평을 얘기했다. 선생은 정치적인 사안이 있으면 보수파 식자로서 담화가 자주 지면에 실리는 분으로, 이전부터 이름은 알고 있었다. 나는 저명한 요시무라 선생의 이야기에 기쁜 마음으로 귀를 기울였다. 그 자리에는 주최단체인 국민협회 회장 무라타 고로(村田五郎) 씨도 있었다. 무라타 씨는 외삼촌과는 상당히 깊은 교제가 있었겠지만, 나는 어디까지나 가작입선자로서 행동하며, 상장과 기념품을 감사하게 받았다(전쟁 중에 정보국 차장을 지낸 무라타 씨였지만, 눈앞에 있는 가작입선자가 '심사위원 야마오카 소하치'의 조카이고, 그 별채에 살고 있는 줄은 몰랐을 것이다).

그 뒤 식사를 대접받으면서 간담을 나누는 시간이 있었는데, 이야기를 들으니 실제로 심사한 것은 역시 요시무라 선생 한 사람이었던 것 같았다.

며칠 뒤, 현상논문의 심사결과가 실린 국민협회 기관지가 왔기에, 어느 날 밤 외삼촌에게 그것을 보여드렸다. 그러자 기사를 물끄러미 응시하며 뭔가 생각하고 있는 기색이더니, "그러고 보니, 내가 심사위원이었지"고 말하는 것이 아닌가. "그래, 요시무라 씨가 애기했다고? 요시무라 선생의 심사라면 틀림없지." 마치 남의 일처럼 그렇게 말하는 것이었다. 예상했던 대로 외삼촌은 이름만 심사위원으로, 이름을 빌려주었던 것이다. 누가 그런 것을 부탁할 경우, 외삼촌은 선선히 이름을 빌려주었던 것이 아닐까 한다. 무책임하다고 하면 무책임하지만, 진보파를 경원하는 외삼촌에게는 자민당을 지지하는 일면이 있었던 것이다. 단, 결코 무원칙은 아니었을 것이고, 당보다는 '인물'에 반해버리는 면이 있었다.

그 무렵 니시무라 나오미(西村直己)씨가 실언?('국제연합은 시골의 신용조합과 같은 것이다') 때문에 방위청 장관을 사임하는 사건이 있었는데, 사임극이 일단락되었을 무렵, 외삼촌은 정치평론가 호소카와 다카모토(細川隆元) 씨 들과 '니시무라 전 장관을 격려하는 모임'을 열었다. 그것을 구독중이던 마이니치신문 사회면을 보고 알았는데, 사진이 실린 기사는 규탄조가 아니라 유쾌한 격려 모임이 있었다고 하는 느낌이었다. 니시무라 장관은 사실을 말하는 실수를 했다고 생각하고 있었던 나는, 외삼촌도 꽤 멋진 일을 한다고 생각하고 은근히 기뻐했던 기억이 난다. 전집의 상세연보를 보니 도큐(東急) 사장인 고토 노보루(五島昇) 씨를 포함한 세 사람이 '격려하는 모임'의 대표 발기인이었다.

수필집도 간행한 '세련된 정치가'로 알려져 있었던 쓰지 간이치(辻寬一 아이치현 선출로, 자민당 전국조직위원장인가 홍보위원장을 오래 역임했다), 기무라 원수라고도 불린 기무라 다케오(木村武雄) 전 건설장관(산케이현 선출로, 행정관리청 장관과 국가공안 위원장 등을 역임) 같은 개성파 정치가들이 가장 즐겁게 교제한 분들이었던 것 같다. 외삼촌한테서 들은 이야기 속에 여러 번 이름이 나왔기 때문이다. 그때마다 외삼촌은 사뭇 유쾌한 느낌으로 얘기했다.

'다나카 가쿠에이는 말이 너무 지나쳐서…" 하면서도 격려하는 모임 회장을 맡다

한고향이라는 인연에서 나오는 의협심의 발현

교직원 주택으로 이사한 지 1년 뒤인 1973년 가을, 제4차 중동전쟁이 발발, 아랍의 산유국이 석유를 감산하여 이스라엘 지지국에 대한 석유수출금지를 단행함으로써 유가가 급등하는 것은 물론이고, 세제와 화장지 사재기 소동이 일어났다. 이른바 오일쇼크이다. 슈퍼는 개점 시각을 늦추고, 네온은 사라졌으며, TV는 심야방송을 중단하는 등, 전년인 1972년 7월 '일본열도 개조론'으로 등장한 다나카 가쿠에이 내각의 적극책은 에너지 부문에서 벽에 부딪히고 있었다. 1년 전의 '이마타이코(今太閤, 신분이 미천한 사람이 입신출세해 최고 자리에 오른다는 의미, 도요토미 히데요시 때부터 유래) 붐'은 급속하게 쇠락하고 있었다.

12월 중순, 연말 인사차 외삼촌댁을 방문하자, "그래, 석유는 괜찮으냐? 만일 어렵다면 뭔가 힘이 되어 주마." 하는 뜻밖의 말에 "괜찮습니다. 염려해 주셔서 감사합니다." 하고 감사드린 적이 있었다. 확실히 지인 중에는 벽장에 가득 화장지를 사들인 사람이 있었지만(10년 뒤에도 다 쓰지 못하고 있다 하면서 웃었다), 가격은 약간 올랐어도 난방용 석유는 구입해 두었고, 본디 철근 4층 건물인 교직원 주택은 겨울에도 따뜻했기 때문에 우리 집은 석유 때문에 곤란한 일은 없었다.

열도개조 붐에 의한 지가(地價) 급등에 오일쇼크까지 겹쳐서, 소비자 물가가 20퍼센트 넘게 올라서('광란물가') 다나카 내각에 대한 비판이 더욱 거세진 1974년 5월 무렵, 마이니치 신문 사회면에 "다나카 총리를 격려하는 니가타(新潟) 현민의 모임' 광고가 나왔다. 다른 신문에도 실렸겠지만, 거기에 '회장 야마오카 소하치'라고 되어 있었다. 그것을 보고, 같은 니가타현 출신으로서 거절할 수 없었을 거라고 생각했다. 동향이라는 인연에서 오는 의협심도 있었을 것이다. 외삼촌은 총리보다 열한 살 연상이었다.

2년 전 자민당 총재선거(이른바 다나카 가쿠에이와 후쿠다 다케오의 '가쿠후쿠角福 전쟁')에서 다나카 씨가 후쿠다 다케오 씨를 이기고 총리에 취임했는데, 사상과 신념을 생각하면 아무래도 외삼촌은 후쿠다 씨에 가까웠다. 실제로 후쿠다 지지를 명언한 담화기사가 있었던 것으로 기억한다. "가쿠에이는 재미있는 사람이긴 하지만. 부총리로 건설대신이나 하면 적격이겠는데." 하고 말했다.

그때 '총리와의 대화'라는 TV 특별프로가 1년에 두 번 정도 방송되고 있었다. 그 프로에 다나카 수상의 호스트 역으로 외삼촌이 나간 적이 있었다. 나는 그 프로를 보지 않았지만, 훗날 방문했을 때, "가쿠에이는 말이 너무 지나쳐서 말이야, 그래 가지곤 대담이 되지 않아." 하면서, "카메라 저편에서 기자들이 보드를 걸어놓고 그것은 질문하면 안 된다, 이것을 질문하라는 둥 일일이 주문을 하니 여간 힘들지 않았어." 하고 내각기자회에 불만을 드러내기도 했다(내 기억으로는 1964년 원단방송인 '신춘당수방문'에서 이케다 하야토(池田勇人) 총리와도 대담했고, 1960년 중반 사토 에이사쿠 수상의 '총리와의 대화'에도 출연했다).

'다나카 총리를 격려하는 모임'에서 4년 뒤 가을, 외삼촌이 사망한 이튿날(1978년 10월 1일), 오후 이른 시간에 록히드 사건으로 계정중이었던 다나카 전 총리가 조문하러 왔다. 그때 다나카 씨가 응접실에서 잠시 쉬고 있었을 때, 외삼촌댁을 지키고 있었던 나는 명함을 내밀며 "저는 소하치의 조카로 고이데 출신입니다. 가나가와의 고등학교에서 교편을 잡고 있습니다." 하고 인사했다. 그러자 다나카 씨는 명함 뒤에 내가 애기한 것을 적었다(다나카 씨의 선거구는 니가타현 제3구로, 그곳에는 인구 1만5천여 명의 고이데도 들어 있었다. 어릴 때부터 선거에 관심을 가지고 있었기 때문에, 언제나 톱으로 당선한 '다나카 가쿠에이'의 이름은 늘 머릿속에 있었고, 39세 때 처음으로 입각한 것이 기시 내각의 우정대신이었던 것도, 그때 중학교 1학년이었던 나는 잘 기억하고 있다).

그 다나카 씨가 자민당 총재를 노리고 있었던 1971년 무렵,

니가타현 출신 '유명인 삼총사'는 니와노 닛쿄(庭野日敬) 씨(릿쇼교세이카이立正佼成会 회장)과 다나카 씨, 그리고 외삼촌 세 사람이라는 얘기가 고이데 근방에서 나돌고 있었다고 한다. 그 무렵 고향에 갔을 때 형에게서 들은 이야기이다. 니와노 씨의 출신지는 고이데와 산을 하나 사이에 둔 도카마치(十日町)시로, 니와노 씨는 8월 15일 '국민총조화의 날' 식전에서는 종교계 대표로 인사했고, 그 밑에 있었던 도쿄 고세이(佼成) 취주악단과 릿쇼교세이카이 고적대가 식전을 장식했으니, 당연히 외삼촌은 니와노 씨와도 교류가 있었을 것이다.

다나카 전총리가 돌아가는 것과 엇갈려, '아사쿠사 자매' '소란 철새' '고교 3년생' '별빛 왈츠' 등을 작곡한 엔도 미노루(遠藤實) 씨가 염주를 손에 들고 와서 관 속의 외삼촌을 향해 오랫동안 합장했다. 엔도 씨는 전쟁 중에 니가타현에서 피난살이를 했다고 나중에 TV에서 말했는데, 기타 하나로 세상에 꿈을 들려주며 파란만장한 삶을 살았던 그는 '과거의 인간군상에서 다음 세대의 빛을 모색'하려고 붓 하나에 삶을 걸었던 대중작가 야마오카 소하치에게 공감을 느끼는 바가 있었던 것이리라.

그날 밤은 가족장으로 밤을 새는데, 조문객이 거의 다녀간 저녁 8시 무렵, 후쿠다 다케오 수상과 나카소네 야스히로 자민당 총무회장이 잇따라 찾아왔다. 11월 자민당 총재선거를 앞두고 있었던 시기였다. 향을 피우고 나서 외숙모를 향해 조의를 표한 수상은, "오늘은 부인의 고향 이시카와에 유세하러 가

느라 늦어졌습니다." 하고 덧붙였다(이 총재선거에서는 대부분의 예상과 달리 당원 투표에서 오히라 마사요시(大平正芳) 간사장이 1위를 하자, 후쿠다 총리는 본 선거에서 사퇴했다. 거기에는 오히라에 대한 다나카 진영의 강력한 후원이 있었다. 가쿠후쿠 전쟁이 끝나지 않고 있었던 것이다).

“이것을 다 쓰기 전에는 죽을 수 없다”

만년에 히로이케 지쿠로 박사 전기소설에 전념하다

요코하마로 이사한 해(1972년) 연말로 기억하는데, 세모 인사차 갔을 때, “난 말이다, 이걸 다 쓰기 전에는 죽을 수 없다.”고 말하면서, 외삼촌이 가미다나(神棚 집안에 신을 모셔둔 감실)를 가리킨 적이 있었다. 거기에는 두께 20센티미터 가량의 종이다발이 있었다. “모랄로지 회원의 서명이다. 히로이케 지쿠로(廣池千九郞) 선생의 전기를 써달라는 회원의 서명이야. 너도 역사 선생이니 《고지루이엔(古事類苑)》을 알고 있을 테지. 이세의 진구고갓칸(神宮皇學館) 교수로 《고지루이엔》 편찬에 참여했던 훌륭한 학자지.”

히로이케 지쿠로 박사는 오이타(大分)현 출신의 역사학자, 법학자(법학박사), 교육자로, 지금은 도덕과학(모랄로지)의 제창자, 모랄로지연구소와 레이타쿠 대학(麗澤大學) 창설자로도 유명하다(1938년 사망). 그 모랄로지연구소는 전에는 도덕과학연구소라는 이름이었는데, 10여년 전 고교 시절, 아버지가 강연회에 참가한 적이 있었다. 고이데에도 열성적인 신봉자(사카이酒井라는 이름으로 사진관 경영자)가 있어, 가끔 우리 집에 와서 ‘최고도덕’이니 ‘자아몰각’ ‘의무선행’이니 하면서 열변을 토한 것이 기억난다. 평소에 책을 별로 읽지 않는 아버지가 웬일로 관심을 보이며, 일부러 기차를 타고 두세 번 나가오카(長岡)까지 강연을 들으러 간 적이 있었다(어머니는 '생장의 집'의 저자 다니구치 마사하루(谷口雅春) 선생의 책을 자주 읽고 있었다).

따라서 히로이케 지쿠로 박사의 이름은 도덕과학연구소의 텍스트가 집에 있었기 때문에 알고 있었고, 고등학교시절에 읽은 수험잡지를 통해 '레이타쿠 대학'의 전신이 히로이케 박사의 도덕과학전공학원이라는 것도 알고 있었다. 그러나 《고지루이엔》의 편찬에 큰 힘을 보탠 역사학자이기도 하다는 인식은 외삼촌에게 들을 것도 없었다. 다만, 외삼촌의 입에서 '히로이케 지쿠로'라는 이름을 들었을 때는 신기한 인연이라고 생각했다.

그래서 내가 "아버지가 나가오카까지 강연을 들으러 간 적이 있습니다. 옛날에는 모랄로지연구소가 아니라 도덕과학연구라고 했지요."하고 말하니, "그래? 그런 일이 있었어? 그 사진사 양반 말은 나도 잘 알고 있어, 건강하신지. 나이가 상당히 위였는데. 히로이케 선생은 고이데의 도치오마타 (栃尾又) 온천에서 요양한 적도 있었지…" 하면서 다시 가미다나를 가리켰다.

《고지루이엔》은 메이지 이전의 수많은 문헌에서 분야별로 원문을 인용한 자료집 성격의 대백과사전(전51권)으로, 30년 가까운 세월이 걸려 1907년에 완성되었다. 그 편찬 작업은 국가적인 대사업이었다. 히로이케 박사는 13년 남짓 그 편찬에 참여했을 뿐만 아니라, 특히 '도덕'의 과학적 연구와 이기심을 지양한 '최고도덕'의 보급에 신명을 바쳤다. 이러한 히로세 박사에게 매료되어, 모랄리지 회원의 선의 넘치는 열의에 호응하기 위해 붓을 들려고 한 점에서, '과거의 인간군상에서 다음 세대의 빛'을 모색하고자 하는 대중작가의 얼굴을 엿볼 수 있을 것 같다.

아버지를 강연회로 이끈 사카이 사진관 주인에 대해, 외삼촌과 관련하여 작은 추억이 있다. 할머니가 사망했을 때, 그 장례식 모습을, 아마도 외삼촌이 부탁했겠지만 이 사진사가 사진을 몇 장 찍은 것이 있다(그 하나가 25페이지에 실린 사진이다). 장례식 이튿날 오후, 다시 사진관 주인이 와서 바로 옆의 사나시가와(佐梨川)에서 외삼촌의 사진을 찍었다. 그때 소학교 2학년이었던 나도 함께 따라가서 두 사람 주위를 뛰어다녔다. 외삼촌은 커다란 바위에 걸터앉아 지팡이에 두 손을 얹고 먼 곳을 바라보는 포즈를 취하고 있었다. 최근까지 외삼촌이 촬영을 부탁한 것으로 생각하고 있었는데, 지금 생각해 보면, 어쩌면 사진사 쪽에서 요청한 건지도 모르겠다.

히로이케 박사의 전기소설은 새 장편소설 《불타는 궤도》라는 제목으로 5권(학습연구사)이 발간되는데, 1974년 8월에 제1권이 간행되고, 2년 뒤인 1976년 5월에는 제4권이 간행되었다. 그러나 마지막권인 제5권이 나오는 것은 그로부터 2년 이상 지난 1978년 7월이었다. 게다가 다른 책보다 얇았다. 그때까지 각 권이 300페이지가 넘는데(제1권은 350페이지) 이것은 242페이지였다. 제5권 말미의 '(완)'이라는 글자 옆에 작게 '필자 병 때문에 일부를 구술필기하고 아소 다쿠시(麻生卓志) 씨가 정리했음을 알려둡니다'라고 적혀 있었다. 제5권이 간행된 석 달 뒤에는 이 세상에 없었으니, 말 그대로 '다 쓰고 나서' 돌아가신 것이다.

타인에 대한 배려가 뛰어났던 외삼촌은, 그런 반면 가족이 마음에 들게 움직이지 않으면 때로 역정을 내는 면이 있었다. 그 외삼촌이 자신의 몸의 이상으로 붓이 나아가지 않는 것에 얼마나 답답해했을까. '일부를 구술필기하고 정리했다'는 문자에 외삼촌의 안타까움과 고통이 아른거리고 있는 것만 같았다. 그런 때는 가족들도 무척 힘들었으리라.

어머니의 슬픔, '내 친딸이었다면 서둘러 뒤쫓아 왔을 텐데…'

외삼촌다운 '대사건' 일어나다!

1976년 4월 끝 무렵의 아침, 니가타에 살고 계신 어머니께서 요코하마에 있는 내 집으로 전화를 걸어오셨다. '소하치가 새벽에 택시를 타고 왔단다…'(아버지도 어머니도 외삼촌을 '소하치'라고 부르고는 했다) 아무래도, 일이 생각대로 잘 풀리지 않아 안 그래도 화가 나 있었는데, 양딸의 남편이 회사에서 퇴직을 한 탓에 옥신각신한 모양이었다. 그래서인지 주위 사람들 모두 힘들어했다. 이런 저런 일 때문에 밤이 깊었는데도 외삼촌이 도쿄에서 택시를 타고 왔다는 것이다.

그때 나는, 고교 교원조합 본부임원직을 맡고 있으면서 그 해 열릴 제1회 전국대표자회의에도 참석해야 했기 때문에, 그때 상황을 잘 기억하고 있다. '불타는 궤도' 4권이 출판되기 한 달 전의 일이다. 그 원고는, 간행되기 두세 달 전에 출판사에 보내졌지만, 지금 생각해보면 그 무렵에는 외삼촌께서 몸 상태의 변화를 느끼기 시작했을 때로, 마음이 편치 않았기 때문에, '택시를 잡아타고 달려온' 일대 사건이라고 할 수 있으리라.

어머니께서는, 외삼촌의 성격을 잘 알고 있었기 때문에 그가 이른 아침부터 택시(어머니는 택시라고 하셨지만 아마 전세 승용차였던 걸로 기억한다)를 타고 온 것을 보고는 놀라기도 하셨겠지만, 그토록 불같은 성품을 미루어 보았을 때 있을 수 있는 일이기도 하고, 그 감정의 물결이 가라앉기까지 좀 시간이 걸리는 것은 어쩔 수 없다 생각하셨다고 한다. 그러고는, 2, 3일쯤 지나서 그 분노가 잔잔해지고, 형이 외삼촌을 곁에서 돌보면서 차로 세타가야 집에까지 모셔다드렸다는 소식을 듣고서야, 조금 안심할 수 있었다. 그즈음, 태연한 얼굴을 하고 있었는지, 어땠는지는 상상으로 떠올려 볼 수밖에 없다. 그 마을 택시 회사에, 집안끼리 친분이 있는 이가 운전수 일을 하고 있었던 게 불행 중 다행이었다.

그 뒷날, 어머니는 '더 난폭해지면 이제 손 쓸 도리가 없어. 그렇게 되면, 어디든 떠나버리고 싶은 곳으로 가버리라 말 할 수밖에 없는 거야. 마음고생이 이만저만이 아니니까 말이야. 그래도, 친딸이었다면 걱정이 돼서, 아침 일찍 소하치에게 가장 먼저 달려왔을 텐데. 그게 딸의 도리이기도 하고…' 이렇게 탄식하셨다. 그러나 딸이 곧바로 외삼촌을 뒤쫓아 왔다고 해도 도리어 역효과를 가져왔을지도 모른다. 그것이 외삼촌을 대하기 어려운 점이었다. 그와 사이를 두는 게 차라리 나을지도 몰랐다. 그러나 형 쇼조를 염려하는 어머니로서는, 한탄이 나올 수밖에 없었으리라.

그 해 가을 천황폐하 재위 50년 축하 행사에서, 외삼촌은 실행위원회 회장(위원장은 마유즈 미토시로)과 시민들을 모으는 실행위원장 일을 맡으셨지만, 몸 상태가 안 좋으셨으니 아마 그 일들을 해내기가 버겁지 않으셨을까. 그럼에도 11월 10일 도쿄, 긴자(신바시→니혼바시→우에노)에서의 봉축 퍼레이드인 제등행렬이 출발할 때는, 걸음을 옮기면서 여러 사람들과 인사를 나누었다고 그 모습을 기록한 영화를 본 사람이 내게 가르쳐주었다. 다음 해 1977년 3월 간행된 일본교문사편 '천왕폐하를 기리다'에 수록되어 있는 코지마 노보루들의 좌담회 '지금 천황폐하께서 나아가는 50년'에서는, 말수가 적고 그 발언 내용도 힘없이 느껴진다.

시민들에 의해 성대하게 열린 봉축 퍼레이드나 제등행렬이 도쿄에서 행해진 11월 10일에는, 정부주관 재위 50년 기념식이 거행되었다. 그러나 도쿄 도지사 미노베 료키치와 가나가와 현 지사 나가스 카즈지의 사회, 공산당 후보로 당선된 이른바 혁신적인 수장들이 '참여하지 않겠다!' 발언하여 세상을 시끄럽게 하고 있었다. 그러던 중에, 외삼촌은 '봉축실행위원회 회장' 일을 도맡아 하면서, 도지사들의 언동을 몹시 안 좋게 보고 있었음에 틀림없었으리라.

둘 다 지사 선거에 출마하기 직전까지 국립대학 교수(마르크스 경제학)였던 것이다. 외삼촌의 일상을 기록한 외숙모의 수필에 의하면, 외삼촌께서는 TV 뉴스를 보면서, 세상의 온갖 변화에 대해 '비판'을 하고 혼자 화가 나서는 씩씩거릴 때가 많았다고 한다. 진보좌파 지사의, 이렇듯 나라의 체면을 가리지 않는 무례한 행동을 바라보면서 끓어오르는 분노를 참지 못하셨으리라. 마치 눈앞에 그려지는 듯하다(가나가와 현 지사는 10년 뒤 재위 60년 기념식에는 어떤 핑계를 대고 참석했던 것으로 기억한다. 미노베 료키치는 이때 이미 지사직을 물러나 참의원 의원이었지만, 그 2년 전에 세상을 떠났다).

청주 '미도리카와'를 마시면서 '아, 맛있어!'

세상을 떠나기 지난해 여름, 고향의 공기를 마음껏 마시다.

분메이도(文明堂) 카스테라는 내가 고향으로 돌아갈 때 가장 많이 사가던 선물이었다. 일찍이 소년이었을 때 외삼촌께서 사 오시던 선물로 많이 보던 분메이도의 카스테라였지만, 이때만큼 카스테라를 사와서 참 다행이라는 생각이 든 적은 없었다. 돌아가시기 전년도 그해 여름 1977년 8월, 외삼촌께서 한 달쯤 니가타에서 머무셨다. 일찍이 건강하실 때 유산으로 남겨주겠다 공언했던 그 집이었다. 어머니로부터 연락을 받은 나는, 추석연휴를 껴서 거의 20일 동안 외삼촌 곁에 있었다. 본가에서 운영하던 가게에서는, 5, 6년 전부터 된장절임(무, 가지, 오이 등)을 만들어 판매('천하통일 1권'의 등록상표는 외삼촌이 제안한 것으로, 외삼촌의 필적 라벨이 상표로 등록되어 있다. 된장절임 제조판매는 2003년까지 30년 동안이나 계속되었다.)하기 시작하여, 추석 전에는 주문량이 많은 탓에 너무 바빠서 도와줄 손이 부족했다. 학교는 여름방학 기간이라 시간이 많을 테니, '와서 도와달라'는 말이었다.

카루이자와의 작업장을 겸하는 별장으로 비서와 함께 오신 외삼촌께서는, 일거리를 가져온 기색 없이, 마음껏 고향의 공기를 즐기시는 것만 같았다. 비서는 그해 봄, 대학을 막 졸업한 아가씨로, 지바 유미코라 했다. 외삼촌의 식사에서부터 세탁에 이르기까지 충실하게 그를 곁에서 돌봐주었는데, 척척 일을 해내는 그 모습은, 바라보기만 해도 기분이 좋았다. 아마 외숙모께서도, 카루이자와에서 세타가야 집으로 돌아가서, 남편으로부터 '해방'된 평온한 생활을 할 수 있었으리라(외숙모는 다음해 2월, 입원하셔서 개복수술을 받게 된다).

식사 메뉴는 아마도, 외삼촌의 '이' 상태를 고려한 것이라 여겨진다. 통조림에 들어가 있는 풀처럼 개어서 만든 식품을 그릇에 담아서 데운 게 메인 음식이었고, 그 밖에는 국이나 부드럽게 요리한 두세 가지 반찬, 그리고 야채절임이 차려져 있었다. 저녁밥으로는 술안주가 될 만한 게 몇 가지 더해졌다. 메인으로 나온 '죽'은 양념을 해서 맛을 낸 것 같았는데 아무래도 치바 씨가 눈치 좋게 내가 사 온 카스테라를 죽에 넣은 모양이었다.

그 죽을 한 입 맛본 외삼촌께서 '오, 이거 참 맛있군. 어떻게 만들었지?' 놀란 듯이 물었다. '타케오 씨가 선물로 카스테라를 좀 넣어봤습니다.' '그러냐, 이건 참으로 맛이 좋네.' 마치 감동한 듯이 말하기에, '정말 맛있으신가요?' 나도 모르게 이렇게 물었다. 카스테라를 이렇게나 좋아하다니, '죽'에 넣어서 맛을 냈기 때문이라는 생각이 들면서도 이날만큼 카스테라를 사와서 참 다행이라는 생각을 한 적은 없었다.

저녁 반주 술자리가 조금씩 바뀌어가고 있었다. 술을 컵에 반쯤 따르고, 나머지를 뜨거운 물로 채운다(아니면 뜨거운 물을 먼저 부었던가?). 어찌 되었든 청주를 뜨거운 물에 타는 것이었다. 그걸 홀짝홀짝 마시고 있었다. 술꾼들이 마시는 방식 같은데, 예전이었다면 상상도 못할 일이다. 소주에 뜨거운 물을 타 마시는 건 이해하겠지만, 청주에 뜨거운 물을 섞어 마시는 건 처음 봤기 때문이다.

술은 그 지방 고이데에서 가져온 미도리카와였고, 뜨거운 물은 우오누마의 눈을 녹인 물이었다. 그때는, 아직 '일본에만 있는 우오누마산 고시히카리'라 말하는 사람은 없었으며, 술을 빚는 쌀과 밥하는 쌀은 엄연히 다르지만, 술을 만드는 데 쓰이는 물, 술에 섞는 물(뜨거운)은 눈 덕분에 아주 가득했다. 이 물이 우오누마산 고시히카리 쌀을 만들어내는 것이다.

외삼촌은, 뜨거운 물을 섞은 청주를 홀짝 마시고는 '맛있어, 역시 맛있어.' 하면서 쩝쩝 입맛을 다셨다. 그리고 컵에 입을 대고서는 '으음~ 맛있어.' 마치 뱃속 깊은 곳에서 짜내듯이 말했다. 그 모습을 바라보고 있자니, 나마저 침을 꼴깍 삼킬 정도였다. 술맛에는 까다로운 외삼촌이었지만, 고향에서 술을 마신다는 것에 기분이 좋아 한결 '맛 좋음'을 느꼈음에 틀림없다. 주량은 컵에 뜨거운 물과 술을 섞어서 두 잔. 참으로 행실이 좋았다. 세타가야 자택에서도 일상적으로 매일 밤 이렇게 술을 드셨으리라.

1965년 초 무렵, 고이데로 돌아왔을 때 우연히 보게 된 것이 있다. 마을 중심가 버스 정류장 근처에 '미도리카와' 양조장 회사가 있는데, 그곳에 커다란 광고판 하나가 붙어 있었다. 그것은 원고용지에 씌어있던 외삼촌의 문장을 필적 그대로 확대한 사진이었다. 그곳에는, '미도리카와'가 너무도 맛있다고 강조되어 있었으며 '야마모토 슈고로는 미도리카와의 맛에 반하여 고이데에 별장을 지을 생각이었다. 그러나 내 고향이 고이데임을 알고, 우리 둘 다 날마다 술만 먹고 있으면 큰일이니, 그만두었다. 야마오카가 미도리카와를 버리더라도 나는 절대 버리지 않는다.' 라는 의미의 글이었다. 야마모토 슈고로를 '야마오카'라 썼다는 게 참으로 재미있었다. '미도리카와'는 외삼촌이 자랑해 마지않는 최고의 술이었던 것이다.

분명 '미도리카와'는 꽤나 좋은 술인 모양인지, 도쿄 긴자 6가 백화점 뒤에 있는 고급스러운 서양식 선술집에서 우연히 만난 젊은 여주인이 '이거 좋은 술이에요' 그러면서 미도리카와를 내게 보여준 일도 있었고 최근에 오픈한 대형 슈퍼의 주류 진열대에도 '미도리카와'가 진열되어 있기에, 마치 내 친척이 모두에게 사랑을 받는 것만 같아 기뻤다.

그때까지 집에 돌아오면 과음해서 술에 취해 있는 게 일상이었던 외삼촌은, 그 다음날에 메밀국수를 배달시켰으면 하는 때가 많았다. 고이데 부근에서는 '쟁반메밀'이라고 해서 얇게 벗긴 판자로 만든 네모진 쟁반에, 4,5인분의 메밀국수를 조금

씩 둥그렇게 말아서 나란히 올려, 판매하는 가게가 많았다. 전화를 걸면, 메밀과 장국을 함께 배달해주기도 했다. 어머니에게 들은 이야기이지만, 고향의 '물'에 입맛을 다시던 외삼촌에게 이런 일도 있었다고 한다.

어느 날 고향에 돌아왔을 때, 늘 하던 대로 단골 가게에서 메밀국수를 배달해 받았다. 외삼촌이 그것을 한 젓가락, 입안에 머금자마자, '윽, 영감님이 돌아가셨구나.' 갑자기 이렇게 말하는 것이었다. 메밀국수 맛이 늘 먹던 맛과 달랐던 모양이다. 알아보니, 그 메밀국수 가게 주인은 분명 세상을 떠난 뒤였다. 그 주인의 아들이 메밀국수를 만드는 방법이 본디 방법과 미묘하게 달랐다고 한다. 아는 사람은 확실히 알 수 있겠지만, 그 차이를 곧바로 알아차렸다는 것에 어머니는 무척 감탄한 듯이 내게 이야기해주셨다.

카스테라가 들어간 '죽'을 맛있다고 하면서 칭찬을 아끼지 않던 외삼촌의, 그 무렵 윗니는 모조리 의치였다. 나라현 가시하라 시에 좋은 치과의사가 있다고 하여 그분에게 만들어 달라 부탁했다고 한다. 지금으로부터 3년쯤 전의 일이었다. 외삼촌이, 1964년에 구 야규번 중신 오야마다 슈레이의 저택을 구입하고, 나아가서는 '야규 주베이'(주간 아사히 연재)나 '야규 일족', '야규 무네노리'를 주인공으로 한 NHK 대하드라마 '봄의 언덕길' 등을 쓰기도 해서, 야규의 마을에 갈 기회가 많았기 때문에 나라와의 인연이 깊어져가고 있었다. 앞서 언급한 만엽가 비석도 이와 관련되어 있을지도 모른다. 고향의 여름을 만끽하기 2달 전에는, 야규가의 절, 요시노리 호토구사 안에 외삼촌께서 쓰신 구절이 새겨져 있는 비석이 있다.

물과 달을 받아들여 ~ 야규의 개구리일까

전집에 상세히 수록되어 있는 연표에 의하면, 제막식이 열렸을 때, '눈물을 흘리면서 참석'했다고 나와 있다. 이 제막식이, TV에서 방영되었는지, 그것을 본 외삼촌 '야마오카씨 모습이 조금 바뀌었구나.' 하셨다. '눈물을 흘리는' 모습이 아니라 쇠약한 몸 상태가 걱정되셨던 모양이다(그 다음해 1978년 12월 초, 나는 야규의 땅을 돌아보면서 돌아가신 외삼촌을 그리워하며 회상에 젖었다).

전날 밤, 뜨거운 물을 섞은 '미도리카와'를 바라보며 입맛을 다시고 있던 외삼촌의 의치 상태가 그렇게 좋지 않았던 것은 아니었지만 어느 날 아침밥을 먹을 때, '이렇지 않았었는데.' 이런 조그만 목소리의 푸념 섞인 말을 들었다(아침밥은 통조림 죽이 아니라, 부드럽게 지은 흰밥이었음을 기억한다). 그때 나는 내 마음대로, 의치라면 이 하나하나를 치료할 필요는 없으니 괜찮겠지만, 심리적으로는 어쩔 수 없이 노인이 되었음을 자각해버렸으리라 생각했다. 하지만 실제로는 예상했던 것 이상으로 사무치는 슬픔을 느꼈으리라 여겨져 후회를 했다. '이'뿐만

이 아니라, 몸 상태의 변화를 스스로가 직접 듣게 된 경험일지도 모른다.

총리비서로부터 걸려온 전화에, 목소리 높여 외치다.
"10년 만에 성묘를 하러 온 거란 말일세!"

신문을 읽거나 고교 야구 경기를 TV로 보면서, 밤이 깊으면 뜨거운 물을 섞은 미도리카와를 즐기는 그 모습. 고향에 돌아올 때면 마치 '난폭한 신'과 같았던 이제까지의 그 행동들이 모두 거짓처럼 느껴질 만큼 평온하게 고향의 여름을 만끽하던 외삼촌이, 딱 한번 큰소리를 낸 일이 있었다. 그것은 평생 동안 몸담았던 '국민 총 조화의 날' 기념식에 참석해주시기를 바란다는 전화가 총리실에서 걸려왔을 때였다.

해마다 8월 15일에 거행되어오던 '국민 총 조화의 날' 행사를 주관하는 '사단법인 일본회'의 일본대학회 수장인 '후루타 주지로'가 회장직을 맡고 있었지만 그 후루타가 세상을 떠나고 나자(1970년), 우리 외삼촌께서 그 뒤를 잇게 되었다. 게다가 그 무렵에는, 후쿠다 다케오 총리가 '총재'로 취임해 있었다. 후쿠다 총리가 취임하기 전에는 사토 에이사쿠가 총리로 있으면서 총재 일을 맡고 있었던 것이다.

12일 오후쯤에 전화가 걸려왔던 것으로 기억한다. 전화를 받자, '총리비서 ○○○라고 합니다. 야마오카 선생님 계십니까?' 말하기에, 곧바로 외삼촌의 비서 치바 유미코에게 전화를 넘겼다. 그녀가 무슨 일인지 물어보니, 8월 15일 행사에 외삼촌께서 참석해주십사 하는 요청이었다. 올해의 '국민 조화의 날'은, 어떻게 치러질까 궁금하던 참이었는데, 예상했던 대로 이렇게 되는구나하고 생각했다. 비서 지바가 외삼촌께 말씀을 전해올렸다. 그러자 외삼촌은 '안 돼. 못 간다고 전해.' 하셨다. 이 말을 들은 전화상대는 다시 한 번 부디 부탁드린다는 말과 함께 간청을 계속했다. '선생님, 차로 선생님을 모시러 오겠다고 하시네요.' 그러자, '안 돼. 못 간다고 전해.' 아무리 그렇게 말해도 총리비서는 계속 '부디 부탁드립니다.' 말하는 모양이었다. '선생님, 총리께서는 동남아시아에 방문 중이시라 당장 귀국이 어려운 사정이라 합니다. 행사에 참석해주시지 않으면 무척 곤란해진다는군요.' 그때였다. 외삼촌께서 큰소리를 내신 것은.

'나는 10년 만에 고향에 성묘를 드리러 왔단 말이야! 제멋대로 굴지 마!'(사실 10년까지는 아니었다) 창문유리가 깨져버리지는 않을까 염려까지는 되지 않았지만 그래도 깜짝 놀랄 만큼 엄청나게 큰 화가 난 목소리였다. 총재가 외국에 나가 있는데, 회장 자리까지 비어 있다면 행사는 더욱 엄숙함을 잃어버리게 된다. 제멋대로 구는 게 누구인가 싶었지만 지금 생각해보니, 몸 상태도 좋지 않으신 외삼촌께서 그 행사에 참석하지 않으신다고 해서 크게 달라질 것은 없었다. 빈자리는 다른 사람이 어떻게든 채우면 되는 것이다. 히로이케 치쿠로 선생의 전기를 잘 정리해서, 어떻게 글을 마무리짓는가는 자신밖에 할 수 없는 일이다. 서둘러 해야만 하는, 나만이 할 수 있는 다른 일이 있다는 뜻이었으리라.

그러고 보니, 곰곰이 생각을 거듭하던 때가 있었다. 고향에서는 성묘를 13일 저녁에 하기로 정해져 있었고 고이데에서 우에노까지 가려면 조에쓰 선 특급 기차로 2시간 50분쯤 걸리니, 시간적으로는 행사에 충분히 참석할 수 있었던 것이다. 아마도 성묘 때문이라기보다, 몸 상태가 염려되어 그렇게 말씀하신 듯하다.

우오누마 지방의 여름은 덥지만, 툇마루 문을 열어두면 서늘한 바람이 집안에까지 불어온다. 깊은 밤에 잠을 잘 때나 낮잠을 잘 때는 2층에서, 아니면 아래층에서 지내면서 외출을 전혀 하지 않으시던 외삼촌이었지만 성묘를 하러 나가게 되면, 갑자기 안 입던 양복을 입으실 수밖에 없다. 바지와 와이셔츠를 입기까지는 순조로웠다. 그런데 평소에 넥타이를 전혀 매지 않으시던 외삼촌이었기에 갑자기 넥타이를 매기가 어려우셨던지,

"어이, 타케오."

"넥타이 좀 매줘."

"네!" 하고 대답하고는 곧바로 달려가 넥타이를 매드리려 했지만 다른 사람의 넥타이를 매주려니, 여간 어려운 게 아니었다. 처음에는 마주보고 서서 해봤는데, 평소 내 넥타이를 맬 때와 방향이 반대이니, 서너 번 더 시도해 봐도 잘 되지를 않았다.

'빨리 좀 매줘' 재촉하는 목소리에 당장이라도 불호령이 떨어질 것만 같아 더 더욱 매기가 어려워지기만 한다. 끝내는, 외삼촌의 뒤로 가서 스스로 넥타이를 매듯이 방향을 바꾸고는 평소 하던 요령대로 겨우 넥타이를 매드릴 수 있었다. 아마 2분쯤 더 걸렸으리라. 우려했던 것과는 달리 그다지 짜증을 내지는 않으시고 '아직이냐' '잘 좀 매봐' 하시면서 의외로 다정하셨다. 하지만 나로서는 식은땀이 줄줄 나는 경험이었다.

성묘를 갈 시간이 다 되어 차를 불러서 외삼촌과 함께 묘지로 향했다. 너무나 더운데도 양복 조끼까지 완벽하게 입고 있었다. 그렇게 엄격히 옷을 다 갖춰 입을 필요까지는 없는 자리였음에도 외삼촌께서 그런 옷차림이었다는 것은, 아마 여름인데도 땀이 잘 나지 않을 만큼 몸 상태가 몹시 쇠약해지신 탓이었으리라. 집에서는 두꺼운 긴 소매의 셔츠와 바지를 속옷으로 입고 계셨다.

‘타로나나’ ‘소하치’에서 ‘큐타로’로

‘큐’를 고집한 우리 필명

뜨거운 물을 섞은 저녁 반주를 참으로 맛있다는 듯 오랜 시간 즐기고 나면, 거의 9시 30분쯤 된다. 외삼촌께서는 그제야 2층으로 올라가신다. 그러고 나면 나는 왠지 마음이 놓여 원고를 쓸 준비를 한다.

그 무렵 나는, ‘Current’라는 80페이지쯤 되는 월간 잡지에, 달마다 익명으로 ‘교육현장에서의 보고’를 게재하고 있었다. 이 말고도 이따금씩 내 서명이 담긴 원고도 쓰고 있었다. 참고로 ‘Current’ 잡지는, 가야 오키노리(재무장관, 법무부 장관을 역임한 거물 정치가)가 국내외의 정치정세를 올바르게 전해주어야 할 1964년 ‘보도’로서 간행한 것으로, 뒷날에는 ‘월간’이 되었다. 이때, 내가 써내려 했던 글은, 게재되지 않을 서명이 들어간 원고였다(익명의 글은 끝내 거의 10년 동안 기고되지 않았다. 보수파 입장이던 ‘Current’ 잡지가, 1985년에 너무도 야스쿠니 신사를 업신여기는 이기주의적인 문장을 게재한 것에 ‘분노’를 느꼈기 때문이다).

외삼촌께서 머물렀던 집은, 앞서 이야기했던 ‘언젠가 타케오에게 물려주리라’ 말했던 집으로, 1층에는 8첩쯤 되는 다다미

사이에, 8첩과 6첩 크기의 다다미방이 두 개 있어서, 외삼촌은 늘 안쪽 8첩 방에서 식사를 하시거나 저녁 반주를 즐기셨다. 외삼촌께서 2층으로 올라가시면, 나는 그 8첩 다다미방에 있는 테이블을 내가 지내는 툇마루 쪽 6첩 방으로 옮겨서, 그 위에 신문을 스크랩한 것들과 또 다른 자료들을 모두 펼쳐놓고는 서투른 내 원고에 매달렸지만, 내 글에는 시사적인 것들이 많아서 신문기사에서 스크랩한 것들은 늘 테이블 바닥에 떨어져 있었다.

어느 날 밤에는 자료를 펼쳐놓은 채 이불도 펴지 않고 앉아 있는 그대로 아침까지 자버리기도 했다. 깜짝 놀라면서 잠에서 깨고 보니, 등 뒤에서 외삼촌과 그의 비서 치바 유미코 씨의 대화소리가 들렸다.

"선생님, 타케오 씨가 테이블을 쓰고 계세요."

유미코 씨가 말하자,

"그래? 괜찮아, 괜찮아. 그대로 놔둬. 방해 않는 게 좋겠어."

그 말소리에 당황하면서 벌떡 일어났음은 물론, 이때의 서투른 내 원고는 '교육을 이야기함에 있어서 가장 알맞지 않은 단체, 일본교육조합'이라는 제목의, 아무런 맛도 멋도 없었지만, 외삼촌과 함께 보낸 여름날의 추억으로서 절대로 잊을 수 없는 원고이다(월간 Current 1977년 게재). '교육외곬'으로서 '교육현장 대표'와 같은 얼굴을 하고 있는 일본교육조합 임원들은, 10년 동안 교원 일을 하면서도 20년 동안 조합임원(정치활동)이었는데 그들에 대해서 프로 직업 활동가에 지나지 않는다는 글을 쓴 것이다. 평소에 자주 만나는 일본교육조합에 가입한 교원들이 그 정치 편향을 지지하는 것 같지 않은데 그들이 달마다 거두어들이는 조합비용이 나중에는 일본교육조합 활동을 위해 쓰인다는 내용이었다.

내가 종사하고 있던 가나가와현 교육계는, 일본교육조직계 조합의 입김이 세었다. 그러나 시사문제에 흥미를 가지고 있던 나는, 이미 중학생 때부터 신중국을 찬미한다는 수업에 비판적이었기 때문에 교원이 되고 나서도 다수파의 일본교육조합에 가담하는 일은 없었다. 앞에서도 말했듯이, '현대 공산주의'에 대한 비판적인 논문도 쓰고 있었다. 일본교육조합을 말하자면, 중학교 1학년생(1957년) 때 일을 떠올릴 수밖에 없다.

여름방학이 시작된 2학기 초, 일본교육조합이 근무평가를 반대하기 시작했고, 9월 15일에는 교사들이 전국에서 수업을 안 하겠다고 파업을 했다는 뉴스가 방송되면서 세상을 떠들썩하게 했다. 그 무렵 중학생이던 나는 15일 수업은 어떻게 되는 거지하고 걱정을 하고 있었다. 교원에 대한 근무평가는 교육의 국가통제로서 전쟁이라는 결과까지 낳을 수 있다는 게 파업의 이유였다. 출근을 하면서 우리 집 앞을 지나가는 초등학교 교사 몇몇 사람들은 '배워야 할 아이들을 다시 전장으로 보내지 말라!' 이렇게 씌어져있는 리본을 가슴에 달고 있었다. 중학교 선생님들은 리본을 달고 있지는 않았지만 15일의 수업은 어떻게 되는 것인지가 걱정이었다. 그러나 9월 15일 전날 아침 조례에서, 단상에 올라가신 교장 선생님(츠네마츠 미키오라는 분이셨다)이 '15일에는 정상적으로 수업을 할 것입니다.' 라고 말씀하셨기 때문에, 그제야 나는 마음을 놓을 수가 있었다.

공부가 좋았기 때문이 아니라, 다만 일본교육조합의 주장이 어쩐지 수상쩍었던 것이다. 평소 부모님께서 하시는 이야기를 들어 왔기 때문이리라고는 생각하지만 중학생이 되었을 무렵에는 '일본교육조합적인 것'을 이미 싫어하고 있었다. 여기서 말하는 '일본교육조합적인 것'이란, 지금 생각해보면 정치편향뿐만 아니라 '전쟁으로 이어진다' 또는 '민주주의에 반대한다' 등의 위압적인 말들을 하면서 너무도 이기적으로 행동하고 또 분쟁을 일으켜 아무렇지도 않게 '어른 아이'와 같은 삶의 방식을 권장함을 뜻한다. 게다가 공산 중국에 나부낀 진보적 문화인의 움직임을 가벼이 나무라는, '국민 조화의 날' 운동을 시작한 외삼촌 또한, 마땅히 '평화와 민주주의를 지켜라' 외쳤으며 어찌 되었든 위법하다고 할 수 있는 동맹파업을 선언한 채 수업을 거부한 일본교육조합에게는 비판적일 수밖에 없었으리라. 현재의 일본교육조합에서는 가르쳐주지 않지만 1975년대 초까지의 일본교육조합은 마치 연중행사처럼 수업 동맹파업을 선언하면서 소년소녀들의 마음을 희롱했었다.

교원이 되었을 때를 되돌아보면, 교육조합이나 사회당에 위화감을 느끼고는 있었지만 그렇다고 해서, 자민당을 지지하는 것은 아니었다. 정당 정파를 넘어서 '나라의 자세'를 가르쳐주고 '국익'을 우선시하는 입장을 취하리라 생각했던 것이다. 예를 들어서, 니가타현 출신자로서 처음으로 총리직을 맡은 자민당 다나카 가쿠에이 수상에 의해 시작된 일본·중국 교류는 교원이 되고 4년 뒤 가을을 맞았을 때(1972년)의 일로, 여당과 야당은 물론 메스미디어까지 모두들 큰 성공이라면서 시끄럽게 떠들어댔지만, 나는 다나카의 이 외교를 비판한 문장 몇 개를 쓰고 있었다. 외삼촌 또한, 다나카와 같은 고향 사람이었지만 총리로서의 다나카에게는 한 발 물러선 채 객관적인 시선을 두고 이야기했다.

일찍이 '잡지 Current' '여러분' '낭만' 등에 기고했을 때에는 늘 본명을 밝혔지만, 몇 편쯤은 '필명'을 쓰기도 했다. 그즈음 기고했었던 '교육을 이야기함에 있어서 가장 알맞지 않은 단체, 일본교육조합'에도 필명을 썼다. 내 나름대로 열심히 생각해서 만들어낸 닉네임은 '야마오카 큐타로'였다. 할아버지 다로 시치, 외삼촌 소하치라는 이름에서 본 딴 이름이었다. 이 밖에도 외삼촌의 본명, 쇼조와 관련을 지어 '쇼쿠로', 아버지 히데오 한자를 넣은 '슈쿠로'도 생각해냈다. 어떻게 해서든 '쿠(九)'를 넣고 싶었던 것이다. 남들이 어떻게 생각하든 상관없지만, 소하치의 조카로서는 '쿠'에 구애될 수밖에 없었다. '큐타로'를 생각해내기에 이른 것은, 역시 그의 '아버지 다로 시치'를 생각하는 외삼촌의 마음을 고려했기 때문이라 할 수 있다.

외삼촌께서 머물고 계셨던 집 정원에는, 주위 여느 집들에나 있듯이, 표주박을 본뜬 연못이 있어서, 봄부터 가을에 이를 때까지는 비단잉어가 그 속에서 헤엄을 치고 있었다. 연못가에는 '상부천(想父泉)'이라는 글자가 새겨진 작은 돌이 놓여 있었다. 외삼촌께서 아버지 다로 시치를 그리워하는 마음을 담은 연못이었다(비단잉어는, 눈이 내리기 전에, 따뜻한 물이 흐르는 축양 시설에 풀어놓아 겨울을 무사히 보내게 해준다). 눈물을 흘리며 아버지 다로 시치를 이야기하는 외삼촌의 모습을 몇 번이나 본 적이 있었으며 그 광경은 나의 마음속에 강렬한 추억이 되어 남아 있었기 때문에 '야마오카 큐타로'로 이름을 지었다.

나의 서투른 글이 '여러분!'이나 '낭만' 등에 게재되었을 때, 연말 인사를 드리기 위해 외삼촌께 방문을 하여 게재된 글을 보여드리니, '그렇구나' 하시면서 건네 드린 잡지를 휙휙 넘겨보셨는데, 기대하고 있던 '칭찬'의 말씀은 전혀 하지 않으셔서 조금 실망한 적이 있었다. 그러나 갑자기 잡지를 들이대면서 '호평'을 해주길 바라는 것은, 독선적인 어리광이고 젊은 혈기의 소치임을, 이 나이가 되고 보니 잘 알게 되었다. 소설이라면 졸작일지라도 어찌 되었든 '나중에 읽을게' 말씀하셨을지도 모르지만 어딘가 서투른 시사평론은 읽고 싶은 마음이 안 드셨으리라.

여름방학 동안이라 교사들이 아무리 한가하더라도 학생들이 동아리 활동을 할 때면 감독을 할 사람도 필요하기 때문에 나는 성묘를 다녀오고 1주일 뒤, 외삼촌보다 한발 앞서 요코하마의 내 집으로 돌아갔다. 외삼촌께서는 그보다 10일쯤 더, 니가타에 머무신 모양이다. 그를 데리러 오신 외숙모께서도 함께 도쿄로 돌아오셨다는 소식을, 어머니께서 전화로 내게 알려주셨다. '너도 고생이 참 많았다. 쇼조는, 이제 더는 고이데로 돌아올 일은 없을 것 같아서, 마음속으로 한없이 눈물을 흘리며 보내주었단다.' 어머니는 많이 슬프신 모양이었다. 그렇게 도쿄로 돌아가셨던 외삼촌께서, 11월, '아버지 다로 시치'의 생가 우메다에 위치한 집(고이데 마을—현재, 우오누마—오우라 아라타) 개축을 축하해주러 와 계신 것이다. 살아계실 때의 마지막 귀향이라 할 수 있었다.

외삼촌의 마지막, '저도 닦을 수 있게 해주세요.' 외숙모께서는 말씀하셨다.

나는, 처음으로 '사람의 임종' 과 함께했다.

다음해 1978년 7월 중순, 해마다 늘 해왔듯이 외삼촌께 인사를 드리러 가니, 도우미만 계셨다. 외삼촌께서 어디 계신지 여쭤보니, '선생님께서는 7일에 입원하셨습니다.' 이렇게 대답하는 것이었다. 너무도 깜짝 놀랐지만, 언젠가 그런 날이 오리라는 것은 생각하고 있었다. 새삼스레 메론을 사서는, 도우미가 가르쳐주신 병원으로 서둘러 갔다. 외삼촌께서 계신 병실에 찾아 뵙고 돌아가려 할 때, '또 오겠습니다.' 말씀드리니, 외삼촌께서는 '그런 말 하지 마렴.' 대답하며 손으로 나를 제지하셨다.

그 무렵, 나는 한 해 전부터 계속 비일본교육조합계 교원조합 중앙집행부에 적이 있던 탓에, 한 주에 몇 번씩이나 도쿄 스이도바시(구단시타)에 올 때도 있었다. 이날 뒤부터는 오츠카역에 있는 암 연구회 병원을 수도 없이 찾아갔다. 7월 끝 무렵에는 고이데에 사는 형이 도쿄로 올라왔기에 외삼촌께서 계신 병원에까지 안내를 해주었다. 2월에 다른 병원에서 개복수술을 받으신 외숙모도, 검사를 받고 외삼촌께서 계신 암 연구회 병원에 입원해계셨기 때문에 병원에 갈 때는 늘 두 분을 뵈었지만, 내가 병원을 방문했을 때에는 외숙모께서 외삼촌의 병실에 계실 때가 많았다. 외삼촌의 표정도 좋지 않고 말수도 적어지셔서 이야기하기도 힘들어 보이기에 걱정이 많이 되었다. 그러나 외숙모께서 '의사가 5년 동안은 괜찮으실 거라고 말씀하셨단다. 5년 동안은 괜찮으실 거야.' 이렇게 강조하시기에, 정말 5년 동안 괜찮으실까 생각하면서 부디 그렇게 되기를 간절히 바랐다. 외삼촌께서 앓고 계신 병의 이름은 호지킨병이라는 악성 림프종 일종의 병으로 아주 고약한 병이라 했다.

그 무렵 어머니께서 또한 병문안을 위해 도쿄로 올라오고 싶다는 연락을 하시기에 의사가 5년 동안은 괜찮으실 거라 했다고 말씀드렸다. 조금 시원해지고 나서 오는 게 좋지 않겠느냐고 느긋하게 말을 하기도 했다. 어찌 되었든 나는 외삼촌을 찾아뵙고 있었다. 외삼촌께서 산소를 주입받아야 할 때도 '5년'이라는 말이 내 머릿속에 여전히 남아 있었다. '무지(無知)'란 참으로 무서운 것이다.

지금도 분명하게 기억하고 있다. 9월 28일(목요일) 오후, 어찌 되었든 미리 연락을 드리는 게 좋을 것 같아서 외삼촌의 집에 전화를 드리자 비서 치바씨가 전화를 받았다.

"다음주 일요일(10월 1일)에 어머니께서 병문안을 가신답니다." 그러자,

"앗, 타케오씨, 그때는 너무 늦어요. 그런 느긋한 말을 할 상

황이 아닙니다."

이렇게 대답하기에 당황해서 어머니는 형수와 함께 바로 다음날 29일(금요일)에 예정보다 2일 빨리 도쿄로 올라오셨다. 병원에서는 이미 검사가 끝나서 퇴원을 했던 외숙모께서 와 계셨다. 외삼촌께서는 '어머니의 목소리와 얼굴'을 알아보셨는지, 어떤지 고개를 끄덕이고 계신 듯 보이기도 했다.

그날 밤은, '제발 집으로 와줘. 미요씨. 여기서 자고 가.' 이런 외숙모의 강한 말에, 함께 도쿄로 올라오신 형수는 고이데로 돌아가셨지만, 어머니는 세타가야의 외삼촌 집에서 묵기로 하셨다. 다음날 30일(외삼촌께서 숨을 거두신 날) 오후 1시쯤, 나는 병원에서 어머니를 만났다. '의자매', '형수와 시누이'는 전날 밤 늦게까지 이런 저런 이야기를 나눈 듯했다. 어머니는 '자, 돌아갈 테니 쉬세요. 건강 잘 챙기시고요.' 이렇게 외삼촌께 말씀을 드리고 우에노에서 3시 조금 넘어서 출발하는 특급열차를 타기 위해 병원을 나오셨다. 어머니께서는, '의식이 남아 있는 상태에서 이야기를 나눌 수 있어서 참으로 다행이야.' 말씀하셨다. 어머니가 특급 열차에 타는 것을 배웅해드리고 나니, 오늘의 내 역할은 다 끝난 듯싶었지만 갑자기 어떤 예감이 들었는지, 자택으로는 돌아가지 않고 다시 병원으로 돌아갔다.

그러나 설마, 그날 외삼촌께서 그대로 숨을 거두실 줄은 꿈에도 생각지 못했다. 28일에 전화를 한 덕분에 어머니는 외삼촌께서 돌아가시기 직전 아슬아슬하게 마지막 인사를 드릴 수 있었던 것이다. 역시나 얼마 남지 않은 목숨이었다. 바로 그 순간이 온 것이다.

1978년 9월 30일, 오후 7시 2분.

나는, 35살이 되고 나서야 한 사람의 임종을 곁에서 바라보게 되었다(내가 메모해둔 것을 보면 오후 5시가 지날 때쯤 외삼촌의 숨이 한 번 멈췄었다고 한다). 그 순간에 이르자 외숙모께서는 '얼른 스기에게 연락해!' 외치셨다. 30년 남짓 외삼촌을 스승으로 모셨다고 늘 자서전에 이름이 올라가는 '스기타 코죠'씨였다. 이 무렵에는 '스기타씨가 신응회 회원이나 매스컴 관계자에게 창구 역할을 하는구나'라고 내 마음대로 생각했다.

나는 병원 복도 공중전화로 고이데에 계신 집안사람들에게 지금 상황을 알렸다. 이미 집에 돌아가 계셨던 어머니께서는 각오를 해두고 계셨던 모양인지, '그렇구나' 이 한마디만 하셨다. 병실로 돌아가니, 나는 눈치 채지 못하고 있었지만 숨을 거두신 외삼촌의 입이 점점 열리고 있었나보다. 그것이 신경 쓰였던지, 수건으로 외삼촌의 턱을 받치고 있던 양녀 와카코가, '타케오씨, 잠깐만 여기 좀 받치고 있어주시겠어요?' 말하기에 곧바로 '네' 작은 목소리로 대답했다. 잠시 그러고 있자, 간호사 둘이 병실로 들어오더니, '몸을 닦아드려야 하니까, 가족 분들은 병실 밖에서 기다려주세요.' 그래서 병실 밖으로 나갔지만 그 전에, 외숙모께서 이렇게 말씀하셨다. '저도 닦을 수 있게 해주세요.' 그러자 간호사는, 많이 더럽혀져 있을 지도 모른다고 말했다. 외숙모께서는 '상관없어요.' 곧바로 대답하셨다. 이때 외숙모 말씀은 실로 인상적이어서, 역시 오랜 세월을 함께 하신 46년 세월의 '부부의 맛'을 뼈저리게 느낄 수 있었다.

얼마 지나지 않아 스기타 코죠씨가 오셨다. 수도 없이 외삼촌의 병문안을 왔었기에 모든 상황을 파악하고 있는 듯한 모습이었다. 저서를 통해 그의 이름은 알고 있었지만 실제로 본 것은 이때가 처음이었다. 그 뒤로는, 외삼촌의 집에서는 한 번밖에 못 뵈었지만(백일제로 분향을 올리는 날이었다), 도내 회합에서는 몇 번인가 뵐 일이 있었다. 그때마다 '타케오군'이라 불러주셨다. 스기타씨는 2004년에 세상을 떠나셨지만, 지금까지도 외삼촌 부부가 생전에 많이 의지하셨던 분으로 기억되고 있다. 1985년, 외삼촌께서 스승으로 섬기셨던 하세가와 신(요코하마에서 태어나 1963년에 세상을 떠나셨다)의 기념비가 요코하마 미나토미라이 지구의 범선 일본호 근처에 세워졌을 때, 그 축하모임 안내장을 보내주셨었다.

1년 전 여름, 어쩐지 나른해 보이는 외삼촌의 모습을 바라보고 있었기에 '임종하셨습니다.' 의사의 이 말을 듣고, 왠지 안심되는 듯한, 힘이 다 빠져버린 것만 같은 이상한 기분을 느꼈다. 병문안을 가도 그다지 말이 없으시던 외삼촌였지만, 그럼에도 외삼촌께서 내쉬는 숨이 나의 몸을 통해 다시 외삼촌의 몸에 불어 들어간다. 공기는 눈에 보이지 않지만 서로 지상의 공기를 들이마시거나 내쉬기도 했었다. 그런데 이제 모두 끊겨버린 것이다. 평소에 단 한 번도 느낄 수 없었던 공기의 질량이 온몸으로 무겁게 느껴졌다. 그럼에도 '5년 동안은 괜찮아'라는 말은, 대체 무엇이었던 걸까? 외숙모의 바람을 표현한 것뿐일까? 오늘날까지도 이따금씩 생각하게 된다.

골호를 가슴에 품고, 나는 메이지신궁에 절을 하다.

나는 집에서 잠깐 눈을 붙이고, 골호는 고향으로

공기의 실재가 온몸으로 느껴진 그날이, 마치 어제의 일처럼 생생히 머릿속에 떠오른다. 9월 말이었는데도 늦더위가 기승을 부리는 탓에 윗옷을 벗고 넥타이를 풀면서 복도 창문으로 하나하나 불이 꺼져가는 집들을 내려다보고 있었다.

외삼촌께서 세상을 떠나시고 난 다음 다음 해, '추모회'를 가졌다. 이때 인사를 나눈 다나카 전 총리가 입을 열자마자, '야마오카 선생님께서 세상을 떠나신 날은 너무나 무더운 날이었습니다.' 이렇게 말씀하신 것에 조금 놀랐다. 그날 날씨까지 기억하면서 직접 이야기하다니, 다나카씨는 역시 평범한 사람이 아니구나 생각했다. 사람의 마음을 너무나 훌륭히 사로잡으니 크게 감동한 것이다. 추모회에는 시대극 영화의 왕년 대스타, 이치카와 우타에몬도 참석했다. 1965년 무렵, NET TV에서 방영된 드라마에서 장년기의 '도쿠가와 이에야스'를 연기했으며 월간지에 대담이 실린 적도 있는 스타였다.

외삼촌께서 세상을 떠난 다음다음 날의 10월 2일에 자택에서 장례를 치르고(아버지와 나와 내 아내 참석), 9일에는 아오야마 장례식장에서 정식 장례가 치러졌다. 이를 위해 다시 도쿄로 올라오신 아버지와 우리집안 가족들 5명(아이들 셋도)도 참석했다. 두 장례식 모두 위원장은 무라카미 겐조씨였다. 무라카미씨와 외삼촌의 교류는 45년 동안이나 계속되었는데, 남겨진 사람이 서로의 장례위원장을 해주자는 약속을 했었던 것이다. 이 약속은, 내가 고등학생일 때, 이미 본가에서 화제가 되어 있었다. 고향으로 돌아온 외삼촌께서, 무라카미씨와 깊은 인연이 있다며 가족들에게 이야기했기 때문이리라.

무라카미씨는 외삼촌보다도 3년 늦은 97세의 나이로 세상을 떠났지만(2006년), 2000년대에 들어서서도, 부부가 함께 NHK TV 씨름대회 중계방송 게스트로 출연하기도 하고 만년에 이르기까지 '대법륜' 잡지에 건필을 계속해왔다. 그 모습들을 볼 때마다 외삼촌의 죽음이, 외삼촌 부부의 죽음이, 너무도 빨리 왔구나, 생각되어 애석하기 그지없었다.

본 장례식에서는, 후쿠다 다케오 총리(일본회 총재), 고단샤의 노마 쇼이치 사장 등 여러 사람들이 외삼촌을 애도하는 조사를 올렸다. 외삼촌의 소설은, 분게이슌주나, 카와이데 책방, 코분샤, 매일신문사 등 여러 곳에서 출판되어 있다. 그 가운데 8할 정도는 고단샤에서 출판되어 있을 것이다. 외삼촌의 49제 법요(납골 의식)가 이루어질 때, 어머니가 바람대로 고이데에 유골을 묻기로 했다. 참으로 감사한 일이었다. 11월 17일 법요에 참석하여 작은 뼈단지를 받은 나는, 어버이와 가족, 고향을 소중히 생각했던 외삼촌의 마음을 헤아리면서, 솔직히 너무나 기뻤다. 어머니의 분골에 대한 바람은, 외삼촌의 평소 성격에 꼭 알맞는 것이었다.

뼈단지는, 먼저 요코하마의 교직원 주택 3층 우리 집에 6일쯤 머물고, 법요가 끝난 6일 뒤의 근로감사 날에, 니가타(고이데) 어머니에게 전해졌다. 우에노역에서 특급전차에 타기 전에, 나는 하라주쿠역에 내려서 작은 뼈단지를 안고 메이지신궁에 인사를 드렸다. 일찍이 외삼촌께서, 하라주쿠 근처를 지나갈 때에는 차 안에 있다고 하더라도 궁을 향해 절을 하셨다는 글을 어딘가에서 읽은 적이 있었다. 외삼촌의 삶이 펼쳐진 도쿄와의 작별을 고하기 위해서는, 이것이 가장 좋은 방법이라 생각했기 때문이다.

궁 안에서는, 신상제(11월 23일에 천황이 햇곡식을 천지의 신에게 바치고 친히 이것을 먹기도 하는 궁중 제사)라는 것이 열려 전국 각지에서 봉헌된 농산물들이 회랑에 진열되었기에 평소보다 훨씬 활기찬 느낌이 들었다. 니가타 우오누마지방의 농가에서 태어난 외삼촌이 참석하시기에 어울리는 날이었다.

외삼촌의 유골은 그해 겨울, 고향에 있는 나의 생가, 야마오카 집 불단에 안치되었다. 반년 가까이 지난 1979년 6월 24일, 소하치의 어머니 세이의 기일에, 단나사(조상 대대의 위패를 모신 절)인 관음사 주지스님이 독경을 외우던 사이에 어머니의 1주기를 기리며 소하치가 만든 무덤(고이데 마을—현재, 우오누마시—사나시의 엔후쿠지(円福寺)와 인접한 곳에 만들어졌다)

에 함께 바쳐졌다. 소하치의 부모님, '다로 시치'와 '세이'의 법명이 새겨진 무덤에 바쳐진 것이다.

고향의 비석, '혼백의 매개체'

국화에 흠뻑 담가져 나는 백성의 아이가 되었단다.

외삼촌이 세상을 떠나고 나서 3년이 지난 1981년 12월 13일, 출생지인 니가타현 북우오누마군 고이데 마을의 무카이야마에서 야마오카 소하치 문학 현창비가 제막되었다. 새해가 밝은 2월, 나는 '고향 비석'이라 제목을 지은 한 문장을 기초로 삼아 외삼촌의 마음속을 살피면서, 혈육으로 이어진 자로서의 기쁨과 감사의 마음을 표현했다. 이제까지의 글과 겹쳐지는 부분이 있지만, 이곳에 이렇게 올리고 싶다.

○고향의 비석

월간 Current 1982년 5월호

지난해 섣달 13일, 이곳 니가타현 북우오누마군 고이데 마을은 본격적으로 겨울을 맞은 것처럼 눈이 내렸다. 이미 몇 번인가 내린 눈 때문에 마을을 빙 둘러싼 산들은 새하얗게 단장을 했지만, 이 날 내린 눈이 논밭에 주루룩 늘어선 집 지붕 위에도 거리에도 온통 남아 있으니, 설국에 살고 있는 사람만이 알 수 있을 법한 풍경처럼 실감이 났다. 이렇게 눈이 몹시도 오는 중에, 야마오카 소하치의 문학 현창비의 제막식이 엄숙히 거행되었다. 소하치의 문학비는 닛코, 오카자키, 야규에 세워졌고 친척들 한 사람 한 사람에게 감사를 드린다는 의미의 한 마디가 이번 고향에 세워진 죽음의 비석을 바라보니, 또 특별한 감흥이 샘솟듯 몰아치는 것을 막을 수는 없었다.

고향을 뒤로 한 이는 나이를 먹어가면서 고향을 그리워하는 마음이 더욱 커져만 간다고 하지만, 조상의 땅에 대한 외삼촌 소하치의 타오르는 마음은 나이와는 아무런 상관이 없었다. 이는, 날 때부터 사람에게 있는, 부모를 생각하는 깊은 심정이 드러난 것이면서 다섯 자매들 사이에서 오로지 하나의 남자아이였기 때문일까?! 동생이 어머니를 보살피도록 하고 데릴사위가 된 탓에, 더욱 그 마음이 커졌던 것일지도 모른다. 어느 날 고향으로 돌아온 때는 3월 말쯤이었는데, 설국의 겨울은 너무나 오랫동안 계속되었고 처마 밑에는 내 키만큼이나 눈이 가득 쌓여있었다. '어이, 저기 눈 쌓인 것 좀 봐! 에치고 지방 사람들은 눈 밑에서… 눈 밑에서…' 말문이 막혀서는 주르륵 눈물을 흘리는 외삼촌이었다.

17세 나이에 아버지를 잃은 외삼촌은, 그 죽음을 직접 눈으로 보지 못하고 이미 싸늘하게 식어버린 아버지를 품에 안은 채 밤을 지새웠다고 한다. 영화의 원작료를 받은 34세의 소하치는 어머니를 데리고 신사에 참배를 하러 갔다. 그 무렵에는 외삼촌 아버지의 위패와 함께, 여관에서는 밥상 세 개가 준비

고향의 비석

탄생의 땅, 니가타현 키타우오누마군 오이데 마을(현재 우오누마시) 무카이야마의 오이데 공원에 세워져 있는 '야마우치 소하치 문학 현창비'. 사후 3년 남짓이 지난 1981년 12월 13일에 제막되었다. 눈이 내리는 날, 쏟아지는 눈 속에서의 제막식이었다(오른쪽에 서 있는 것은 우리 집 장남–헤이세이 3년 8월–).

되었었다고 한다. 외삼촌에게 있어서, 제60회 천궁에 즈음하여 정원 횃불 파수꾼 역할을 받은 것은, 필설로는 다할 수 없는, 생애 최고의 감격스러운 일이었으리라.

내가 어렸을 때의 추억들 가운데, '도쿄에 사시는 외삼촌'이 고향에 내려와 지내시는 것은, 더할 나위 없이 경사스러운 일이었다. 그것은 언제나 기분 나쁜 한 면을 반으로 줄여버린다는 의미로서도 경사스럽다 할 수 있었다. 볼을 비벼댈 때 내 얼굴을 콕콕 찌르는 머리카락은 참을 수 있었지만, 왜 갑자기 외삼촌께서 눈물을 흘리시는지, 그 이유를 알 수 없었다. 부모를 그리워하며 주기별로 법요를 올리시는 외삼촌은, 아이의 눈으로 바라보면 전혀 이해할 수 없는 '거친 신'이기도 했다. 웃고, 울고, 으르렁거리며 심지어는 울면서 웃는다. 외삼촌의 감정이 드러나는 건 무언가가 마음속 심금을 울렸기 때문임을 꽤나 많은 시간이 지나고 나서야 알게 되었다. 희로애락의 진폭이 큰 것은, 그만큼 순수하기 때문이었을까? 성묘 앞에서 고향의 쌀과 눈을 녹인 물로 빚은 고장 술로 목을 축일 때, 그 순수함은 최고조에 달하게 된다고 호의적으로 이해해버리는 것은 피로 이어져 있는 이가 호의가 담긴 눈으로 그 모습을 바라보는 것과 다를 바가 없다.

외삼촌의 유골 일부가 고향으로 돌아왔을 때, 나는 아무런 망설임 없이 메이지신궁에 참배를 했다. 작은 뼈단지와 함께 머리를 숙였다. 14세에 상경한 뒤, 인쇄공, 제본소 경영자, 잡지 편집자, 대중작가로서, 온갖 사람들과 교제를 맺은 도쿄에 작별을 고하는 게 가장 그에게 어울린다고 생각했다. 선조의 땅을 한눈에 내려다볼 수 있는 조금 높은 산언덕에 세워진 비석에는

'국화에 흠뻑 담가져 나는 백성의 아이가 되었단다.'

이렇게 새겨져 있다. 에치고 백성들의 자식이라는 것이 외삼촌의 남모를 명예이며 자랑이었다. 고향의 온정으로 새로이 준

공한 비석은 반드시 혼백이 머무는 비석이 될 것임에 틀림없다. 여운이 남아 울리듯 끝없이 내리는 눈 속에 선 채, 나는 고인의 마음을 추모하면서 샘솟는 감개를 도저히 참을 수가 없었다.

이 졸문의 일부, 즉 '잔설(殘雪)을 바라보며 오열하는 외삼촌' '세상을 떠나 차갑게 식어버린 아버지를 안고 밤을 새운 외삼촌' '울다가 웃다 우는 거친 신과 같이 도저히 이해할 수 없는 외삼촌' 부분이, 그의 전집에 수록된 상세한 연보에서 발췌 인용되어 있다. 외삼촌의 자서전에 의하면, 할아버지, 부모, 누나, 그리고 담임 선생님까지도 반대하던 일을, 도쿄 친척들의 힘을 빌리겠다는 말로 설득하여, 14세(고등소학교 2학년)에 도쿄로 올라온 외삼촌이 여행길에 오른 날은 1920년 11월 3일이라고 한다. 그때는 '서기로 말하면 20세기에 막 들어선 1907년생 소년이, 1920년 메이지 시기라는, 메이지와 관계가 깊은 날에 뜻을 세우고 고향을 떠났다는 게 되는가.' 이렇게 씌어져 있다. 메이지시대의 천황 탄생일이었던 '11월 3일'은, 다이쇼시대의 국민에게 있어서, 특별한 날로 무언가 새로운 일을 시작하는 단락의 날이라 할 수 있었다. 그러나 정확하게 말하면, 메이지 천황의 탄생일인 11월 3일이 '메이지 탄생일'이 된 것은 1927년의 일이니, 자서전에 씌어 있는 '메이지 탄생일에 고향을 떠나다'라는 기술이 좀 이상하게 여겨질 수 있다. 전부터 품어왔던 메이지 천황에 대한 두터운 공경의 마음을 글로 옮겼다고밖에 생각할 수 없으리라.

메이지 천황에 대해 이야기를 할 때, 외삼촌은 늘 메이지 대제라 불렀다. 외삼촌의 입에서 나온 '메이지 대제'라는 존칭의 울림이 아직도 내 귓전에 남아 있다. 그런 외삼촌의 마음을 헤아려보면, 외삼촌의 뼈단지를 품안에 품은 내가 메이지신궁에 참배를 드리러 간 것은 외삼촌의 남은 뜻에 따르는 행동이었음에 틀림없으리라. '온갖 사람들과 교제를 맺은 도쿄에 작별을 고하려면, 이것이 가장 좋은 방법이라 생각했다'

'시대소설 거장 하세가와 신 선생께서, 야마오카군은 대하소설을 써낼 사나이라고 말씀하셨다'

인생의 스승으로부터 받은 감사한 평가

외삼촌에 대한 비석은 '고향의 비문' 말고도, 앞서 이야기한 만엽가 비석, 그리고 56번째 제목인 '월간 Current'에 실린 글에 나온 닛코시(동조궁), 오카자키시(오카자키 공원), 나라시 야규(요시노리사), 그리고 니고야시 아쓰타구(법지사), 효고현 스모토시(문학의 숲), 토치기현 나스시오바라시(나스시오 온천마을), 후쿠시마현 이와키시평(동일본 국제대학 구내, 외삼촌은 전신의 창평횡단대 명예학장이었다), 이와키시 카와마에 마을('야마오카 소하치 근서' 이와키타이라방 안도 노부마사 공사 노래비) 등에도 있으며, 더 나아가서 특공대 대원 위령비로서 와카야마시(와카야마현 호국 신사)나 가고시마현 가노야시(옛 노자토소학교 있던 자리, 벚꽃 비석), 이바라키현 가고시마시(코노이케 기지 철거지, 벚꽃 공원)에 세워져 있다. 이 가운데, '가노야시'와 '가고시마'의 위령비는, 특공대원이었던 오기 큐사쿠가 사비를 들여 세워준 것으로, 오기씨는, 가노야시 기지에서 외삼촌을 만나고, 전쟁이 끝난 뒤에도 오랫동안 외삼촌과 교류를 이어갔다. 가고시마는 벚꽃부대의 훈련지이며 가노야시는 출격지였다(나는 외삼촌께서 돌아가시고 오기씨와 만나고, 그 뒤에도 몇 번쯤 그와 만났다. 레스토랑을 경영하고 있었다).

닛코 동조궁에서의 비석 제막은, 소설 '도쿠가와 이에야스' 완결을 기념하는 것으로, 1969년 가을에 열렸다. 교원이 된 지 1년 만에 나 또한 안내를 받아 참배를 했기 때문에 잘 기억하고 있다. 비석은 다니구치 요시로 박사의 설계로 이루어진 것으로, 비석 위에는 조각가, 타카다 히로아츠가 만든 브론즈 소재의 투구(도쿠가와가 세키가하라 전투 때 쓰고 있던 남만동체 갑주 투구를 본뜬 것)가 놓여있어, 비석에는,

사람은 모두 생명의 큰 나무 가지와 잎으로 이루어진다.

이러한 외삼촌의 글이 새겨져 있다.

제막식이 끝난 뒤의 축하연에서, 신응회 작가 동료들인 카시마 코지씨가 축사에서, '일찍이 하세가와 신(長谷川神 소설가, 극작가. 수많은 문인들을 길러내어 대중문학 질적 향상에 기여했다. 대표작 '그리운 어머니') 선생님께서, 야마오카군은 소설보다도 대하소설을 써낼 사나이라고 말씀하셨는데…' 이렇게 말했고 그의 말은 뒷날 이따금씩 머릿속에 떠오르곤 했다. 외삼촌을 가리켜 '대하소설을 쓰는 사나이'라 표현한 하세가와 신의 평가는 어떤 의미였을까를.

장편소설을 쓴다는 단순한 의미가 아님은 말할 것도 없으

리라(하세가와씨가 세상을 떠난 1963년 시점에서, 도쿠가와 이에야스는 19권까지 출판되어 있었지만). 외삼촌이 완결을 낸 단편도 많았으며 단편만을 편집한 단행본이 수년에 걸쳐 출판되었다. 외삼촌이 세상을 떠나고 난 직후, 어느 문예평론가가 '야마오카 소하치는 오히려 단편 작가이다' 이렇게 쓴 글을 읽었던 기억이 있다. 소하치 전집의 제36권은 '단편명작집'으로 이루어져 20편이 실려 있다. 여기에는 유머도 위트도 애수도 들어가 있다. 와다 요시에씨 '하나의 문단사'(신초샤, 강담사 문예문고)에는, 신초샤의 조간지 '일출' 편집자였던 와다씨의 의뢰로, 외삼촌께서 글을 쓰지 못한 채 힘들어하는 구메 마사오의 대필을 했던 에피소드가 상세하게 들어가 있다. '종이학'이라는 작품답다(구메 마사오와 마츠오카 유즈루가 스승인 나츠메 소세키의 딸을 둘러싼 채 연적이었던 것은 유명한 이야기이지만, 소세키의 딸을 사로잡은 마츠오카는 출신지, 나가오카시에 살고 있었다. 그 때문인지, 내가 졸업을 한 고이데 중학교 교가 작사가이기도 했다. '구메 마사오'의 이름을 보니, 늘 마츠오카 유즈루의 이름이 연상되어, 잇따라서 모교 교가가 떠오른다).

어찌 되었든, 외삼촌의 작품 근본에는, 모두라고 할 수는 없을지라도 장편의 경우만큼은, '천하와 국가의 보다 좋은 방법'을 지향하는 것이 있다. 현대풍으로 말하면, '공(公)'이라는 의식이 있어서, 늘 '공(公)'과 '사(私)'의 균형이 머릿속에 있던 모양이었다. 그 의미에서 '사'만을 좋다고 하기 쉬운 전(戰)후적 가치관과는 거리를 둔 듯이 생각되는 것이다. 무사의 삶을 그려냈다고 해도, 현대 양자택일적인 '사(私)' 최우선의 삶 방식을 염두에 두고, 무사의 자기절제적인 도덕의 뜻하는 것을 알기 쉽게 이야기해주는 느낌이었다.

그런 이야기 속에 인물들이 그려져 있음을 가리키며, 하세가와씨가 '대하소설'에 대해 이런저런 말씀을 하신 건 아니었을까? 외삼촌은 이기적인 범상치 않은 삶, 타인과 함께하는 삶, 즉 대승(大乘)적인, 자기를 두려워하는 처세 속에서 '인간적 진실'을 발견해낸 것은 아닐까라고 생각되는데, 이를 가리켜 '대하소설을 쓰는 사나이'라 평한 게 아니었을까?

문인극에서는 전쟁이 끝나고 칼로 자살을 한 아나미 육군장관을 눈물을 흘리며 연기하고, 그 대를 이은 젊은 주지스님의 설법에 눈물을 흘리며, 고향에 쌓여있는 눈을 바라보면서 오열을 하고, 신궁(이세)의 식년천궁(신사에서 일정한 해에 새 신전을 짓고 제신(祭神)을 옮기는 일)에서 정원에 횃불을 놓는 일을 맡고 감격을 하고, '8월 15일'을 국민 총 조화의 날로! 외치면서 학생들에게 눈물을 흘리는 경시총감에 공감을 한다. '미시마씨 추도의 타베' 발기인 대표로 이름을 올려 우국 주기에 구절을 바치고, 이기심을 지양하며 '최고 도덕'적으로 살아가리라 제창을 한 히로이케 박사에 공명하면서 국가 사정을 모르는 진보파 지사의 언동에 한숨을 짓는다. 이러한 심정은 어제 오늘 일이 아니며, 작품에 스며 나오지 않을 리도 없다.

'도쿠가와 이에야스'(제1권) 끝말에, '과거의 인간 군상에서 다음 시대 빛을 모색해 나아가는 이상소설이라고도 말하고 싶다' 이러한 글을 써낸 대중작가 야마오카 소하치를, 그가 인생의 스승으로 섬기는 하세가와 신이 '대하소설을 쓰는 사나이'라 평했다고 한다. 참으로 고마운 말씀이라 생각된다.

최근에서야 알게 되었지만, 하마마쓰 시립 아라타마 초등학교에 '배우는 마음의 비석'이 세워져 있는데, 그곳에는 '옥도 닦고 갈지 않으면 광채가 없듯이, 사람도 배우지 않으면 훌륭히 될 수 없다.—야마오카 소하치' 이렇게 새겨져 있었다. '아라타마'란, '닦여지기 전의 거친 옥돌, 황옥'으로, '아라타마'는 옛 문헌에서는 율령 만엽시대에까지 거슬러 올라가는 지명이라 한다. 이 비석은 1971년에 세워진 것으로, 그때의 이노우에 교장선생님이 친지인 외삼촌에게 부탁을 하여 받은 글이라 한다. 쇼켄 황태후의 '금강석의 노래'를 마음속에 새기고 메이지 시대의 일본을, '후대의 빛'을 마음속에 그리면서 붓을 들었다고 할 수 있으리라. 하마마쓰 시립 아라타마 초등학교의 '학교 경영서(학교안내)'와 함께 봉투에는, 우표 크기로 조그맣게 외삼촌의 필적 그대로 '배우는 마음의 비석'이 들어가 있었다.

궁금했던 '해저전기'를 읽다

전쟁을 이야기하는 기념비적 장편 '미타테(방패)'만을 아무런 망설임 없이 수록했다.

외삼촌의 소설로서, 도대체 어떤 작품인지 오래전부터 궁금해 왔던 작품이 있었다. 일찍이 그 작품 끝자락에 이따금 게재되던 저자 소개란에서 본 제2회 노마문예번역상(1942년) 수상작, '해저전기'가 바로 그것이다. 가혹하게도 1937년 8월, 중앙공론사 문고에 들어가고 나서야 더욱 쉽게 읽을 수 있었지만 한 번 읽어보고는 그 논픽션 문장에 가장 먼저 놀랐다. 토다카 카즈시게씨는 '일본 해군이 승리를 이어 나아갈 때의 잠수함 전투를 훌륭히 그려낸 다큐멘터리 소설이며, 일본 해군과 일본국민이, 너무나 잘 묘사되었다고 생각되는 잠수함 전투였다.' 이렇게 설명하기도 했다. '야마오카 소하치'라는 필명을 쓰기 시작한 지 10년 째, 제23회 선데이 매일대중문예 입선하고부터 5년째, 36세 때의 작품이다.

해군보도 반원으로서 1942년 봄, 말레이 반도, 페낭 섬 일본해군 잠수함 기지에 있던 외삼촌이, 페낭 섬에서 사세보(나가사키 현)까지 귀국하는 잠수함에 함께 탔던 체험을 바탕으로 잠수함의 대공모함 모양을 그려낸 소설이라 할 수 있다. 묘한 비유일 수 있지만 피카소의 '우는 여인'이나 '게르니카'를 늘 보아오던 눈으로, 그 젊은 날의 데생을 바라보면 이 그림을 과연 같은 인물이 그려낸 것인가, 놀라게 되리라 생각된다. 그러나 그 데생 능력이 기초가 되어 있어야만 비로소 피카소의 작품이라 할 수 있는 것이다. 그런 놀라움과 비슷한 것을 외삼촌의 '해저전기'에서 느꼈다. 이런 사실적인 관찰력과 필력이 있었기에, 그 뒷날 여러 소설들이 탄생될 수 있었으리라 생각된다. 그리고 함장 밑에서, 전투에 목숨을 건 선원들의 아슬아슬하고 위험한 움직임을 정면으로 묘사하는 부분에서는, 장년기의, 외삼촌의 삶 속 자세를 살짝 엿보는 것만 같았다.

이어지는 작품으로, '미타테(방패)'가 있다. 1943년 1월부터 1945년 4월에 걸쳐 월간 'King'에 게재된 작품이다. 일본해 해전(러일전쟁)에서 발휘된 일본해군의 힘을 두려워하던 미국은, 자신들이 주도한 워싱턴 회의(1921년)에서 주력함 보유량을 미국 5, 영국 5, 일본 3의 비율로 정해두는 것과 더불어 일본 영국 동맹을 폐기하기에 이른다. 더 나아가 런던회의(1930년)에서 일본은 보조함까지 제한을 받게 되었다.

어떻게 해서든지 일본의 해군력을 없애버리려는 미국의 참뜻을 알지 못한 채 군비 축소를 군비부담의 경감이라며 이를 환영하는 목소리가 국내에 울려 퍼지는 가운데, 해군은 어떻게 국방의 책임을 다할 것인지가 주제인 작품이다.

워싱턴 회의의 온 권한을 가진 사람들 가운데 하나가 실패를 사죄하자, 도고 헤이하치로(東鄕平八郎 일본 제국 해군의 제독)는 '그러나 아무리 영국과 미국이라 할지라도, 훈련까지 제한할 수는 없을 테니까 말이야.' 이렇게 강력히 말했지만, 바다의 병사인 한 해군군인으로서 군함의 소멸을 보완하는 '방패'가 되려고 애쓰는 모습을 중심으로, 음으로 양으로 평화를 넌지시 제안하는 미국의 능란한 외교전술, 이에 농락당하는 국내 여론, 일본과 미국 간의 사상(국가 사정, 종교, 가족관, 연애관 등) 차이 등이 마구 얽히며 전개되는 '대하소설'이었다.

'해군사관학교' '맹훈련' '여명' 편에 있어서, 워싱턴 회의로부터 10년 뒤 런던 군축조약 체결에서는, 통수권 권리침범 문제가 일어나자 하마구치 오사치 수상의 조난 사건으로 이어졌는데, 수상 조난으로 인해 붓을 멈출 수밖에 없었다. 전집에 수록되어 있는 상세한 연보에 의하면, 1944년 6월에는 '방패—병사학교 편'이 간행되었다. 편 전체가 출판된 것은 1973년 간행된 대중문학 대계 28이 처음이다. 오자키 호츠키는 '해저 전기'의 '열기 속에서 연작소설 방패를 써낸 것이다.' 이렇게 설명했다. 그리고 '단순히 그 과정만을 쓴 게 아니라 거기에 등장하는 인물들 하나하나의 인품이나 심리의 움직임이 그 나름대로 파악하며, 그들을 둘러싼 여성상도 있었기에, 소설로서의 재미를 더하고 있다.' 이렇게 평하기도 했다. 해군의 군비축소는 대외적인 교섭이기도 했지만, 그 그늘에서 사상의 분열이 국내에 싹트고 있었음을 시사하는 소설이라고도 할 수 있으리라.

예를 들어, 워싱턴 군축조약 체결은, 건설 중이던 '도사국' 4만 5천 톤을 자기들의 어뢰로 묻어버릴 수밖에 없었던 원통한 결과를 가져왔다. 한편, '어느 헌법학자는 제국대학의 교단에서, 헌법 제1장 제1조를 학생들에게 가르쳐주지 않았다. 어느 정치학자는 마르크시즘의 실천을 학생들에게 강조하며, 어느 국회의원은, 회의장에서 군비 전폐를 외쳤다'는 기술 또한 남겨져 있다. 메이지 개국 이래, 국제사회에 등장한 '근대국가 일본'이기는 했지만 그 풍파를 겪던 가운데 지도자층 안에서 자기를 잃고 동요하는 이가 생겨났음을 그려내려 한 것 같기도 하다. 다이쇼에서 쇼와에 처음 들어서는 무렵, 이미 오늘날과 유사한 사상의 혼미가 일어나고 있었던 걸까?

덧붙여 상세한 연보에 따르면, '방패'는 외삼촌에게 있어서 '전쟁 중의 기념비적인 장편'으로, '올해(1973년), 고단샤(講談社)에서 대중문학 대계가 나올 때, 작가는 주저하는 일 없이 앞서 언급한 3편만을 그에 수록했다. 작가에게 있어서는, 너무나 애착이 깊은 작품이었기 때문이다.' 전쟁이 다 끝났나 싶은 날들 동안에도, '시대소설가'라는 여론의 평가가 확립되었다고 보아도 좋을 1965년대 후반에 있어서, 외삼촌에게는 전시중의 기억이 아주 가깝게 느껴졌기 때문이다. '주저하는 일 없이' '방패'의 전권을 수록한 것을 보니, 역시나 외삼촌의 삶의 방식이 드러나는 구나 생각했다. 서두에서 이야기했듯이, 연보는 스기타코조씨의 손에 만들어졌으며 오랜 시간 외삼촌을 찾아뵙던 그는 외삼촌의 사정을 충분히 알고 있다 여겨졌기 때문에, '주저하는 일 없이' 모든 편들은 그대로 받아들여질 만했다.

'야마오카 소하치'는, 분명 시대소설가이며, 장편과 단편 여러 시대물들이 많이 있다. 가부키의 원작이 된 단편작도 있다. 그러나 그뿐만이 아니다. 그런 범주에서는 파악할 수 없는 부분이 많이 있었다. '방패'에 관련하여, 내게 너무나 인상적이었던 것들이 있다. '대만인과 일본정신(쇼가쿠칸 문고)'의 저자, 사이 콘상(蔡焜燦 대만의 친일계)씨는 1927년에 태어났으며, 전쟁이 끝났을 때에는 기후 육군정비학교 나라교육대에 소속해 있었다. 현재는 대만 반도체 관련 대 메카의 경영자이며 시바 료타로씨의 '보도를 걷는 40 대만기행(아사히 문고)'에서 라오 타이페이라는 애칭으로 불리며 등장하는 인물로도 유명하다. '대만인들 사회'의 대표이기도 하다.

그런 사이씨를, 1945년 5월에 도내에서 만난 적이 있다. 그때, 사이씨와 무척 친해 있던 미야케 아키후미씨(미야케 노리코 '대만인들 사회' 사무국장의 형. 본디 고등학교 교장, 후지 가도회 회원이면서 검도 4단. 대만의 미야케 여사에게는, 노래집 '빛을 그리며'—1949년 간행—가 있다.)가 사이씨에게 '이 분은 야마오카 소하치의 조카분이십니다.' 이렇게 소개를 하기에, 아무리 사이씨가 '일본을 사랑하는 사람'이라 자칭할 만큼 일본에 많은 관심을 가지고 있다 하더라도 이런 식으로 소개를 하면 당황하지 않을까 조금 의아해 하고 있었더니, '호오, 야마오카 소하치?' 말하면서 '아, 그렇지! 방패야! 방패가 있었지.' 외치는 것이었다.

나는 참으로 크게 놀라고 말았다. '방패—병사학교 편' 간행은 1944년에 이루어졌는데 나라 교육대 시대에 읽으신 걸까? 아니면 그 이전 잡지에 연재될 때 읽으신 걸까?(연재는 1945년 봄까지 계속되었다) '그래, 방패가 있었지'라는 말에도 놀랐지만 그 정확한 기억에 더욱 크게 놀라고 말았다(이때의 일은 계속 신경이 쓰였지만, 나는 아직도 '방패'를 읽지 않았다). 전쟁이 끝난 뒤에, 사이씨는 19세였다. 작품 '방패'가 당시 젊은이의 마음에 강한 인상을 남겼던 모양이다. 이렇듯 전쟁 중의 소설은 저자에게 있어서도 두고두고 애착이 가는 작품이었음에 틀림없다.

왜 타이틀이 「소설 태평양전쟁」이 되었는가?

소설가, 야마오카 소하치를 이야기하려면, 1964년부터 햇수로 10년에 걸쳐, 어느 시기에는 '도쿠가와 이에야스'와 병행하여 씌어진, '고단클럽(소설현대로 개명)'에 연재된 '소설 태평양전쟁'을 빼놓을 수 없을 것이다. 왜 1962년에 이르러서야 쓰기 시작했는가에 대해서, '나에게는 절대로 잊을 수 없는 선배, 요시카와 에이지가 사실은, 역사적 전쟁이야기를 담은 작품을 해군측으로부터 위촉받고 있었다는 사실을 나는 알고 있었기 때문에', '내가, 1962년에 이르러서까지 이 작품을 쓰지 않았던 것은, 선생님이 써냈던 것이 아닌가…라는 망설임이 내게 있었기 때문이다.(끝맺음말. 단행본 제9권 소재)' 이렇게 글로 남겨져 있다. 요시카와씨는 1962년 9월, 71세의 나이로 세상을 떠났다.

단행본 9권으로 이루어진 '소설 태평양전쟁'은, 이 또한 '대하소설'로서 소하치 역사문고에 수록되어 있다. '방패' 자매편이라 할 수도 있는 내용이지만, '방패'는, 전시중의 작품이면서도 해군사관 입장에서 써냈다는 느낌만으로도, 전쟁 상황이 어떻게 흘러갈 것인가에 대한 기대와 걱정, 두려움이 한 데 섞여 집필을 이어가던 그 무렵의 긴장된 마음이 글 속에서 느껴지는 것만 같다. 이에 비해, '소설 태평양전쟁'은 포화가 멎은 전투를 찬찬히 되돌아보고, 뒷세대 사람들을 위해 그 진상을 적어두어야만 하리라는 느낌이 드는 운필이다. '방패'는 30대 후반에 씌어졌고 56세 때부터 쓰기 시작한 것이 '소설 태평양전쟁'이었다.

그런데, 일본의 전쟁을 그려내는데, 왜 제목을 '소설 태평양전쟁'이라 지어야 했는가? '방패' 끝머리 '작자후기'에는 '원고를 고쳐 대동아전쟁 편을 전쟁이 벌어지기 전날 밤 풍운 속에서 새로 써내고 싶었다.' 이런 글이 있다. 그것이 '소설 태평양전쟁'이 된 이유를 만일 물어볼 수만 있다면, 외삼촌은 '그건 나도 알고 있어.' 말하면서 가볍게 손을 내저을 것만 같다. 외삼촌도 점령을 당하던 시기(주권 상실기)의 출판보도가 점령군의 검열 아래에 있었기 때문에, 일본 측 호칭인 '대동아전쟁'이 삭제되고, 그 대신 '태평양전쟁'이라는 이름이 강요되었음을 그가 모를 리 없었다(실제로 다른 작품에서는 너무도 자연스럽게 '대동아전쟁'이라는 이름이 나오는 경우가 있다. 참고로 미국 측은 일본과의 전쟁을 독일과의 유럽전선전쟁에 대조하여 '태평양전쟁'이라 부르는 경우가 많았던 모양이다).

해군보도 사람이기 때문일까, '해저전기', '방패', '원사 야마모토 이소로쿠' 등의 작품이 전의를 불태운다고 점령군이 판단을 내렸기 때문일까. 전쟁이 끝난 뒤에는 '공직추방(1947년 1월~1950년 10월)'을 당한다. 상세한 연보에 따르면, 앞서 이야기한 저작들 말고도, 예를 들면 '무사도 습유'(어머니, 할복, 의리, 의지)를 대중문예(1941년 1월~ 4월)에, '군신 스기모토 중령'을 부사(같은 해 1월~ 12월)에, '아기날도 장군'을 King(1942년 3월)에, '유황이 불어오는 섬=구라바야시 다다미치 대장전'을 주간 아사히(1945년 4월~7월) 등, 진주해온 점령군이 관심을 갖던 작품을 다수 발표했었다.

'군신 스기모토 중령'은, 지나사변으로 출정 중에, 산시 성에서 탄환을 맞아 전사한 스기모토 고로 중대장(1945년 사망, 향년 38세)의 충렬무비하고도 순수하고 무난한 삶을 그려낸 작품으로, 다음해 1942년에는 단행본으로 이루어져 고단샤에서 출판되었다. 말할 것도 없이, 공직추방의 주체는 밖에서 쳐들어온 점령군이며 그것은 '적국' 일본에 대한 포화를 쓰지 않는 군사작전이었다. 정치가나 관료, 군인이라면 어찌 되었든 공직의 탈을 쓴 민간 언론인에 대한 공직추방의 지명은 심리적인 압력 그 자체였으며 사상억압의 공격이기도 했다. 그러나 민간인이라서 추방되어 있는 동안에도 작품을 쓰고 발표할 수는 있다. 검안이라는 제약은 있었지만 외삼촌 또한 꽤 많은 작품들을 써냈다.

'도쿠가와 이에야스' 신문 게재가 처음 시작된 것도, 추방해제가 이루어진 7월이 되기 전이었다. 어찌 되었든, 추방 지명을 받은 것은, '뼛속부터 일본인'임을 점령군이 인정했을 때이니, 서로의 처지를 바꾸어 생각해본다면 추방은 명예로운 일이라

할 수 있었다. 세타가야구 와카바야시 마을에서 살던 시절, 옆집에 점령군이 쳐들어와 괘씸하게도 밤이면 밤마다 파티가 열렸다고 한다. 이에 화가 나서 설날이 되자마자 보란 듯이 커다란 '일장기'를 현관에 걸어두었다고 외삼촌은 몇 번씩이나 이야기해주셨다. 점령 아래에 있더라도 국가의 위상을 확실하게 보여주려 했던 것이리라(설날에만 제한하여 국기 게양이 허락되었다. 그러나 실제로 게양을 한 국가는 드물었으리라. 1949년 1월부터는 국기를 자유로이 사용할 수 있게 된다. 이것이 점령을 당할 때의 현실이었다). 그런 외삼촌이었기에, 타이틀이 '소설 태평양전쟁'이었는가에 대해서는, 점령군에 복종하기보다는 외삼촌 나름대로의 생각이 있었기 때문이라고 생각된다.

앞에서도 조금 이야기했듯이, 피점령(주권소실)기의 고충을 알았기에, 1972년 5월에 주권회복 20주년기념 국민대회 회장직을 맡을 수도 있었다(대회를 주재했던 헌법학의 미즈마 신고 선생에 의하면, 전쟁이 끝난 직후 '주권회복기념' 행사에서 쿠사카 진이치 해군중장들이 대회 고문, 출석자들은 300명이었다고 한다.—'일본급 일본인' 2002년 양춘호—). 그러나 유감스럽게도 1952년 4월의 강화조약 발효(피점령 종료=주권회복) 이후에도 극히 일부를 없앴을 뿐, 신문도 잡지도 방송도, 그리고 정계도 교과서까지 '태평양전쟁'이라는 표현 일색이었으며 점령군이 마음대로 정해버린 '태평양전쟁' 역사관 아래에서, '그 전쟁'을 차갑게 뿌리치며 내 일이 아닌 것 마냥 이야기하고 있다.

이러한 상황을 염두에 두고 대중작가로서는, 그 힘든 전투에 모든 힘을 쏟아 부었음에도 끝내 바라지 않던 결과로 끝나버린 나날들을, 구체적으로 써서 남겨서, 다음 세대 국민들 또한 그 글을 읽을 수 있도록 하겠다는 마음이 너무도 강했던 것은 아니었을까? 사실, '끝맺음말'에는 '그 줄거리만이라도 읽기 쉽게 글로 써서 남기는 것이, 이 전쟁의 이야기작가로서 종군했던 나의 책임이라고 다시 생각을 고쳐서는 붓을 휘둘러 써낸 작품이 바로 이것이다.' 이렇게 씌어져 있다. '소설 태평양전쟁'을, 일본인이 싸운 전쟁, '대동아전쟁'으로 여기고 읽기도 하는 것이다. 널리 읽히지 못한다면 아무런 의미가 없다. 읽히게 된다면, 일미통상항해조약 발기나 '석유 금수'에서 내몰아져 있던 시대의 진상도, 그야말로 단 한 순간의 여유도 없이 전장에 돌입했던 일본 측 문제점도, 잘 알게 되리라고 생각된다. 일본에 맞서 전쟁을 벌일 각오가 되어 있던 미국에 맞서기에는 그 무렵의 일본 측 태세는 미국과의 교섭에 연연하고 있었기에 제대로 된 전략 하나 없이, 너무나 만만했다. 육해군 모두 협력태세가 되어 있었다고는 절대 말할 수 없으며 전장의 실정조차 제대로 파악하지 못한 채 대본영이 발령을 하는 일도 간혹 있는 등, 전쟁이 끝나고 나서야 파악이 된 일들도 있었다.

더욱이 그때에는, 해군 측에는 '태평양 전쟁' 또는 '대미영전쟁'이라는 호칭으로 해두고 싶다는 의향이 있었지만, 지나사변의 전투구역을 포함해서 '대동아전쟁'이라는 명칭으로 정해졌다는 경위도 있다. 해군보도 반원이었던 외삼촌으로서, 이것이 마음에 걸린 걸지도 모른다. 전쟁의 본질은 '대미영전쟁(対米英戦争)'이라는 인식에서였다. 그 때문인지, 외삼촌은 지나대륙에서의 전투는 거의 글로 남기지 않았다. 제9권 '패전의 충격과 혼란'에는, 이 점들과 관련되어 있듯이, 다음과 같은 글이 있다.

> 나는 일본인으로서 '대동아전쟁'이라는 명칭을 경솔하게 받아들일 수는 없다. 일본인이 천황의 뜻을 거스른 부분이 있기 때문이다. /그러나 만민의 '천황폐하 만세!' 커다란 외침소리가 그 불손한 일탈을 씻어내고 국체의 이상에 가까이 다가가, 인종평등의 세계로 나아가는 단서가 되었다고 생각한다./즉, 그것을 예기하여 싸웠다고 하기에는 너무 오만한 데가 있지만, 우리가 정신없이 불평등한 인종적 편견 위에 이루어진 옛 질서에 정신적으로 반항을 하고 있는 사이에, 마침내 신의 위력으로 바람이 일어 이 사태를 구원해주러 왔다고 경건하게 받아들이고 싶다./신풍(神風)이라는 말이 내포하는 게 미신이라고는 단정 지을 수 없다. 어디까지나 너무도 합리적인 자연과 성실의 합일점을 노리는 '마음의' 힘인 것이다.

이런 글을 써 나아가면서도 전쟁의 명사에 관련해서는, 외삼촌의 몸에 스며들어 있는 것이, 마땅히 '대동아전쟁'이라 할 수 있었다. 전쟁 이야기는 몇 번이나 들어본 적이 있지만 '태평양 전쟁' 이야기가, 외삼촌의 입에서 나온 적은 단 한 번도 없다.

예를 들어, 보도반원으로 말레이 반도에서 무개차(지붕이 없고 네 측면이 판자로 둘러싸인 화차)를 타고 남쪽으로 내려가던 중, 소집된 육촌형과 우연히 만나 깜짝 놀랐던 이야기, 아쿠타가와상(일본의 문학상) 작가인 아무개씨와 함께 전장에서 행진을 하던 중, 그가 위험한 곳을 벗어나고 싶다기에 외삼촌이 자신의 승선할 차례를 바꾸어주었다는 이야기(여기에는 '그 녀석은 말이야, 교활한 데가 있어서 그 뒤에는 좋은 작품을 쓰지 못했어. 그런 녀석이야.' 이러한 소설가적 편견이 함께한다.), 중국인과 일본인은 얼굴을 씻어내는 방법이 다르기 때문에 일본의 간첩병이라는 신분이 금방 들켜버릴 수밖에 없었다는 이야기에서부터, 고노에 후미마로(쇼와시대 정치가)공과 도조 히데키 대장의 깊은 충성심, 루즈벨트 미국대통령을 보는 정치적 식견의 가벼움 등을 무척 흥미롭게 들었지만 '지나사변'과 '대동아 전쟁'에 대해서 밖에 듣지 못했다.

슈바이처 박사에 대한 '냉정한 평가'

오늘의 일본에서, 국보급 인물은 이 셋뿐입니다.

전쟁과는 관계없는 이야기이지만, 어느 날은, 외삼촌이 '타케오, 너도 슈바이처 박사를 알고 있겠지. 서양의 위대한 인물이란, 그 정도 수준인거야.' 이런 냉정한 말을 한 적이 있었다. 교양과목으로 영문서 강독 수업을 듣다가, 아프리카 적도 지역인 랑발레네에서 봉사적 의료 활동을 해 나아가던 슈바이처 박사의 전기를 읽은 적이 있기 때문에, 외삼촌의 말에 '네?!' 놀랐지만 외삼촌이 도무지 짐작할 수 없는 말을 할 리가 없다고 생각했다. 그때는 외삼촌의 말이 아리송하기만 했었다. 그 뒤에도, 외삼촌은 도대체 무슨 말을 하고 싶었던 걸까 몇 번이나 생각해본 적이 있다. 새삼스레 슈바이처 박사의 다른 전기를 읽지는 않았지만 외삼촌은, 서양인들 머리에 새겨져 있던 유색인종에 대한 우위의식뿐만 아니라, 유럽과 미국인은 자신과 타인의 벽을 넘어서지 않는 자타일여(自他一如 나와 남은 다르지 않고 하나다)와 같은 경지를 도저히 이해하지 못한다는 말을 하고 싶었던 게 아닐까? 슈바이처 박사는 1965년 9월에 세상을 떠났으니, 그 무렵에 그에 대한 이야기를 들었으리라.

슈바이처 박사에 대한 '외삼촌의 비판'을 듣고 나서 4, 5년 뒤 '요즘 일본에서는 말이야, 국보급 인물이라고 하면 아다치와 오타 코조(太田耕造 일본의 변호사, 정치가, 교육자), 그리고 기시 노부스케, 셋 뿐이야.' 이렇듯 차분한 외삼촌의 말을 들은 적이 있다. 이야기의 중요한 내용까지는 기억나지 않지만, '국보급 인물'이라는 표현이 인상적이었다. 그에 이어 오타 선생의 이름이 나오기도 해서, 이 셋의 이름은 분명하게 기억하고 있다.

아다치씨는 그 무렵의 일본상공회의소 회장으로, '아다치 일상회장' 이라는 이름을 신문 제목으로 때때로 본 적이 있다. 저명한 분이었다. 그러나 나의 머릿속에 남겨져 있는 아다치씨는, 1960년 1월, 기시 내각이 추진한 미일 안보조약 개정이 이루어질 때, 새로운 조약 조인의 전권단(全権団) 재계대표로서 참가한 분이다. 외삼촌의 이야기를 들으면서, '역시 아다치씨는 훌륭한 분이구나' 내 마음대로 납득해버렸다. 오타선생은 내가 졸업을 한 아시아대학 학장으로 계시면서, 포츠담 선언을 수락한 스즈키 간타로 내각의 문부대신이었다(천황의 옥음방송 전날인 8월 14일, 초대를 받아 모든 각료들이 모인 어전회의에서 천황의 판단을 경청했으며 마땅히 '종전의 조서'에도 기록되어 있다).

그런 오타 선생의 이름이 외삼촌의 입에서 나오다니, 깜짝 놀랐다. 일찍이 '소설 기시 노부스케(일본 정치가)'를 저술하셨던 외삼촌이, 기시모토 수상을 존경하고 있었다는 건 그리 신기한 일은 아니지만 아다치씨와 나란히, 오타학장의 이름이 나왔다는 것은, 진정 놀랄 만했다. 그러나 어찌 되었든 기쁘기는 했다. 오타 선생에 대해서 전혀 모르고 있었던 고등학교 3학년 일 무렵 나는 아시아 대학 학생총회에서 '안보반대'를 부르짖는 외침소리가 시끄러웠던 2년 전에 안보개정 찬성 결의 취지의 기사를 읽은 적이 있다(아사히신문에 게재된 '대학의 사계'. 앞서 말했듯이 고등학교 1학년 때, '안보반대는 틀렸다'는 생각을 하고 있었기에 찬성을 결의한 대학생이 있는 건 마땅하다 생각했지만 안보반대가 과연 진보적인가와 같은 '광풍'이 지면으로 불어오는 '60년 안보'가 한창일 때, 굉장한 학교가 있구나, 감탄하며 관심을 가졌던 것을 기억하고 있다).

이 결의와 오타 선생이 직접적으로 관계가 있지는 않을 테지만, '국보급 인물'이라는 이야기를 들었을 때는, 기시씨가 총리 퇴진을 한 지 10년 가까이 지나고 있었기 때문에, '만일 그때, 수상이 쩔쩔매서 안보개정이 무너졌다면, 어떻게 되었을까…' 그러면서 개정을 끝까지 해낸 기시씨에 대한 여론의 일반적인 평가가 너무도 높아졌던 무렵이었다. 그리고 아다치씨는 개정 조약 조인의 전권단에 가담했다고 하니, 외삼촌이 말하는 '국보급 인물'은 모두, 내 눈에는 '안보개정에 얽힌 인물'로 비춰졌던 것이다. 물론 외삼촌에게는 더 많은 다른 의미가 있었음에 틀림없을 테지만 내 머릿속에는 아직도 고등학교 1학년 때의 '안보소동'이 생생하게 남아 있다.

오타 선생은 사상적으로는 국본사(国本社)를 일으킨 히라누마 기이치로(平沼騏一郎 정치가)와 가깝게 지낸 변호사로, 문부대신에 취임되기 전에, 법정대학 교수였으며 기이치로 내각에서는 서기 관장직을 맡았다(1939년). 전쟁이 끝난 한 시기, 기시씨와 같은 A급 전범 혐의로 스가모 구치소에서 복역했다. 실업계 외곬이었던 아다치씨는 공직에서 추방을 당하게 된다(본질적으로는 불명예가 아니다). 선생은 1981년 11월에 세상을 떠나게 되지만, 그때의 아시아대학 홍보지(오타 코조 선생 추도 특집호)에는, 오타 선생과 기시모토 수상이 친한 사이였다는 기사도 있어서, 그 내용을 보았을 때 기시씨를 축으로 하여 '세 국보급 인물'이 나의 머릿속에서는 '과연, 그랬던 것인가' 라는 생각과 함께 더욱 강력하게 새겨졌다. 지금 다시, 확인을 위해 홍보지 합본을 읽어본다면, 다음과 같은 문장이리라.

이 기사는 같은 대학 법학부 쿠도 시게타다 선생(긴 시간 교무부장을 맡고, 나는 '현대정치론'을 수강하고 있다. 뒷날 쇼인 여자대학장 법학박사)이 쓴 것으로, '기시 내각이 이루어진 때, 기시씨의 심복이라 불렸던, 고치 선출의 타케치 유우키 의원이 기시씨의 심부름을 위해 선생의 집으로 갈 때마다 그는 정계 복귀를 설득하고 있었다.' 이러한 내용이다. 그러나 그 대답은, 늘 '아니오'였으며 '나의 만년은 청년 인재의 육성을 위해 쓸 것이다' 이러했다.(오타 선생의 회상 'THE ASIA' 255호) 오타 선생이 7살 더 많았다.

외삼촌의 '국보급 인물은 말이야, 이 셋이야.' 이런 말을 들었을 무렵, 오타 선생은 아시아 대학 학장이면서 '일본국 헌법무효와 제국헌법 복원'(순수하게 법리적으로는 마땅한 의견이지만)을 이야기하는 '헌법회' 회장이기도 했으며 이전부터 개헌론자였던 기시씨는, 새로이 '자주헌법' 제정의 국민운동을 제창하고 있었다. 외삼촌의 말은, 지금도 이따금씩 생각이 나는데, 그때마다 늘 '공(公)'과 '사(私)'를 염두에 두고 있었던 외삼촌의 머릿속이 훤히 보이는 듯하다.

태평양전쟁 뒤 일본의 이색적인 작품 소설「태평양전쟁」
8월 15일, 천황은 다시 자비로운 어버이로 국민들 앞에 모습을 드러냈다!

《소설 태평양전쟁》은 전쟁을 시작하기 전날 밤의 고민으로 시작해서, 일곱 사람의 교수형, 만주국의 멸망으로 끝나는데 전쟁의 과정은 결국 포츠담선언을 받아들이는 국가적인 비극으로 막을 내렸으며 일본의 역사적 본질(체제, 특징)이 드러난 사실, 천황의 결단과 옥음방송(玉音放送)을 하게 된 경위를 확실하게 기록하는 일이, 소설가로서 같은 시대를 살아가는 자신의 책임과 의무라고 느낀 게 아닐까? 패배한 전쟁에서, 질서정연하게 싸움을 포기하는 일은 쉬운 일이 아니며 세계 전쟁 역사 중에서도 기적이라 할 수 있는 일이기 때문이다. 여기에는 또 다시 일어나고 부흥을 이뤄낼 원동력이 있다.

'1945년 8월 15일이 일본 국민들에게 어떤 날인지는 다시 한 번 쓸 필요도 없다. / 냉정하게 말해, 온 전쟁터에서 세계 어디서도 예를 찾아 볼 수 없는 충성심 강한 우리 일본 병사들은 저마다

"천황폐하 만세!"

외치며, 쌓여 있는 전우들의 시체를 뒤로 하고, 서양을 따라 하는 데 열중하며, 민족의 특징, 본질을 정치에 활용하지 못했던 무능한 정치인들처럼 혼란스럽고, 천황의 군대라 외치면서, 사실은 천황을 완전히 로봇으로 만들어 버린 군 상층부 손아귀에서 일본인들이 나서 다시 천황을 되찾은 날이었다고 말해도 지장이 없다고 생각한다. / 다시 말해, 벚꽃이 질 무렵에 생명의 아름다움을 느끼면서 수많은 사람들이 이 세상을 떠났다.

"천황폐하 만세!"

거짓이나 꾸밈이 없고 순수한 일본인의 목소리가, 하늘에 닿아 불러온 결과라 해도 좋다. / 아무튼 이날부터 천황은 다시 하나의 생명체인 우리 일본민족의 자비로운 어버이로, 갓난아기인 국민들 앞에 모습을 나타냈다.' (제9권, '아, 8월 15일!')

흔히 종전의 조서(詔書)라 부르는 조서를 쓴 날은 8월 14일로, 그 조서에서 자신이 국민들에게 직접 말하는 편이 좋다면, 언제라도 마이크 앞에 서겠다며 천황이 말했기에 목소리를 녹음해, 이튿날 8월 15일 정오 라디오 방송에서 전국에 알렸다. '8월 15일'은 그야말로 옥음방송을 송출한 날이었다. 그래서 외삼촌은 '이날부터 천황은 다시……자비로운 아버지로, 갓난아기인 국민들 앞에 모습을 드러냈다.' 말했다. 천황이 자신의 판단으로 일본인들을 구원했다고 외삼촌은 생각했다.

'이렇게나 처참한 모습으로 변한 패전국이면서 점령군의 경호도 호위도 전혀 없이, 무장하지 않은 천황이 온 일본 국민들 사이를 성서 속의 성자처럼 걸어갔다. (주석 3만3천 킬로미터에 이르는 쇼와천황의 전쟁 뒤 지방순행), 아무도 가해를 가하려고 하지 않았을 뿐만 아니라, 몹시 기뻐하여 맞이했다. / 히틀러나 무솔리니의 비참한 마지막을 잘 알고 있는 온 세상 사람들은 천황의 순행을 마른 침을 삼키며 지켜보았다고 한다. 어디서 어떤 불상사가 일어날지……/ 하지만, 천황의 순행은 국민이 다시 일어날 원동력이 되었지, 결코 불상사로 이어지지는 않았다. / 따라서, 무너진 건 사실 천황을 단순한 기관이라 주장하는 천황기관설의 근대 국가 대일본제국이며, 전통적인 신국(神國) 일본은 훌륭하게 되살아났다. 정말로 국가의 체면이 얼마나 존엄한지 알아보려는 사람들에게 오히려 그 깊이를 깨닫게 만들고, 다시금 자신감과 긍지를 드높여 주었다.' (제9권 '패전의 충격과 혼란')

자신의 인생을 이야기하는 것처럼 외삼촌은 글을 썼다. 위에서 인용한 부분으로도 알 수 있듯이 제목은 소설태평양전쟁이지만 소설 같은 분위기가 일본악인론처럼 차가운 태평양전쟁 역사관과는 다르게 보인다. 전쟁이 끝난 뒤 일본에서 발표한 이색적인 전쟁소설이다.

일본인의 생명관이 미국에게 가장 무서운 적이었다!

그 시절 일본인들의 감정을 잊어서는 안 된다

더욱이 소설 태평양전쟁에서는 천황의 군대라든가 천황군대 정신이라는 말을 자연스럽게 긍정적인 문맥에서 사용했다.

'천황 군대에는 천황 군대로서 특별한 소양과 공로를 엄숙하게 지켜야만 한다.' 그러나 프랑스를 따라하고, 독일을 따라하는 사이에 '일본 육군의 미래는 언젠가, 유럽 문명에 경의를 표하고, 엄격한 군대기강과 겉치레인 예법에 너무 무게를 둬서, 가장 중요한 천황군대정신을 잃어버렸다.'(제3권 '자바군정부의 성공') 이런 문장도 있다. 전쟁이 끝난 뒤 일본에서 세간에서 유명한 문필가가 천황군대라는 말을 본래의 바람직한 국군을 나타내는 말로 당당하게 사용한 인물이 얼마나 있을까? 또, 막중한 임무를 묵묵히 수행하는 소집병사를 묘사할 때 몇 번이나 '다른 나라 군대였다면 반란이 일어났을 텐데.' 말하며 그런 성실함에 감탄하고, '개개인의 목숨을 넘어서 민족전체의 목숨이라는 사실을 일본인은 알고 있다.' 이런 구절이 몇 번이나 등장한다.

미드웨이 해전 이야기에서 이와 같은 내용이 나온다.

'역사에서 전혀 의미 없는 개죽음은 존재하지 않는다. 이는 뒷날 사람들이 그 죽음의 의미를 찾는 노력을 게을리하고, 과거의 사실에서 반성할 재료를 찾는 재능이 없기 때문이다. 정말로 불손한 말이 아닌가?'(제3권)

물론 항공모함, 순양함, 구축함이 몇 대나 몇 톤인지, 뇌격기, 폭격기의 수, 그 항속거리와 최고시속…… 등등, 적과 우리를 비교할 객관적인 자료도 많다. 한편으로 '과달카날 사투', '뉴기니 귀곡', '버마전선의 귀신들', '사이판 전투의 비극', '죽음의 레이테섬 결전', '이오토(硫黃島) 전투', '전함 야마토 출격의 진상', '마지막 특공전이 된 오키나와', '끔찍한 오키나와 전쟁의 종말' 등등…… 여러 가지 이름을 붙인 장에서는 고군분투가 이어지는 전쟁의 모습을 그리고, 만주국 황제를 마지막까지 섬긴 일본인 이야기도 묘사했다.

'과달카날 사투' 장에서는 5개월에 걸쳐 연재를 하며 집필하는 중에 세 번 병이 났다고 한다. '주치의는 과로라고 했지만, 나는 그렇게 생각하지 않는다. 집필 중 항상 수많은 유령들이 내 주위를 둘러싸고, 문득 정신을 차렸을 때는 온 몸이 식은땀으로 축축하고 오한이 나며, 심한 발열을 동반했다./ 무엇 때문에……? 그것은 내가 잘 알고 있다. / 전쟁이 끝난 뒤 20년, 아직도 그 섬을 계속 헤매고 있을 수많은 영혼과 나는 같은 피를 이어받은 일본인이기 때문이다.'(제3권) 이렇게 말했다. 일본인답게 싸우는 모습을 묘사하려고 노력하는 마음이 느껴진다.

'어떻게 해서라도 살아남아야해…… 이렇게 자기중심적인 생활방식을 긍정하는 방식은 나중에 등장하는 점령 정책의 영향으로 나왔으며 그 시절 군대 안에서 통하는 상식이 아니었다. / 일본인의 생존본능은 자신의 생명을 영원의 흐름 속에 두기 때문이다. / 이 일본의 특유한 생명관이 사실 미국에서 가장 두려워한 적이 있었다.'(제8권 '마지막 특공전이 된 오키나와(1)')

단행본에서 8페이지에 이르는 맺음말의 끝에, ' 이렇게 다 쓰고 보니, 내 작품은 매우 빈약하다. 쓰고 싶은 일은 아직 많이 있었다.' 이렇게 말하면서도 '하지만 이제까지 겪어보지 못한 민족의 비극 이야기는 그 시절 일본인의 감정이며 어떻게든 전달하고 싶었다.' 기록했다. 여기에서는 그 시절 일본인의 감정을 잊어서는 안 된다는 외삼촌의 생각이 담겨 있다. 이 책에서 인용한 내용만으로도 전쟁이 끝난 뒤 일본의 분위기와 다르다고 느끼는 사람이 많으리라고 생각하지만, 이런 야마오카 소하치의 성격은 전쟁이 끝난 일본에서는 좀 다루기 어려운 문제가 아니었을까. 언론인뿐만 아니라 정치가도, 교육자도, 흔히 말하는 보수진영도 한결같이 전쟁 전을 옆에서 비웃으며 무시하고, 자신과 관계없는 일이라 주장하는 게 전쟁이 끝난 뒤 일본의 사회 분위기였기 때문이다.

이러한 분위기는 다분히 나중에 등장하는 점령 정책의 영향으로 생겼다는 사실은 말할 필요도 없다. 1973년에 간행한 대중문학의 대표적 작품인 전쟁 중 쓴《방패》를 망설임 없이 수록한 이유도 그 시절 일본인들의 감정을 잊어서는 안 된다는 생각이 있었기 때문이다(단행본 제9권 끝에 나오는 맺음말은 소하치역사문고에서는 제1권 앞머리에 '집필을 끝내고'라는 제목으로 게재했다).

최근에 출판한 집영사 창업 85년 기획《전쟁과 문학》(전20권, 별권)을 보면, 별권에 실은 연표 1893년~1989년)에《방패》와《소설태평양전쟁》의 제목이 등장한다.

아무런 조건 없이 항복하기는커녕 많은 요구를 했다
마르크스 이야기를 한 국민 통합의 날 강연

1969년 8월, 지금으로부터 40년도 훨씬 전의 일이지만, 제11회 '국민 통합의 날' 행사에서 강연을 했던 외삼촌은 나중에 세계에 연합국가가 등장하리라고 예상한다는 말을 한 소설가의 소망을 여러모로 이야기했다. 그러기 위해서는 통합운동이 반드시 필요하다고 여러 방면에 걸쳐서 설명했다. 그 가운데 다음과 같은 내용이 있다.

'일본은 아무런 조건 없이 항복하라고 점령군이 명령했다. 그리고 오늘 모두들 무조건 항복을 했다고 말합니다만, 이것은 역사적으로 말하면 잘못된 사실입니다. 결코 조건 없이 항복한 게 아니라는 사실을 인식해야 합니다. 일본이 제시한 조건은 엄연히 존재합니다. 그것은 국가 체제를 유지할 수 있다면 항복을 해도 좋다. 이런 조건이 있었기 때문입니다. 우리 민족에게 이것은 아슬아슬한, 정신적으로 보면 무한대의 요구라고 할 수 있습니다.'(《총조화》 19호)

일본이 제시한 조건이란 항복을 강요하는 미국, 영국, 중국이 일본에게 한 선언(포츠담선언, 나중에 소련도 참가)에, 천황이 통치하는 대권을 변경하는 요구가 없다는 조건 아래 승낙한다고 회답한 일을 말하는데 이것은 아슬아슬한, 정신적으로 보면 무한대의 요구라는 말은 정말이지 외삼촌다운 말투였다. 하지만 잘 생각해보면 외삼촌 말이 맞다.

천황이 통치하는 대권이라고 말하면 오늘날에는 구시대의 사고방식이라고 무시해 버릴 테지만 국가원수에게 따르는 법률 제도 권한으로 이와 비슷한 규정은 다른 나라 헌법에도 들어 있다. 일본의 경우, 먼 옛날 일본서기와 고사기 신화에서 시작된 이야기로 문서로는 8세기 초 율령으로 확인할 수 있으며 그 뒤로 계속 무사 가문의 정치가 이어진 시대에도, 천황을 국가 중심으로 섬긴 전통을 메이지 헌법에도 천황의 통치대권으로 기록해 새로이 법전에 실었다고 말해도 괜찮을 것이다(물론 내각이나 의회가 있었겠지만). 포츠담 선언을 승낙할 때 그 천황이 통치하는 대권을 변경하지 않는다는 보류조건을 붙인 일은 중대한 사실로, 전쟁이 불리하다는 사실을 인정하고 무기를 버리는 일은 받아들이겠지만 일본은 일본으로 앞으로도 역사적인 존재로 계속 남겠다는 의사를 표시한 것이다. 그 일을 외삼촌은 '우리 민족에게 이것은 아슬아슬한, 정신적으로 보면 무한대의 요구라고 할 수 있습니다.' 이렇게 설명했다.

나도 이 강연을 들었다. 메이지 신궁의 참집전이었다. 도쿄로 온지 6년이 지났고 교사가 된 해의 여름이었다. 그러나 내 기억에 강하게 남은 이유는 위에서 말한 내용이 아니라, 마르크스가 어떤 사정으로 《자본론》 1권만 발표하고 다음 권을 만들지 않았다는 이야기를 한 부분이다. 외삼촌의 입에서 마르크스의 《자본론》 이야기가 나오는 것이, 이때 좀 의외로 생각되어 인상 깊었다. 하지만, 이미 이보다 10년 전에 간행한 《소설 기시 노부스케》의 맺음말에서 좌익에 약한 진보적인 문화인을 질책한 적이 있었으니 그다지 특별한 일이 아닌데 나 자신도 어느새 외삼촌을 역사소설가로만 보고 있었다.

강연 내용을 《총조화》 19호에서 확인해 보니 마르크스는 다윈의 《종의 기원》을 보고 놀랐을 거라고 말했다. 제1권을 발표한 뒤에 《종의 기원》을 읽은 마르크스는 자신의 학문이 빈약하게 보인 게 아닐까? 그래서 그런지 제2권을 내지 않은 채 세상을 떠났다. 그러자 엥겔스가 마르크스의 뜻을 이어받아 《자본론》 제2권과 제3권을 출판했다는 이야기를 했다.

강연은 1970년 안보투쟁이 일어나기 1년 전, 도쿄대학 입시가 중지되는 등, 좌익 학생운동이 매우 폭력적으로 변하고 많은 대학 강의실을 활동가들이 점령해서 강의를 할 수 없는 상태에 빠질 무렵이었기 때문에, 외삼촌은 좌익학자의 투쟁주의를 비판하면서 마르크스 이야기를 꺼냈다. 그리고 '엄밀하게 말하자면(상대성원리의) 아인슈타인이 등장할 때까지를 근대라고 생각합니다. 그리고 아인슈타인이 등장하고 우주시대에 들어갔기 때문입니다.' 이런 말도 했다.

외삼촌이 강연을 한 이 제11회 국민 통합의 날 행사위원장은 도쿠가와 무세이(徳川夢声)였다. 행사가 끝난 뒤, 뒤풀이 자리에서 외삼촌은 화술의 달인 도쿠가와 무세이와 어떤 이야기를 나눴을까? 정말 궁금하다. 메이지신궁 참집전에서 요요기 국립 제2체육관으로 장소를 옮긴 '국민 통합의 날' 행사에서는 독설가로 유명세를 떨친 곤 도코(今東光)가 강연을 했다.

스기타 코조(杉田幸三)가 말하길 '나는 야마오카 소하치 그의 강한 의협심에 매력을 느꼈다.'

이 독한 술, 아와모리(泡盛)는 오키나와가 다시 일본의 오키나와 현이 되는 날까지 열지 않겠다

오키나와 반환협정(1971년 6월 조인)을 발효한 1972년 5월, 외삼촌이 아와모리 한 병을 품에 안고 총리 저택에 들어갔다는 정치계 뒷이야기가 그 무렵 구독하던 마이니치 신문 3면에 작게 실려 있었다. 외삼촌은 그때 사토 총리와 국민 통합의 날 운동에서도 동지 같은 관계였기 때문에, 경의를 표하려고 그랬을 거라고 멋대로 해석하며 외삼촌 집 별채에서 살았지만, 특별히 찾아가 보지도 않고 신경 쓰지도 않았다. 하지만, 나중에 《소설 태평양전쟁》(제7권, 제8권)을 읽고 이 아와모리를 가져간 데에는 단순히 경의를 표하는 것 이상의 깊은 의미가 담겨 있었다는 사실을 깨닫고, 나는 감동을 받았다.

소설에는 '우리 집에는 오키나와가 다시 일본의 오키나와 현이 되는 날, 정중하게 포장을 뜯어볼 오키나와 특산 소주 한 통이 있다.' 이렇게 쓰여 있다.(《소설 태평양전쟁》은 반환협정이 발효되기 1년 전인 1971년 가을에 각필되었다)

1962년, 오키나와 출신 킨조 카즈히코(金城和彦)씨로 인해 순

국 오키나와 학도 현창회가 발족되고, 그 뒤 오키나와 전쟁이 종결된 6월 23일을 기념하여 해마다 현창위령제(야스쿠니신사에서)가 열린다. 일찍이 오키나와 전쟁에서 현지 사람들이 어떻게 싸우고, 어떠한 느낌을 가지고 있는가에 대한 이야기를 킨조씨에게 들은 외삼촌은 순국 오키나와 학도 현창회 첫 행사에 참석했다. 그 뒤에도 학도의 위령행사에도 참석했으며 킨조씨를 통해, 고향 오키나와에서 전쟁이 끝난 직후부터 위령제와 관련된 일을 헌신적으로 계속하고 있던 킨조씨의 아버지 킨조와신(金城和信)과 교류를 하기도 했다. '소설 태평양전쟁'에는, 부군이 오키나와 특산 소주 한 병을 들고 외삼촌 댁에 방문했을 때를 묘사한 부분도 나온다.

그것은 아직 주권이 회복되기 전 1950년, 1951년에 생긴 일로, 아버지는 '나라를 위해 목숨을 바친 청순한 소년 소녀의 영혼만 야스쿠니신사에 합사'와 '오키나와 조국으로 복국' 이 두 가지를 바라셨다고 한다. '이야기를 들으면서 나는 몇 번이나 통곡했다.' '적은 힘으로나마 겨우 약속을 하고 이별을 했다'는 글을 소설에서 찾아볼 수가 있다. '두 가지 목적이 이루어진 날, 나는 선물 받은 이 술을 꺼내어 건배를 하리라'고 약속했다고 한다.

야스쿠니신사로의 합사라는 꿈이 실현되고 나서 10년 뒤, '사토총리의 그 엄청난 열성으로' 오키나와 반환의 길이 열렸다고 생각한 외삼촌은, 조국의 복귀가 실현되자마자 오키나와 특산 소주를 품에 안고서 수상 저택을 방문했다. 외삼촌은 '고지식함'을 나타내는 이야기라 생각하고 조금은 감동하셨다. '오키나와의 결전 전야', '오키나와 전쟁, 신뢰(神雷) 출격!', '미군이 상륙한다!', '오키나와현 사람들은 이렇게 싸워라.', '오키나와에 타오른 죽음의 전쟁 불기둥!' 등등 한 장 한 장을 집필하면서, 주민들과 함께 싸웠던 오키나와 전쟁의 참혹함에 외삼촌은 얼마나 전율을 느끼며, 통곡하셨을까?

카노야시(鹿屋市)에 있는 특공기지(카고시마현)에서도 '맞서 싸우는 오키나와 주민들과 동포부대의 고생을 떠올리며 다시는 이 땅에 돌아오지 못할 하늘로 날아오르는 젊은이들의 모습'을 눈으로 직접 본 외삼촌은 전쟁이 끝난 뒤, '온 섬 곳곳에서 개최된 강연에서 오키나와 현 시민들의 엄청난 희생과 그 시민들을 구하려고 하나 둘씩 죽음의 여행길에 오른 젊은 전우들을 생각하니 가슴이 턱 막히고, 몇 번인가 단상에 선 채 움직이지 못했던 기억이 있다. / 나 또한 종군을 했던 것만 같은 착각이 일어날 만큼 오키나와의 지리도 인정도, 애달프도록 온몸에 깊이 아로새겨져 있다.(제7권)' 이렇게 회상한다.

'오키나와 현 시민들의 수난은 말로 다 표현할 수 없다. 본토에서 이에 협력하는 척만 했다는 현실에, 한 작가의 인생관을 변화시켜버릴 만큼 더없이 격렬했다'는 특공작전이 재차 문제화되고 있었다(제8권). '이오섬이 도쿄부 쿄바시 관청의 소관이었던 것처럼, 그때는 2부(府) 13현(縣) 중 하나였던 오키나와 현은 틀림없이 우리 일본열도 최남단의 본토였다.' 오키나와전쟁은 첫 번째 전쟁이 일어난 이오섬에서의 옥쇄전에서 두 번째 본토 결전으로 이어지고 큐슈 각지에서 오키나와 해역의 미국 함대를 향해 특공기를 계속 투입했다. '오키나와 전쟁은 본토 결전이 아니라며 구별해서 생각하기 쉽다. / 이러한 구별은, 오키나와 현 시민들에게 참을 수 없는 불만이었고, 불쾌했을 게 분명하다. 본토결전과 오키나와전쟁을 구별해야 했던 것은 막다른 곳에 몰린 그 당시 최고 통수부의 작전용어로, 실제로는 이것이 본토전쟁 2회전이었음을 명기해둘 필요가 있다고 생각한다.(제7권)'

전집의 상세연보 중 1968년 항목에는 '10월 28일~1주일 소설 태평양전쟁 취재를 위해서 오키나와로'가 있다. 문헌자료를 당연히 보충해야 한다. 현지에도 다시 가서 취재기자의 냉정한 눈으로 해안선의 모양, 사변의 폭, 언덕의 굴곡, 방위, 동굴의 안길이, 그 넓이 등을 정확하게 확인하고 더 나아가서는 체험담에도 귀를 기울였는데, 어느 순간 갑자기 흐느껴 우는 외삼촌을 보고 고향을 안내해주는 사람은 놀라지 않았을까? 눈물이 함께한 취재여행이 되었을 것이다.

또, 상세연표 중 1970년 항목에는, '세 번 오키나와를 방문하여'를 다룬 류큐(琉球) 신문 4월 10일 자가 나와 있다. 물론 아직 미국의 시정권 아래에 있던 오키나와였다.

앞서 쓴, 외삼촌이 회장직을 맡은 '주권회복 20주년 기념국민

대회'(메이지신궁 참집전에서)가 개최된 것은 1972년 5월16일로, 오키나와 반환협정발효 다음날이었다. 본토점령통치종료보다 20년이 늦었고 보다 다양한 어려운 문제를 가지고 있었지만, '오키나와가 다시 일본의 오키나와 현이 되었다'는 것은 그 전제로 일본의 '주권회복'이 있었기 때문이라 할 수 있다. 그 주권회복 또한 다른 나라들과 비교해 보면 여전히 만전을 기하고 있다 말할 수 없다고 해도, 그 모든 일은 여기서부터 시작된다.

자신의 저서에 외삼촌 소하치를 스승으로 섬겼다는 글을 남기곤 하던 '연보'의 필자, 스기타 코조씨는 '1945년 전쟁이 끝난 뒤 어느 날', 23살 나이에 39살 외삼촌을 방문했다고 한다. 그 뒤, 30여년에 걸쳐 알고 지냈지만, '저에게는 협기 있는 강인함이 야마오카 소하치의 매력이라 생각되었습니다.' 이렇게 회상했다.(야마오카 소하치 저서 〈역사담화 도쿠가와 이에야스 해설〉(마이니치신문, 1982년 간행) '협기'라는 표현은 조금 고풍스러운 느낌이 들어 사전에서 찾아보자, '의협심'이라고 나와 있었다. '권세나 강자에게 굴복하지 않고 약자를 도와 정의를 행하는 마음(다이지린 사전)'이라 나와 있고, '강자를 꺾고, 약한 자를 도와주려는 마음씨(히로지텐 제3판)'라 했다. 과연, '협기'는 그런 뜻이구나하고 납득했다.

소설가가 일부러 소설이라 제목을 단 작품
《소설 태평양전쟁》과 《소설 메이지천황》

《도쿠가와 이에야스》는 1950년부터 1967년까지 계속해서 써 내려갔지만, 《소설 태평양전쟁》 집필 시기는 《도쿠가와 이에야스》와 5년 가까이 겹쳐진다. 게다가 《소설 태평양전쟁》이 연재되고 난 다음 1963년 8월부터 1968년 9월까지 "주부와 생활" 잡지에 게재, 집필된 시기는 《도쿠가와 이에야스》 4년 쯤 중복되는 《소설 메이지천황》이다. 이 또한 외삼촌이 말씀하셨기에 못보고 지나칠 수 없는 작품이라 생각한다. 그토록 고대했던 황태자, 사치노미야(祐宮 뒷날 메이지천황)의 탄생부터 시작하여 부친 고메이 천황의 승하, 그리고 새로운 천황의 계승까지 쓰고 붓을 놓았다.

외삼촌께서 '이 3작품은 이른바 내 3부작이다.' 이렇게 자신의 뜻을 쓴 글을 읽어본 적이 있다. 그때는 '응? 3부작?' 이런 생각이 들면서 계속 신경이 쓰였지만, 사전에서 3부작의 의미를 찾아보니, '독립하면서 상호적으로 관련이 있으며 하나로 정리되는 3개의 작품(다이지린 사전)'이라 나와 있었기 때문에 '과연, 대중소설이라도 3부작은 있겠지.' 이렇게 납득할 수 있었다. 이 세 작품은 4년 가까이 집필시기가 겹친다. 이 세 작품에 공통되는 것이 무엇일까 생각해보니, 역시 《도쿠가와 이에야스》 제1권 '맺음말'에 있는 과거 사람들의 모습에서 다음 세대의 빛을 모색해 가는 이상적인 소설이라 기록되어 있었다.

역사적 사실들을 하나하나 밟아 나아가면서도 외삼촌은 《소설 태평양전쟁》을 써나감으로써 스스로의 생각과 바람, 그리고 자신을 속속들이 드러내었다. 《소설 메이지천황》에서 미국의 페리 제독이 이끄는 미국의 군함 한척이 일본 근해에 출현, 일본의 개항을 요구함에 따라 막부 끝 무렵 정치 판국과 메이지유신에 대한 태동을 그려낸 부분에는 외삼촌의 국체관, 문명관이 여기저기에 배어 있었다. 그러므로 '소설' 이라는 두 문자를 사용한 게 아닐까? 소설가가 일부러 '소설'을 거부하는 것도 기묘한 이야기이지만 외삼촌이 보기에도 그만큼 어느 쪽에 쓰던 내용이 무겁다는 것을 알고 있었기 때문이리라. 복받쳐 오르는 심정을 글로 써내지 않을 수 없었을 것이다. 이런 것들에 외삼촌의 생활방식이 드러나 있는 것만 같다.

《소설 메이지천황》은 단행본이 나왔을 때(1968년 가을) 바로 읽었는데 소설 형태로 쓴 막부유신의 정신을 담은 역사책이라는 느낌을 받았다. 최근, 다시 전3권을 훑어보며 한 번 더 그런 느낌을 강하게 받았다. 예를 들면 다음과 같은 부분이 있다.

고메이 천황의 양이 외골수 정신이란 무슨 뜻일까? 오랑캐를 싫어하는 사람들의 시대의 추세를 모르는 고집이라는 평판을 받기도 한다. 그렇지만 그런 차원의 문제가 아니었다. 그들이 가진 문명의 본질은 침략과 정복이라는 다른 민족의 희생 위에 성립한다. 이에 굴복하는 일은 부정에 참여하는 것이며 진리를 가벼이 여기는 것이나 마찬가지다. 진리를 섬기며, 자신 또한 진리로 있으려는 고메이 천황은 어디까지나 양이라는 문자로 표현한 일본민족의 양심을 굽히려고 하지 않았다. 그런 의미로 조정(제사)과 막부(정치)의 관계를 자세히 설명했다. 또 바다를 건너 해외로 가는 일을 금지했는데 이를 시도하려고 흑선을 타러 시모다(下田)를 향해 가던 쵸슈번(長州藩) 출신 요시다 쇼인(吉田松陰)을 배웅하기 위해 모인 동지들의 기분을 '그들 마음속에서는 부정을 증오하는 붉은 피가 부글부글 소리를 내면서 흐르고 있었다./ 그들에게 페리는 용서할 수 없는 무례한 오랑캐였지만, 페리를 허락한 막부는 더욱더 용서할 수 없는 무능하고 일정한 주관이 없는 존재로 보였다.' 묘사했다. 존양파의 지사이면서 가인이었던 사쿠라 아즈마오(佐久良東雄)의 입을 빌려, '애당초 지금은 서둘러 나라의 자세를 바로 세워야 한다. 게다가 여러 다이묘(大名)의 힘을 빌려서 일을 해서는 안 된다. 그렇게 하면 반드시, 도쿠가와 막부를 대신 할 모리(毛利) 막부나 시마즈(島津) 막부가 생길 수도 있다.'라고 말했다.

다음과 같은 문장도 있다.

1854년 4월 6일, 막부가 미국과 화친조약체결을 황제에게 알린 다음 날 일로, 정원 나무 해충을 퇴치하던 불이 번져서 우치우라(内裏, 천황이 사는 대궐)까지 불이 붙었다. 에도시대에 들어와 6번째 일어난 일이다. 피난을 하려고 급하게 나이시도코로(内侍所, 세 가지 신기(神器) 중 하나, 긴 거울)을 가지고 교토(京都)에 있는 시타카모(下加茂) 신사로 갔다. 그리고 쇼고인(聖護院)에 도읍을 옮긴 고메이 천황은 아들 사치노미야를 곁에 두었다. 이는 비단 사랑했기 때문만은 아니었다. 이런 비상사태가 일어난 시기이니 나이시도코로와 주상(천황의 존칭), 그리고 남자후손인 어린 황자를 곁에 두어 황실이 무사하다는 사실을 확인하고 싶었기 때문이다. 40년도 훨씬 전에 읽었을 때는 대강 훑어봤지만, 다시 읽어보니 남자후손인 어린 황자를 이야기하는 구절은 주목해야 할 부분이 아닐까 생각했다.

그리고 천황의 거처를 재건하는 사업에는 러시아와의 외교에서 수완을 발휘했던 감정봉행인 가와지 도시아키라(川路聖謨)가 관여한다. 천황의 새 거처는 '사상가 다카야마 히코쿠로(高山彦九郎)가 산조 다리에서 통곡할 만큼' 초라하지는 않았다. 감정봉행으로서 천황의 새 거처를 실지 답사하기 위해 수도로 올라간 가와지는 토담 바깥쪽에서 천황의 거처를 바라보며 다음과 같이 노래했다고 한다.

무사시노의 수천 장 풀잎 끝에 맺힌 이슬처럼 사그라진 궁궐을 우러러보네

가와지는 '당시 막부에서는 숨길 수 없는 뛰어난 인재였다.', '순수하게 황실을 존경하고 사모하는 유능한 관리였다.'라며 '이 또한 메이지 유신의 길목에 선 막부 신하들의 일반적인 마음가짐을 기억하며 잊지 말아야 한다'고 했다. 메이지 유신을 일으키기 전날 밤, 외교방침을 둘러싼 엇갈림부터 조정과 막부 관계는 서서히 불화가 표면화되고 있었는데, 그와는 다른 차원에서 국체(나라의 특색)에 대한 확신에는 조금의 흔들림도 없었다는 사실을 전하려고 했다. 나중에 가와지는 에도성을 개성한다는 소식을 접하자마자 도쿠가와 막부를 위해 총탄과 검으로 장렬하게 자결했다. 그런 가와지를 보면 '토담 밖에서 바라만 보고서도 그날 일기에 이런 시 한수를 적어 놓았으므로 당시 막부 신하들의 심정은 결코 황실을 반대하는 뜻은 없었다는 것은 명백하다.' 이렇게 기술한다.

이 화재는 교토 시내의 민가로도 퍼져 막부(교토 쇼시다이)는 이재민들에게 하루 쌀 4홉을 배급하고, 목재의 가격 인상을 금지했으며, 일용품 도입을 꾀해 부흥에 힘썼다고 한다. '이 일을 오늘날에 다시 보면, 천벌과도 같았던 엄청난 화재 때문에 사실은 황실과 막부 사이에 따뜻한 인정이 오갔다는 것이다.', '칙허를 기다리지 않고 페리가 활개치는 것을 허락하고 만, 그 약점이 두려움이 되어 '수도 재건'에 지성을 피력하는 원인이 되었다. / 그리고 그 때문에 나중에 막부 타도와 천황을 숭상하는 격한 대립 밑에 증오하려 해도 증오할 수 없는 정을 한

점 남기고, 결국 일본을 두 나라로 분단시키는 일 없이 메이지 유신을 맞이할 수 있었던 크나큰 동포애의 뿌리가 된 것이다…… / 여기에 유럽풍의 역사관으로는 단정지을 수 없는 일본인의 국체관이 있었던 것이다…….'

더욱이 '천황의 거처를 재건하는 일을 둘러싸고 다시 한 번 커다란 새로운 시대의 싹이 뿌려진다.' 그것은 막부만이 아니라 미토(水戸), 오와리(尾張), 에치젠(越前) 같은 새로운 번 외에, 시마즈(島津), 모리(毛利) 등에 묻혀 있던 존황심을 움직여서 '처음에는 가장 신속하고 가장 재빠르게 복구해나가려는 계획이 중간부터 천황의 권위를 존경하고 숭상하는 식으로 내용을 바꿔 각 다이묘와 황실 사이에 끊기 어려운 친애의 감정을 일으켜 간 것은 그 후에 일어난 메이지 유신에 얼마나 유혈량을 줄이는 원인이 되었는지 헤아릴 수가 없었다…….'

소설은 사치노미야(祐宮 메이지천황)의 후견인이었던 다나카가와치노스케(田中河内介)가 오로지 나라를 위해 힘써 일하는 모습을 중심으로 전개된다. 가와치노스케 자신도 비극적인 말로를 맞이하지만, 페리가 내항하면서 메이지 유신까지 15년간 사이에 일어난 다양한 사건들을 쫓으면서 그 안에 담긴 일본 특유의 청렬한 정신을 관철하고 있다는 것을 말하려고 한다. 대중작가인 야마오카 소하치는 '유럽풍의 역사관으로는 단정지을 수 없는 일본인의 국체관'의 진상과 그 실재를 열정적이며 자세하게 말하고 있다.

소설 종반부에서는 17세로 황위를 계승한 '어린 천황' 메이지 천황이 '황위에 올라 기록한 첫 번째 문서'에 대해 그 전문을 인용하면서 다음과 같이 서술한다.

"처음에 '짐이 유약하여 대통을 잇기가……'로 시작하는 문서의 '백성들 한 사람도 제 몸 둘 곳을 얻지 못한다면 다 짐이 부덕한 탓이니, 오늘로써 짐이 내 살과 뼈를 깎고 마음을 채찍질해 가난의 끝에서……'라는 한 구절을 읽을 때마다 천황의 생애는 정말 이 한 마디를 엄히 실천했다는 것 밖에는 할 말이 없다는 것을 알고 눈물을 금할 수 없다. / 이야말로 어린 천황이 아버지인 고메이 천황에게 그 몸과 영혼에 새겨진 황실의 전통정신의 아름답고 고귀한 참뜻이 아니고 무엇이겠는가. / 그렇다 해도 어린 천황이 만민을 '갓난아기'라 부르고, 가난의 끝에 서려고 한 예가 세계 어느 나라에 있단 말인가? 백성에게 권력을 휘두르는 이 세상의 흔한 군주들과 일본 조정의 자세는 근본적으로 차이가 있으며 지상 유일한 존재이다……."

"문서 속에 담긴 새로운 천황의 뜻이 그대로 측근들의 뜻이 되리라 단정짓기는 어렵다. / 아마도 새 천황은 이 문장 속에 새로운 바람과 결의를 열심히 담아 넣었을 것이다."

'공'보다 좋은 자세를 바라는 외삼촌이 메이지 천황에 대한 정이 얼마나 깊은지 보여주는 한 대목이라고 생각한다.

《소설 메이지 천황》은 소하치 전집(제45권, 제46권), 소하치 역사문고(제86권~제91권) 이 양쪽에서 수록되어 있는데, 〈메이지 천황〉이 되어서 잡지에 연재할 때와 단행본에 있었던 '소설'이라는 두 글자가 빠져 있다. 외삼촌은 의미도 없이 '소설'을 문자를 붙였을 거라고 생각하지 않는다.

참고로 《소설 메이지 천황》을 연재한 잡지 〈주부와 생활〉의 발행처는 주부와생활사인데, 그 창업자인 오오시마 히데이치(大島秀一) 사장은 니가타현 마키마치(新潟県巻町)(현재 니가타시) 출신으로 외삼촌보다 10살이 많았다. 같은 니가타 현 사람이라 교류도 있었을 것이다. 오오시마 씨는 1955년대까지 중의원을 3선 연임했다. 당시 중선거구제에서는 니가타현 제1구 선출로 내가 태어난 구 고이데마치(小出町)는 니가타현 제3구였지만 '오오시마 히데이치'라는 이름은 신문 읽기를 좋아한 중학생의 머릿속에 깊이 새겨졌다.

'야마오카 소하치 고향'의 비석 제막

혼백의 새로운 의대, '명예시민' 칭호 추증

2010년 11월 3일, 외삼촌의 고향 우오누마시에서 '야마오카 소하치 탄생지지'라고 새겨져 있는 비석이 제막되었다. 시내의 '효게소 유노타니·미유키의 고향'에 세워진 이 비석은 야마오카소하치 현창회가 힘써준 덕분으로 도쿠가와 이에야스 가문 18대인 도쿠가와 츠네나리씨가 휘호했다. 외삼촌의 소설은 《도쿠가와 이에야스》 뿐만 아니라 《도쿠가와 요시노부》(동경신문에 연재 될 당시 〈사혼산맥〉이라는 제목으로 〈도쿠가와 요시노부〉라는 부제가 붙어 있었다.)와 《도쿠가와 이에미쓰》도 있다. 가족의 한 사람으로써 감사하다는 말 밖에 드릴 말씀이 없지만 돌아가신 부모 이야기를 할 때에 눈물을 보이며 녹다 남은 눈을 보며 오열하는 외삼촌 고향에서 보내진 값진 선물이었다. 외삼촌의 마음속을 다시 한 번 헤아리지 못했다. '국화를 담그고……'는 구절을 세긴 야마오카 소하치 문장 현창비석에 이어 혼백의 새로운 의대가 됨이 틀림없다.

야마오카 소하치 탄생지지 비석이 11월 3일 제막된 것은 나에게는 의미 있게 생각 되었다. 고등소학교 2학년, 14살이었던 외삼촌은 부모와 학교 선생님의 반대를 무릅쓰고 도쿄로 여행을 떠난 날이 1920년 11월 3일이었기 때문이다.

딱 9년 전 가을, 고향을 등진 야마우치 소우쬬 소년이 '야마오카 소우치'가 되어 세상과 교류했음을 추상하는 비석이 여행을 떠난 날과 같은 날 고향에 제막되었다.

그리고 더할 나위 없이 고마웠던 것은 헤이세이 22년(2010년) 이 외삼촌의 33주기인 것도 있었고, 비석이 제막되기 전, 6월 15일 시의회가 외삼촌을 '명예시민'이라는 칭호로 추증할 것을 결정했다. 지금에 오기까지 많은 분들이 힘을 써주신 덕분임에 감사할 따름이다. 만약 이 사실을 실제로 전달할 수 있었다면 외삼촌은 어떤 표정을 지으셨을까. '고향'에 비석을 세움과 더불어 최고의 선물을 부끄러워하면서도 금세 눈물을 흘리며 그 큰 콧수염을 적시지 않았을까. 우오누마시 홈페이지 '명예시민'에는 다음과 같이 기재되어 있다.

마오카 소하치(고인)

작가

야마오카 소하치(본명 후지노 쇼지)는 1907년 구북우오누마군코이데 마을 사나시에서 태어났다. 고등소학교를 졸업하고 뜻을 품고 상경해 격동의 사회 속에서 많은 문예작품을 남기고 72살로 생애를 마쳤다. 야마오카 소하치는 72살 생애 중 소설 《도쿠가와 이에야스》를 시작으로 수십편에 달하는 유명한 장편역사소설을 집필하고 단편분야에서도 우수한 작품이 많은 작가였다고 평가되어 하세가와신 상, 요시가와 에이지 문학상 등을 수상했다. 그중에서도 《봄 언덕길》, 《애꾸눈 마사무네》 《도쿠가와 이에야스》 세 편의 소설은 NHK 대하드라마로 제작되었다. 또 다른 분야에서도, 천황 재위50년 봉축실행위원장을 맡거나 가든파티에 3번이나 초대 받는 등 이례적인 활약을 해주었다. 긴 세월동안 쌓아 올린 탁월한 공적보다도 1973년에 자수포장〔紫綬褒章, 학문·예술 등에 공적이 있는 사람에게 정부가 주는 자줏빛 리본이 달린 기장(記章)〕을 수상하고, 1978년에는 종4위(従四位) 공훈 2등 서보장을 선사받았다.

2010년 6월 15일 우오누마시 명예시민칭호 수여결정

외삼촌의 마음속을 생각하고, 하나 덧붙여 말하자면, '1964년 1월 10일 신춘행사의 정월 중순 궁중에서 열리는, 그해 첫 와카(和歌) 발표회 의식'에 귀인들과 같이 참석했던 적이 있다. 이세(伊勢) 신궁의 제60회 신령을 옮기는 의식에 즈음하여, 나라에 큰일이 있을 때에 밤중에 입궐하는 신하를 위하여 대궐의 뜰에 피우던 화톳불이 해주는 봉사를 지시받는 것과 같은, 감격적인 일임에 틀림없다고 생각하기 때문이다. 이 때 제목은 '종이'로 신문의 축쇄판을 본다면, 후나하시 세이이치(舟橋聖一)씨, 이토 세(伊藤整)씨, 아리요시 사와코(有吉佐和子)씨들도 귀인들과 참가했다.

처음에는 아주 작은 오해였는데…

슬프도다, 모든 것이 외삼촌이 저지른 불상사가 되어버리고 말았다

고향에 새로 세운 비석에는 감사를 뜻하는 말밖에 없었다. 집안일이기는 하지만, 어머니(쇼와 62년(1987년) 세상을 떠남)에게는 비석 제막식과 관련해서 '작은 오해'에서 생겨난 불쾌한 경험이 있었다.

쇼와 56년(1981년) 12월, 옛 코이데마치 무카이야마(向山)에서 야마오카 소하치 문학표창비석 제막식 날, 도쿄에서 수양딸 호즈에 부부가 온 것은 다행스러운 일이었다. 제막식 며칠 전에 받은 전화에서 '그날은 가까운 온천에 머무를 예정'이라는 말을 들은 어머니는 재빨리 외삼촌이 이전에 몇 번이나 숙박을 하고 '어머니 세이'와도 묵은 적이 있는 다이유 온천(大湯溫泉)의 어느 여관을 예약했다. 나도 어렸을 때 할머니를 따라 이곳에 묵은 적이 있다. 그런데 그녀들이 묵으려고 한 여관은 모랄로지(도덕과학) 연구소를 맨 처음 만든 히로이케 치쿠로(広池千九郎) 박사가 온천이나 약초를 넣은 목욕탕에서 몸을 치료하기 위해 이용했던 도치오마타(栃尾又) 온천이었다. 다이유 온천에서 2킬로미터쯤 들어간 곳에 있는 소박한 온천이었다. 그것

을 알고 어머니는 황급히 예약을 취소했다.

그 2년 뒤에 참의원 선거에 수양딸의 남편 후지노 켄지(藤野賢二)[(본디 성씨는 '가네코(金子)']는 '야마오카 겐지(山岡賢次)'라는 이름으로 전국비례구에서 출마하여 당선된다. 그것은 모랄로지연구소와 일본 신흥종교인 입정교성회(立正佼成会)[앞서 말한 바와 같이 그때 니와노닛쿄(庭野日敬)회장은 니카타 현 토오카마치(十日町) 출신으로 "국민 통합의 날" 식전을 주최한 사단법인일본회 이사이기도 해서 외삼촌과도 교류했다]의 지원을 받고 있었기 때문이었다. '켄지(賢次)'라는 이름도 니와노 회장이 추천했다고 한다. 비석 제막식 즈음에는 출마에 대한 이야기가 은밀하게 진행되고 있었으리라 생각이 든다.

그녀들의 입장에서 보면, 도치오마타 온천에서 하루 묵는 것은 모랄로지 연구소 관계자에 대한 '여행담'을 만들려는 것뿐이었으리라. 외삼촌은 히로이케 박사의 사상과 이상에 공감하고 대중작가로서의 양심과 마음가짐에서 히로이케 치쿠로우 전기 『타오르는 궤도』를 집필했을 테지만, 그 노년에 외삼촌이 죽을힘을 다해 애써 만든 작품이 출마에 '활용'된 것이다.

슬프게도 어머니는 형, 쇼조(소하치)에게 초점을 맞추고 있었기 때문에, 가까운 온천이라 하면 다이유 온천 밖에 생각하지 못했던 것이다. 바로 그곳에 '작은' 이윽고 '큰 오해'가 되어버리고 마는 복선이 있었다.

집필명 '야마오카 소하치'를 발판 삼아 야마오카 아무개라 말하며 당선된 일을 저 세상에 계신 외삼촌은 '대단한 걸 해냈구나. 모든 걸 편리할 대로 이용했어.' 쓴웃음을 짓고 계시리라. 벌레라도 씹은 듯 못마땅한 표정으로 '당하고 만 것인가!' 눈살을 찌푸리며 어쩔 수 없는 녀석들이라 말씀하시겠지. 여기까지는 상상할 수 있는 영역이지만, 호적을 바꾸어 본디 성씨를 '후지노'에서 '야마오카'로 바꾼 사실을 아신다면, 하늘을 찌를 듯이 노발대발하실 것이다. 그 모습이 눈에 선하다. 내 인생을 짓밟는 데도 정도가 있지! '야마오카 소하치라는 이름으로 돈을 벌고 후지노 쇼조라는 이름으로 세금을 낸다' 이렇게 글을 쓰거나 말씀하시던 외삼촌이다. '후지노 쇼조'라는 이름으로 세상을 떠난 외삼촌이다. 무엇보다도 당당하게 살아가고자 했던 외삼촌이다.

외숙모 후지노 히데코(藤野秀子)의 필명이 '야마오카 미치에(山岡道枝)'라는 것을 앞에서도 말했지만, 내가 몇 번 받은 편지는 후지노 히데코에게 받은 것도 있었고, 야마오카 미치에 이름으로 받은 것도 있다. 소설가 집안의 풍류적인 마음(?)도 있었겠지만, 수양딸 후지노 와카코(藤野稚子)를 통칭하는 이름은 '야마오카 호즈에(山岡秀江)'이다. 그 화류계 예명을 받은 '카류 나오하치(花柳直八)'라는 이름에 '나오(直)'가 친아버지(외숙모의 남동생) 이름의 한 글자인 것처럼, '야마오카 호즈에'의 호즈(秀)는 양어머니 히데코에서 가져온 것이리라. 물론 외삼촌이 생각한 것이 틀림없다. 이런 흐름으로 통칭을 대는 경우가 있을까 하면 '후지노 켄지'라고 외삼촌이 지은 이름은 '야마오카 켄지(山岡賢次)'가 아닌 '야마오카 켄지(山岡賢司)'였다. ('야마오카 호즈에'는 본명 '와카코'에 미련이 있었던 것인지, '야마오카'라는 성을 얻고서는 '야마오카 와카코'라 한 모양이다).

나는 2009년 3월 , "주간신초(週刊新潮)"에 금전 스캔들을 알린 가십기사를 통해, '야마오카 켄지(山岡賢次)' '개명'한 사실을 알았다. 그것은 상당히 오래 전의 일이었다. 물론 가정재판소가 인정했지만, 1988년 3월, 법무정무차관을 역임하던 때였다고 한다.

통칭이라고만 생각하고 있었기 때문에 그것이 본명이 되었다는 사실을 알았을 때는 놀랍고 어처구니가 없었다. 변호사 친구에게 물어보니, 흔하지 않은 경우라고 답했다. 나는 국회에서 의석을 노리는 만큼 그만한 국가적 경론(經論) 이 있을 것이기에 언젠가 승부를 겨루는 때가 오면, 그때는 통칭으로는 안타깝게 승부를 겨루기 어려우리라 생각했다. 의석을 얻고 처음은 가명 '야마오카'가 도움이 되지만, 진심으로 남자가 일을 할 때 '야마오카'는 방해가 되리라 늘 생각했다. '야마오카'가 부담이 될 날이 올 것이라 오랫동안 생각했다.

그런데 실제로는 반대로 '후지노'가 방해를 했다. 인생관의 차이라고 말하면 그뿐이지만 참으로 슬픈 현실이다.

한때, 각료가 되었기에 다른 몇 가지 금전 스캔들과 함께 '의심스러운 개명'이 국회에서 문제시되는 결과를 낳았다. 이런 곳에 '야마오카 소하치' 이름이 몇 번이고 나온단 말인가, 우연히 본 텔레비전 국회중계에 마음이 슬퍼졌다. 아무 생각 없이 텔레비전 전원을 켰는데, 위원회 심의 모습이 중계되고 있었다. "야마오카"라는 말이 오갈 때마다 이루 말로 표현할 수 없는 불쾌감에 사로잡혔다. 외삼촌 소하지가 가볍게 취급되는 것 같아 참을 수가 없었다.

세상살이에 편리한 지혜를 짜냈을 테지만, 외삼촌이 가장 싫어했던 삶의 방식이었다. 외삼촌을 잘 아는 사람이 있었다면, '"야마오카 소하치"라는 사람이 큰 틈을 만들었어' 이렇게 말하리라. 예로부터 '소인(小人)에게 죄가 없으나, 분수에 맞지 않는 재물을 지니면, 자칫 잘못을 저지르기 쉽다'는 말이 있는데, 혹시나 해서 관용어구 사전을 보니 춘추좌씨전(春秋左氏傳)씨전에 나온 어구로 '품성이 낮다고 해서 처음부터 죄를 저지르는 것이 아니라, 단지, 분수에 맞지 않는 재물을 가지니까 죄를 저지르게 된다'고 나와 있었다.

여기서 유추하면, 분수에 맞지 않는 '보물'을 가졌던 외삼촌의 잘못이 되어버린다. 모든 것이 외삼촌 소하치가 저지른 불상사가 되어버리는 것이 슬프다. 그것을 모르는 것이 더욱 슬프다. 외삼촌에게 매달려서 날마다 외삼촌을 질질 끌어 내리는 것처럼 보였다. '사람의 진가는 죽은 뒤에 정해진다'는 어구도 있는데, 다음 세대의 말과 행동이 고인에 대한 평가와 관계가 없다고는 누가 말해준단 말인가?

본디 자기의 필명이나 예명이 있고 그것이 아무리 세상에 퍼져나간다 하더라도 그것을 본명으로 삼아야겠다고 생각하는 사람은 없을 것이다. 더구나 의붓아버지의 필명이다. 아니, 의붓아버지이기에, 그 명예를 해치면서까지 이용한다. 유권자의 관심을 끌기 위해서 '야마오카'라고 이름을 댄 것뿐이라면 볼품없고 불쾌하기는 하지만, 아직 인간미가 있다(지금은 '야마오카 소하치'를 아는 사람은 그리 많지 않으리라). 하지만, 호적을 고쳐버리면 차원이 달라진다. 놀라움 이상으로 연민의 정을 느끼는 것은 나뿐일까? 처음 지원을 해주었던 모랄로지 연구소도 입정교성회도 망신을 당할 것이다. 평상시, 회원들에게 말하는 것과 정반대인 일을 당해버린 것이기 때문이다. 참의원 2기째에 중의원으로 전향할 때도 이런저런 좋지 않은 소문이 있었지만, 두 단체 모두 설마 지원을 계속하지는 않을 것이다.

세상을 향해 '아버지의 후계자', '아버지가 남긴 뜻을 잇는다' 이러한 것을 말하거나 쓰는 것은 아주 쉽다. 그러나 그 진가, 그 진위만큼은 '후지노'를 짓밟는 한 가지 일을 본 것만으로 충분할 것이다. 입으로는 어떤 말이든 할 수 있지만, 행실의 근본이 어긋나 있다. 금전 의혹이 있다는 것은 의논할 가치가 없다. 남의 집안일에 대한 자세한 사정까지 관심을 갖는 사람은 적다고 생각하기에, '아버지가 남긴 뜻을 잇는다' 이처럼 좋은 말은 잠깐 세상에 통할지 모른다. 그러나 무슨 일이든 간에 자기 스스로를 속이는 것은 어느 누구도 할 수 없다.

내 자신의 품성이 의심받는 것만 같아서 이 일에는 진심으로 나서고 싶지 않았다. 하지만 '내 안의 야마오카 소하치'를 쓰는 이상, 거기에서 흐르는 '순수한' 눈물을 실제로 본 이상, 참을 수가 없었다. '이봐, 타케오(健生), 그런 뻔한 일은 쓰지 않아도 돼. 세상 사람들은 훤히 내다보고 있어. 아는 사람은 알고 있지. 날 부끄럽게 만들지 말거라!' 외삼촌의 고함 소리가 들려오는 것만 같아 도무지 견딜 수가 없다. 내 마음 속 한가운데 때때로 싹트는 심상 풍경을 글로 쓰면 위와 같다.

'야마오카 소하치 그러니까 후지노 쇼조는……'
외삼촌이 직접 쓴 묘비문

결국 외삼촌 부부는 연고자 없는 무덤에서 잠든 걸까?

외삼촌은 후지노 양어머니가 돌아가신 이듬해(1965년), 묘를 가와사키 시(川崎市) 북부에 있는 묘지에 만들었다. 그때 '후지노 집안 묘', '야마우치 집안 묘' 비석 둘을 나란히 세우고, 다음과 같은 비문을 썼다.

기록(誌)
야마오카 소하치 그러니까 후지노 쇼조는
호쿠에츠(北越) 코이데 야마우치 집안에서 태어나
카가(加賀) 아타카의 후지노 집안에 들어갔다.
1964년 1월 27일
양어머니 세키 세상을 떠나고
여기에 유골을 안치한다.
아내 히데코와 함께 두 집안 조상 혼령을
아울러 공양하며 언젠가 나 자신도
이 땅에 잠들리라.

1965년 1월

야마오카 소하치

13년 뒤, 야마오카 소하치 그러니까 후지노 쇼조의 유골도 이 묘지에 안치하게 된다. 그때, 아내 히데코는 다음과 같은 말을 묘비에 새겼다.

산코인석소하치진덕이사(山岡院釈荘八真德居士) 생전이름 후지노 쇼조 1978년 9월 30일 세상을 떠남. 향년71세

위의 법명인 '산코인(山岡院)'과 진덕이사(真德居士)는 세상을 떠났을 때 새로이 부여한 이름으로 '석소하치(釈荘八)'는 외삼촌이 종군하셨을 때 스스로 붙인 호다. 외삼촌이 데릴사위로 결혼하기 전에 양아버지는 이미 돌아가셨지만, 정토종 신자였다는 이유로 스스로에게 호를 붙이고 전쟁터로 길을 떠났다. 이 일로 좀 마음이 편안해졌다고 쓴 글을 어디선가 읽은 적이 있다. 외삼촌댁 불단에 검은 제단(?)에 작은 위패가 있고, 거기에 빨갛게 석소하치(釈荘八)라는 글자가 쓰여 있는 것을 직접 봤다.

외삼촌 장례를 치른 그 다음해에는 아내 히데코의 유골도 안치했다. 그렇지만 지금은 본디 후지노 쇼조, 후지노 히데코 부부의 제사를 지내야 하는 후지노 집안은 없어졌다. 외삼촌 부부 묘지는 연고자 없는 무덤이 되어 버리는 것일까? 현재

'야마오카 집안'이라는 표식이 묘지 입구에 있지만 외삼촌 부부의 유골을 납골한 무렵에는 없었다.

스스로 묘지에 '카가 아타카(지명)의 후지노 집안에 잠들다'라고 적은 외삼촌은 양어머니 에키(益)의 배우자(신슈 사원真宗寺院의 승려) 33주기 법요를 거행하고 있었다. 1955년즈음이라 생각하지만 안내를 받은 아버지가 참가하고 있었다. 당시의 나는 초등학생이었지만, 그 뒤에도 조에츠센(上越線) 철도 노선에 포함되어 있는 코이데 마을에서 미야우치(宮内, 나카오카(長岡)현)마을과 나오에츠(直江津)마을을 지나, 이시카와현(石川県) 고마츠(小松)마을까지 이어지는 신에츠(信越)노선과 호쿠리쿠(北陸)노선을 경유하는 긴 여행을 아버지가 몇 번이나 즐겁게 이야기하셨기에 잘 기억하고 있다. 후지노 가문에 데릴사위로 들어간 외삼촌은 지극히 당연한 일로써 '후지노' 집안을 중요시했다. 아무튼 외삼촌은 '후지노 쇼조'로 인생을 마무리한 것이다.

그러나 후지노 쇼조의 후지노 가문이 없어져도, 생각을 바꿔보면 참된 기도가 있는 곳에 영혼이 하늘을 날아 의지하러 온다는 것이 일본 예부터의 영혼관념이다. 니카타 우오누마에서는 새로운 '야마오카 소하치 탄생지' 비석이 세워졌다. '국화가 흠뻑 젖을 무렵 나는 백성의 아이였다'라고 새겨진 '고향의 비석'도 그곳에 있다. 소하치의 유골(두 군데 이상 묻힌 것 중 하나)이 합장되어 있는 부모님의 묘도 있다. 게다가 감사하게도, 소하치 유카리의 비석이 전국 곳곳에 세워져 있다. 사람들은 그 비석들을 매개체로 외삼촌의 영혼이 일본 각지를 두루 돌아다니고 있다고 생각하고 있다.

아버지의 죽음으로 깨달은 외삼촌의 '고독'

외삼촌에게서 받은 '유카타, 넥타이, 가죽신발'

외삼촌이 돌아가시고 5년이 지난 1983년 10월, 나의 아버지가 74세의 나이로 돌아가셨다. 아버지는 어머니보다 6개월 먼저 태어났지만 어머니와는 동갑이며, 외삼촌과는 세 살 차이였다. 아버지는 옆 마을에서 유서 깊은 농가의 차남으로 성실하고 올곧은 인물이라 할 만한 사람이었다. 그는 술을 마시면 그 지방의 민요를 큰 소리로 부르거나(지금 생각해도 민요 특유의 가락을 잘 살려서 굉장히 잘 불렀다) 말수가 많아지긴 했지만, 평소에는 얌전했다. 아들인 나에게는 어머니 쪽이 이래라저래라 몇 배는 더 시끄러운 편이었다.

나의 소년시절, 집에서 2,3리(里) 정도 떨어진 농가의 딸들이 1,2년 교대로 우리 집에 살면서, 주로 아침 저녁식사의 준비를 도와주었다. 낮에는 마을에 있는 바느질 학교에 다닐 수 있다는 점도 있어서 그런지 그녀들에게 따로 월급을 지급한 것 같지는 않았다. 자가용 차가 보급된 오늘날에는 생각할 수 없는 일이었다. 그 문제 이전에 신부수업을 위해 바느질을 배운다는 생각 자체도 요즘에는 드물어 졌지만, 그 시절에는 딸을 위해서 바느질 수업을 배우게 하는 부모들이 드물지 않았다. 입소

문을 듣고 찾아 와서는 어머니와 이야기한다 싶으면, '그럼, 내년 봄부터……'라는 등의 말을 끝으로 돌아갔다. 할머니를 닮아 강한 면이 있는 어머니는 남의 일에 관심도 많아서, 결혼시기가 약간 늦어진다 싶은 남녀 사이를 이어주거나, 후처를 돌보고는 했었다. 시어머니와의 관계 때문에 고생하고 있는 이웃집 며느리의 불평을 들어주며 위로해 준 적도 있지만, 결코 지나친 참견은 하지 않았다. 중매를 했어도 표면적인 중매인은 다른 사람을 내세우는 면이 있었다. 아버지는 착실하면서 꼼꼼한 성격으로 어머니에 비해 말수가 적었고, 굳이 말하자면 상업가로는 어울리지 않는 사람이었다. 우리 부모님은 속된 말로 하자면 '아내가 힘이 센' 부부였지만, 남편의 위신을 세워야 할 때는 확실히 세워주는 어머니였다.

고향으로 돌아온 외삼촌은 '오, 히데오(秀雄) 잘 지내고 있었니?' 하고 아버지에게 말을 걸었고, 옛 고향의 관례나 풍습에 대해 '아하하핫, 아아, 그렇지, 그렇지. 그런 식이었지'라고 그리운 듯, 즐거운 듯이 술잔을 기울이며 이야기할 때가 많았다. 아버지는 어느 집과 어느 집이 친척이고, 저쪽 집 조상이 어디에서 신부를 데리고 왔는가 하는 그런 이야기를 잘해서, 외삼촌도 '그렇군. 그랬구나. 이제 기억 났어.' 하고 곧잘 맞장구를 쳤다. 하지만 그 정도로 술자리를 끝낼 외삼촌이 아니었기 때문에 큰소리를 치는 것은 한결같이 어머니에게 향했다. 어머니도 그런 호통만 들었던 것은 아니지만, 술을 마실수록 '데릴사위를 얻은 너 같은 제멋대로가 뭘 안다고 그래?' 하고 큰소리를 쳐댔다. 그 호통이 조금 거친 '여동생에 대한 애정표현'이었다는 것은 지금에 와서야 알 수 있었다. 자서전 속에서 외삼촌은 그의 아버지인 다로시치(太郎七)가 눈물이 많다는 이야기를 하면서 그의 성실함과 올곧은 성품에 대해서도 말했는데, 내 아버지에게서 살아계실 적의 자신의 아버지 다로시치의 모습을 보았을지도 모른다. 두 사람 다 집안으로 따지자면 야마우치 집안보다 유서 깊은 집안에서부터 데릴사위로 들어와서 적성에 맞지 않는 장사를 하게 되었기 때문이다.

그런 아버지의 장례식이 일단락되었을 때, 문득 이런 생각이 들었다. 장례(고별식)는 단나사원(壇那寺) 본당에서 거행하여 눈물을 흘리며 아버지를 보내드렸는데, 그날 밤 이웃 사람들이 집에 모여 염불을 외워 주었다. 우오누마 지방에서는 장례식날 밤, 이웃 주민들이 상중인 집에 모여서 염불을 외워주는 풍습이 있다. 이것을 '무상염불(無常念佛)'이라고 한다. 징소리에 맞춰서 염불이 시작되자마자 왈칵 눈물이 쏟아져 나와 1시간도 채 안 되는 시간 동안 나는 딸꾹질을 멈추지 못했다, 예상하지 못한 일로 이렇게까지 울 수 있다는 것에 놀랐다. 고별식 때에 비할 바가 아니었다. 그저 눈물이 흘러나와 멈추지 않았다. 아버지와의 이별이 이처럼 논리와 상관없이 눈물을 불러내는 것인가 놀라울 뿐이었다.

그로부터 며칠 뒤, 5년 전 외삼촌의 장례식 때는 어땠는가

하는 생각이 문득 머릿속을 스쳐 지나갔다. 외삼촌의 장례식 때, 그저 슬퍼서 애달픈 눈물만 흘리는 사람들이 과연 있었는지 의문이 들었기 때문이다.

특히 도쿄에 온 뒤의 일이지만, 나는 외삼촌에게 참 많은 것을 배웠다. 그의 임종에도 입회했다. 먼 옛날 내 뺨에 뺨을 문지를 때면 따끔따끔하던 수염의 아픔도, 과음을 해서 잠든 외삼촌의 손발을 멋대로 주무른 소년시절도, 더운 물을 묽게 탄 술이었던 '미도리카와(緑川)'에 입맛을 다시던 외삼촌의 표정도, 여러 가지 추억이 장례식 때 떠올라 뺨을 적셨다. 그러나 눈물의 양은 아버지의 장례식 때가 그 때의 몇 십 배, 몇 백 배는 더욱 많았다. 몇 천 배라고 해도 좋을 것이다. 그 일들을 생각하면 다른 의미로 지금도 울음이 나올 것만 같다.

나는 지금 오래된 유가타를 입고 있다. 문춘문사극(文春文士劇 : 신문기사, 작가 등 문예작가들을 중심으로 한 연극)을 할 때 극장에서 나눠준 옷으로, 외삼촌이 평소 즐겨 입던 옷이다. 어떤 타이밍에 받았는지 하는 것은 전혀 기억이 나지 않는다. 아마도 외삼촌댁 별채에서 살던 때가 아닐까 싶다. 그 때, '이 옷, 목욕한 뒤에 켄세이가 입을까요?'라고 외숙모가 말씀하셔서 이미 세상을 떠난 아내가 받아 온 옷일 것이다. 또는, 조금 허름했기 때문에 '마사오(將生) 기저귀로 쓸 수 있을까?' 하는 말에 유카타를 받았지만 기저귀로 쓰기에는 아까워 그대로 장롱 깊숙이 처박혀 버린 것일지도 모른다. 확인할 방법은 없지만, 외삼촌 것이라면 무엇이든 내가 고맙게 여길 거라며 아내도 기쁘게 받아왔을 것이다. 41년 전의 일이다.

옷감은 쥐색이고 문양은 벽돌격자로, 아로새겨진 '문춘(文春)'이라는 글자가 하얀색으로 속속들이 물들여져 있었다. 옷을 입으니 집안에 신을 모시는 감실(神棚) 불단을 등지고 거실에서 책상다리로 앉아 있던 외삼촌이 새삼 생각난다.

내가 그의 집을 방문할 때에는 언제나 뒤쪽 현관문을 열고 들어갔다. 대부분의 경우 집안 도우미에게도 다른 누구에게도 들키지 않고 그대로 거실로 들어오기 때문에 외삼촌 입장에서 보면 갑자기 내가 얼굴을 내보이는 게 될 것이다. 내가 장지문을 열면, 서류에서 눈을 떼고는 '타케오구나, 무슨 일이냐?'라고 말하는 듯한 얼굴로 고개를 드는 것이 일상이었다. 그것이 내 눈꺼풀 안에 가장 강하게 새겨져 있는 외삼촌의 모습이다. 집에 있을 때에는 언제나 기모노였다.

외삼촌에게서 받은 넥타이도 있다. 프랑스 국기인 3색기(三色旗) 스프라이트(줄무늬모양)인 것으로, 그때 외삼촌은 드물게 집에 계시지 않았다. 잠시 뒤에 돌아오신 외삼촌이 신사복을 갈아입으시는 것을 곁에서 보고 있자니, 양복전용 장롱(현재는 우리 집에 있다)에서 넥타이를 하나 꺼내 '타케오, 이거 줄게' 하고는 나에게 건네주셨다. 줄무늬 모양의 넥타이는 아침 예복 때 입는 거라 생각했기 때문에 '저 같은 게 줄무늬모양 넥타이를 해도 괜찮습니까?' 하고 묻자, '이 색과 폭 정도의 줄

무늬라면 일하러 갈 때 하고 가도 괜찮아.'라고 하셨다. 내가 학교 선생님이 되어 매일 넥타이를 하고 다닐 무렵이니 44년쯤 전의 일이다. 하지만 지금까지 한 번도 그 넥타이를 입었던 적은 없다. 그 당시 외삼촌은 60대 초반이셨고, 아무리 외삼촌을 동경했어도 26살이었던 내가 매기에는 수수하다고 생각하여 양복장롱 구석에 깊이 넣어 둔 것이다.

지금 다시 보면, 역시나 상당히 얇다. 옛날 넥타이이니 어쩔 수 없다. 하지만 그런 것을 신경 쓰는 나이도 아니기에 이제부터는 가끔씩 이 넥타이를 매고 외출해보려고 한다. 이 넥타이를 매고 교단에 서 볼 것이다.

주문 제작한 갈색 가죽신발도 있다. 이 신발은 내 발이 조금 더 커서, 무리를 하면 들어가기야 하지만 조금 발이 아파와서 신을 수는 없다. 신을 수 없다는 것을 알면서도 받아왔던 것이다. 41년 전, 외삼촌댁에서 떨어진 요코하마(横浜)로 이사 왔을 때, '여기, 잠깐 와봐' 하고 현관까지 끌려가 좋아하는 신발 중에서 아무거나 가져가라고 말씀하신 것이다. 시험 삼아 신어봤지만 그 때도 상당히 딱 맞았다. '타케오는 무슨 무늬가 좋으냐? 역시 갑갑한가? 신발만은 자기 발에 잘 맞지 않으면 안 돼'라고 말하는 외삼촌의 말씀을 알면서도 굳이 신발 한 켤레를 받아온 것이다.

새삼스레 신발장에서 꺼내어 자세히 보니, 왼쪽 구두 안쪽에 '주문신발 전문 도쿄 사우토 신발가게'라는 천으로 된 라벨이 꿰매어져 있었다. 게다가 신발 뒤축에는 작은 압정이 2개 박혀 있었다. 걸을 때마다 또각또각 하며 리드미컬하게 '소리'를 내는 신발이었다. 지금은 고무 재질로 된 뒤축(고무압정)이 일반적이라 생각하지만, 그 당시에는 흔한 것이었다. 외삼촌의 구두소리는 어떤 느낌이었을까, 하는 생각으로 압정을 바라보며 나도 모르게 귀를 기울이고 있었다.

지은이 맺음글

'바나나, 샌드위치, 돈가스'에서 시작된 추억 기록이 설마 '유카타, 넥타이, 가죽신발'로 끝나게 되리라고는 예상하지 못한 일이였다. 쓰기 시작했을 때에는 '유카타, 넥타이, 가죽신발'의 존재는 잊어버려서 머릿속 한 구석에조차 없었다. 처음에는 얼마나 쓸 수 있을지 짐작이 가지 않았고, 솔직히 말해 막연한 마음을 안은 채, '처음' 항목부터 순서대로 쓰기 시작했지만, 써 나아가는 사이에 여러 가지 일들이 잇달아 되살아나서, 나 자신이 놀랐다. 이런 형태의 글이 될 거라고는 꿈에도 생각지 못했다. 내 안에서 외삼촌 소하치의 존재가 얼마나 컸는지를 새삼스레 깨닫게 된 느낌이었다.

떠오르는 대로 썼기 때문에 이야기의 앞뒤가 뒤바뀐 부분이 많다. 외삼촌과는 시간을 두고 만나고 있었기 때문에 하나하나가 더욱 강하게 인상에 남았던 것이리라. 아직 다른 이야기도 더 있을 것 같지만 끝이 없을 테니 여기서 펜을 놓도록 하겠다.

외삼촌에 대한 추억을 쓴다는 것이, 언제부터인가 거의 나

자신에 대한 독선적인 회고담이 되어버린 것 같다. 하지만 이것도 저것도 나로서는 외삼촌을 이야기하는 일이었다. 젊었을 때부터 외삼촌에 대한 일을 친한 친구에게 거의 이야기하지 않았지만, 외삼촌의 존재를 빼고서, 내 인생은 없었다는 인식을 새로이 하게 되었다.

요즘에 와서는 '야마오카 소하치'를 아는 사람이 얼마 없다. 대학 수업에서 에둘러 몇 사람의 이름을 들면서 질문해 보아도 아는 학생은 드물다. 그런데도 전권 100권에 달하는 '야마오카 소하치 역사문고' 대부분이 전자서적화 되었다는 것은 젊은 세대 독자들이 있다는 뜻인 걸까? 우리 집에 오는 여러 세대 방문판매원들에게 넌지시 물어보니, 50대 사람은 조금 반응한다. '눈에서 멀어지면, 마음에서도 멀어진다.' 세상 관습 그대로다. 그 때문에 고향에서는 새로운 비석을 세워 표창하려고 하고 있다. 그 온정에 뭐라 감사의 말을 전해야 하는지도 모르겠다.

*

여하튼 격렬했다. 불타는 듯한 마음을 가슴 가득 채우면서 그것을 에너지로 삼고 살아갔던 외삼촌의 인생이었다. 그 작품은 가슴 속에 간직한 넘쳐 흐르는 정념을 밖으로 드러냈을 뿐이다. 소년시절에 보았던 술자리에서 정도가 벗어난 감정의 격한 폭발, 그 감정을 일으킨 마그마가 가슴 속에서 소용돌이쳤기에, 펜 하나로 평생을 살아갈 수 있었다고 생각한다. 그리고 일본이라는 나라가 일본인이, 일본인이 사는 방식이 너무 좋아서 어쩔 줄 몰랐던 것이라 생각한다. 그런 일본인인 자기 자신도 참을 수 없이 사랑스러웠던 것이 틀림없었다. 그런 자신을 낳고 길러준 부모님은 더욱 사랑스럽게 느끼고 있었을 것이 틀림없다. 그것이 72세에 돌아가신 야마오카 소하치의 인생이었고, '내 안의 야마오카 소하치'였다.

외삼촌의 작품은 아무래도 베스트셀러가 된 장편소설 《도쿠가와 이에야스(德川家康)》가 눈에 띈다. 그것 말고도 《소설 오다 노부나가》, 《소설 다테 마세무네》와 같은 작품이 화제가 되고 나서, 외삼촌은 이름 있는 무장(武將)만을 쓰려 했다고 생각할지도 모른다. 이 점에 대해서 소설가 무라가미 겐조(村上元三)는 '서민들 생활을 쓰고, 기분 좋은 단편소설도 있고, 시대소설 중에서도 세련된 재미가 있는 작품도 있다./야마오카의 소설을 통해 말할 수 있는 것은 사람을 사랑하며 어떻게 살아가야 하는가, 이 같은 문제를 끝까지 파고들어간 점일 것이다.' 평판했다. (야마오카 소하치 수상집 〈째려보는 문수보살〉 '서장에 첨부'. 고단샤, 1979 간행) 장군들에 한정하지 않고, 백성들에 한정하지 않고, 검호들에 한정하지 않고, 투사들말고도, 남녀 구별 않고 일본인 그 자체의 애환과 절의에 관심이 있었다. 새삼스레 서민파라 말하는 듯한 표현은 좋아하지 않았을 터이다.

그것이 '내 마음 속의 야마오카 소하치'였다. 시대소설이 많은 것은 사실이지만 시대를 가리지 않고 이야기를 썼다.

이 '추억의 기록'을 쓰는 과정에서, 헌책방에서 손에 넣은 뒤 그대로 책장에서 먼지를 뒤집어쓴 〈여자의 일생〉(토호샤(東方社)를 읽었는데, 조금 느끼는 바가 있었다. 막부 말기 유신시대 에치고(越後) 나가오카번(長岡藩)은 밀어닥치는 사츠마번(薩摩)과 쵸슈번(長州) 중심으로 구성된 정부군에 대항한다는 대의를 등지는 괴로운 길을—호쿠에쓰 전쟁(北越戰争)—걷게 되지만, 이 때 나가오카번사 중에 데릴사위를 얻을 딸 미쓰(美津) 집안이 어떻게 처리되었는지가 그려져 있었다. 간행은 1954년 4월이었지만, 발표는 상세연보에 따르면 1944년 '대중문예(大衆文芸 1월~5월)', 1945년 '대중문예(大衆文芸 1월~3월. 그 뒤 11월)'이었기 때문에 '8월 15일'을 건너뛰고 집필한 것이리라. 간행할 때 고쳐쓰기는 했을까. 어쨌든 '8월 15일'을 건너뛴 집필 간행물이었다. 거기에는 시대의 거친 파도에 휩쓸리면서도 무사 혈통의 아내라는 긍지를 가슴에 품으며 변함없이 얌전하면서도 강하게 살려고 하는 일본 여성의 모습을 그렸다. 읽었을 때 외삼촌의 여러 작품 속에서도 걸작에 들어가지 않을까 생각했었다. 일찍이 좌담회에서 외삼촌은 '대중문학은 통속문학과 전혀 다르다'는 뜻을 이야기했지만, 긍지 높게 살아가려 하는 자의 등을 밀어주는 소설이라고 생각했다. 이 나이에 읽어서, 더욱 강하게 그리 느낀 것이리라.

그 뒤, 나가타니 하루오(中谷治夫)의 〈대중문학에 대한 권유—신응회 문인들—〉(문예사)를 읽었는데, 외삼촌 〈여자의 일생〉이 상세하게 소개되어 있었다. 거기에는 '〈여자의 일생〉은 한 줄이라도 간단히 흘려 읽는 것을 허락하지 않는다, 읽으면서 가슴이 미어지는 듯한, 숨이 막히는 기분이 드는 소설이다. 그리고 다 읽은 뒤에는 일상생활에서의 때로 더럽혀진 몸과 마음이 깨끗하게 씻기는 것처럼 느껴지는 작품이다.'라고 써져 있었다. '걸작이 아닐까?' 생각한 적이 있는 조카의 '편애 섞인 눈'은 아닌 것 같다.(나가타니 씨 아버지는 독일문학을 강연하는 한편, 일찌감치 대중문학론을 펼친 와세다대학 명예교수 나가타니 히로시 씨로 전쟁 중기 외삼촌 작품 〈태양—아편전쟁의 항구〉를 높게 평가했다.)

*

볼에 비비던 먼 옛날의 따끔따끔했던 수염의 아픔이, 말하자면 나의 소하치 첫 체험이었다. 그 날 뒤로 60년 남짓한 세월이 흘렀다. 돌아가신 뒤로도 35년이 지나려 하고 있다. 피부감각으로 외삼촌을 떠올리는 것에는 변함이 없지만, 시간이 지남에 따라 새로운 기분으로 외삼촌을 뵙는 일이 많아졌다. 그리고 친척을 편애한다고 웃어넘겨질 것을 각오한 뒤에 글을 써 본 것이다. 표면적인 글이 되었지만 떠올리는 대로 써서 다행이라고 생각한다. 무엇보다도 '내 인생 속 야마오카 소하치'를 재확인할 수 있었기 때문이다.

지난 날, 대학에서 돌아오는 길에 새로 개업한 가게 포스터에 이끌려서 들렀던 하치오지(八王子) 시내 소바 가게에 순쌀로만 빚은 청주 '미도리카와(緑川)'가 있었다. 조금 놀랐지만, 기뻤다. 한낮이었지만 저도 모르게 주문하고 말았다. 가게 사람이 말하기를 '술집 주인이 추천해 줘서 두었는데, 제법 인기가 있어요. 목넘김이 좋다고들 하네요.' 하는 것이었다. 마침 그날은 외삼촌에게서 받은 넥타이를 매고 있었고, 들떠서 그만 하나 더 주문했다. 차가운 술을 홀짝홀짝 마시고 있으니, 기분이 좋아지면서, 점점 외삼촌이 외톨이가 되는 듯한 느낌이 들어 저도 모르게 눈물이 터져버렸다. '내 안에 있는 야마오카 소하치'가 외로워하고 있다. 어쩌면 그것은 환상이네 망상이네 하는 말을 들을지도 모른다. 하지만, 눈물이 솟아오르는 것에 당황해서 손수건을 꺼낸 것은 사실이었다.

일찍이 스승이었던 야쿠 마사오 선생님〔夜久正雄 : 아지아(亜細亜) 대학 명예교수(국문학). 중개인인 오다무라 토라지로(小田村寅二郎) 선생과는 제일고등학교, 도쿄 대학을 함께 다님. 2008년 죽음〕에게서 '너는 야마오카 소설을 전부 읽었지? 야마오카에 대해 무언가 써보면 어떻겠나?' 하는 말을 들은 적이 있다. 그 때, 진심으로 '당치도 않는 소리입니다.' 답하고 꽁무니를 뺐다. 30년쯤 전에 있었던 일이다. 그때 '야마오카 소하치라는 사람이 글을 쓸 대상이 됩니까?' 하고 반대로 물어봤다. 그러자 선생님은 '그만큼 작품을 남겼으니 대상이 되지. 작품 전체상을 잡고 있지 않으면 쓸 수 없어.' 말씀하셨고, 그것도 그런가 생각했지만, 외삼촌 소설은 어지간히 읽고는 있었지만 물론 전부는 아니었고, 외삼촌 소설이기 때문에 읽었을 뿐이고, 외삼촌 표정을 떠올리며 숨결을 상상하면서 읽었기 때문에, 결코 객관적으로 '좋은 독자'는 아니어서, 나에게는 도저히 불가능하다는 마음은 변하지 않았다. 지금도 그렇다. 그런데도 선생님 말씀이 가끔씩 되살아날 때가 있어서, 외삼촌과의 추억이라면, 조금은 쓸 수 있지 않을까 하는 생각이 머릿속을 스칠 때가 있었다.

이 나이가 되어서, '외삼촌 소하치와의 추억'을 쓰자고 결심한 마음 밑바닥에는 '야마오카에 대한 이야기를 써보면 어떻겠나?' 하시던 야쿠 선생님의 말씀이 있었던 같다고도 생각한다. 지금, 펜을 놓으면서, 새삼 선생님의 말씀이 되살아났기 때문이다.

*

마지막으로, 외삼촌이 '대중작가'에 대하여 스스로 서술하신 한 구절이 있기에 좀 길어지겠지만 적고 싶다. 외삼촌은 이런 식으로 생각하고 있었던 것인가 알게 되어, 생각을 새롭게

했다. 그것은 단편집 《야규의 금붕어(柳生の金魚)》(도쿄문예사, 1970년 간행) '지은이 맺음글'이다. 거기에는 대중적인 호칭으로 '전쟁 뒤에는 통속적이라든가, 헐값이라든가, 변변치 않고, 몹시 마음에 들지 않는 관사가 붙었지만, 본디 의미는 그러한 의미가 아니었다' 하면서 다음과 같이 기록했다.

'"대중"은 말할 필요도 없이 불교용어이지만, 그다지 현명하지 않은 일반 민중들을 말하는 것이기는 하다. 그러나 전혀 부처와 인연이 없는 악덕을 가리키는 말은 아니다. 나한(아라한)이나 보살이라 부를 정도로 깊은 깨달음에는 미치지 못한다 해도, 이미 부처의 가르침을 마음에 받아들이고 눈을 뜨는 상태를 말한다.

따라서 머지않아 아라한도 되고, 보살도 될 가능성을 가지고 불문에 모여들고 있는 것이 대중이다.

현대적으로 말하자면, 사회인으로서 세금을 내고, 자녀를 키우면서, 한층 향상하려고, 고민하고, 울고, 웃고 괴로워하며 살아가는 건강한 생활을 하는 사람을 말하며, 이른바 경박한 젊은이들이나 폭력 학생이나 폭력 교사 따위를 말하는 것이 아니다.

문학적 교양은 별도로, 사회구성 단위를 이루는 어른인 것이다.

그런 사람들 속에서, 함께 살아가려 하는 점에 "대중작가"가 있다.'

더욱이 계속해서, 오락성도 서비스정신도 잊어서는 안 되고, '풍자도 베드신도 생각지 못한 재앙도 살인도 부도덕함도 절망도 희망, 실의도 복잡하게 뒤얽히게 한다.' '그것이 건강한 대중, 즉 나와 함께 보다 좋은 사회를 만들려고 선의를 지키며 살아가는 사람들 생활을 무너뜨리는 일은 쓰고 싶지 않다. 그것이 대중작가의 긍지이고, 자제이지 않으면 안 된다고, 이것은 지금도 그렇게 생각한다.', '연애를 소설로 가르칠 필요도 없거니와, 간통하는 방법을 가르칠 일도 없다. 인간이 모두 허무하거나 향락주의자들이거나, 파괴주의자들이거나 한다면, 성실한 사람들이 내는 세금이 올라가 제대로 낼 수가 없어진다.', '대중의 취향이나 약점에 일부러 아첨을 떨거나, 협박하거나 하는 것까지 "대중작가"라 부르고 "대중소설"이라 부르는 것에 나는 내심 화가 난다.' 등등을 말하고, '이 단편집은 그런 마음으로 살아온 나의 10년 가까운 빼도 박도 못하는 기량의 정체이다.', '나의 꾸미지 않은 모습을 보는 기분으로 읽어준다면 기쁠 것이다'라는 말로 매듭을 지었다.

상당히 패기가 느껴지는 문장이다. 이 때 외삼촌은 64세였다.

첫머리 '처음으로'에서 나는, 외삼촌 소하치는 '언제나 무언가를 원하고, 무언가를 바라고, 무엇을 염원하면서 세상과 싸우고 있었던 것처럼 보였다' 인정했다. 막연했던 인상 때문에 그렇게 썼지만 위에 쓴 내용과 같다. 여기에는 '건강한 생활을 하는 사람'과 함께 있고 싶다는 대중작가의 자부심이 넘친다. 자신의 작품을 '나의 꾸미지 않은 모습을 보는 마음으로 읽어준다면 기쁠 것이다.' 말하는 점에서 야마오카 소하치의 진면목을 느낄 수 있다. 외삼촌은 역시 소설가이고, 꿈이 많은 이상가였다. 그 인물상의 일부분을 이 책에서 느껴준다면, 그보다 더한 기쁨은 없다.

마지막으로 이 책의 출판을 흔쾌히 맡아주신 주식회사 덴덴사(展転社) 후지모토 리쿠노(藤本隆之) 사장님에게 진심으로 감사의 말씀을 올리고 싶다.

펜을 놓으면서
마음 속 생각이 끝이 없고 거친 일생에 자연스레 생각난다.

2013년 9월 30일 소하치 35년 제삿날에.

옮긴이의 글

야마오카 소하치 선생과 한국국민 「大望」 감동 50년

야마우치 타케오(山內健生) 님이 쓰신 《내 마음의 야마오카 소하치(山岡莊八)》를 일본 산세이도(三省堂) 서점에서 발견한 고정일은 크게 기뻐하며 나에게 읽기를 권했다. 50년 전 고단샤 문예부를 통하여 《大望(德川家康)》 한국어판 번역을 허락한다는 야마오카 소하치(山岡莊八) 선생의 친필 편지를 받고 함박웃음을 짓던 동서문화사 발행인 20대 청년 고정일의 모습이 다시 떠오른다. 1969년 《大望(德川家康)》을 한국어로 출판할 무렵 모두 반대를 했다—온갖 비난을 무릅쓰고 왜 굳이 이 땅에 일본 역사소설을 출판하려고 하는가? 그 물음에 고정일은 이렇게 말했다.

"버마전선에 참전하여 많은 전우들이 목숨을 잃었다. 그러나 홀로 살아 돌아와 그 죄책감에 시달리며 집 뒤뜰에 불상을 모셔 놓고 날마다 그들의 명복을 빌면서 패전한 일본이 다시 일어설 용기를 일본 국민에게 불어넣어 주기 위해 《대망》을 쓴다."

이 야마오카 선생 머리글에 깊이 감동한 고정일은 "6.25참상을 겪은 한국국민에게도 이 작품이 용기를 불어넣어 주리라는 확신을 갖는다"는 열변을 토하며 단호하게 출판을 감행했다. 그즈음 고정일은 29살 청년이었다. 나는 그때 그 결기에 공감하며 《大望(德川家康)》 번역에 참여했다.

《大望》이 한국에 선보이자 많은 독자들이 열독을 하는 한편 이를 시기하는 출판사들은 동서문화사 고정일을 친일파, 일본 출판 앞잡이라며 온갖 비난을 쏟아 부었다. 그렇게 헐뜯던 그들이 40여 년이 지나서 동서문화사 《大望》을 《도쿠가와 이에야스》라는 이름으로 가로채어 출판에 참여하고 있으니 이 얼마나 우스운 일인가.

그러나 온갖 음해에도 굴하지 않는 고정일은 일본 출판의 거장 『고단샤(講談社) 노마 세이치(野間淸治)와 신문관(新文館) 최남선』, 일한출판문화 두 거목의 생애와 출판 업적 평론집을 단행본으로 내놓아 '한국출판비평문학상'을 수상하였다. 이 책은 노마 기념관에 비치되어 있다. 돌이켜보면, 어느덧 50년 세월이 흘렀다.

그 시절 《대망》은 '우리도 한번 잘 살아보자'는, 조국 근대화에 진력하는 국민들에게 희망과 용기를 주었다. 70년대에 야마오카 선생이 세상을 떠나셨음을 뒤늦게 안 고정일은 미처 조문을 드리지 못했음을 탄식하며 한없이 안타까워했다.

이제 야마오카 소하치 선생의 조카인 야마우치 타케오 님이, 외삼촌 야마오카 소하치 선생을 그리워하는 회상록을 꼭 한국어판으로 발간하여 《대망》 독자들에게 야마오카 선생의 인간 진심을 바로 알리겠다는 고정일의 열정에 감동하지 않을 수 없다.

동서문화사는 1990년~2005년 《세계대백과사전(총31권)》을 편찬하다 일본 헤이본샤 세계대백과사전처럼 부도가 나고 파산 직전까지 이르렀다. 이런 어려움 속에서도 1997년 야마오카 소하치 선생 따님과 출판계약을 추진하던 중 1998년 솔 출판사가 갑자기 계약을 가로채 버리고 만 것이다. 동서문화사는 상식을 벗어난 솔 출판사의 파렴치한 그 작태에 크게 탄식하지 않을 수 없었다. 야마오카 소하치 선생이 살아 계셨다면 솔 출판사를 절대로 용납하시지 않았으리라.

고정일은 스스로를 위로하면서 1969년 초판 발행 이후 1990년~1994년 5년 동안 역자들을 다시 동원, 정성을 다 하여《대망》원작 26권을 더욱 좋은 문장으로 갈고 닦았다. 그 일이 한국 독자들에게 바라는 원저자인 야마오카 소하치 선생의 문학과 사상을 바르게 전하는 도리라 생각하고, 온 힘을 기울여 번역 완성도를 더욱 높인 것이다. 2005년 대한민국 정부 교육 정책에 따라 가로쓰기 판으로 출판하면서 한문(漢文) 오자나 탈자가 하나라도 없게 하고자 나 추영현에게 마지막 오자 탈자 오류를 확인해 달라 하여 나는 6개월 동안 온 정성을 다 기울여 한자 오자 교정을 보았다.

이제 야마오카 선생과 맺은《대망》의 인연이 야마우치(山內) 님의《내 마음의 야마오카 소하치(山岡莊八)》한국어 출판으로 다시 이어지고 있다. 야마우치 님의 따듯한 우정으로 한국어판 출판 허락과 격려를 주심에 다시 감사의 마음을 드린다.

추영현

지은이 야마우치 타케오(山內健生)
1944년 니가타 현 고이데(현재 우오누마 시)에서 태어났다. 아시아 대학 상업학과, 릿쇼 대학 사학과를 졸업하고 국학원대학 대학원 박사과정 후기 수료(신도학 전공). 다쿠쇼쿠대학 일본문화 연구소 객원교수, 정치경제학부 강사, 아시아 대학 강사, 공익사단법인 국민문화 연구회 상무이사, 월간지 〈국민동포〉 편집장. 저서로는 〈깊은 샘물의 나라 문화학〉, 〈깊은 샘물의 나라 일본학〉, 〈고사기 신화의 사상〉, 〈일본사상사 논고〉, 〈명가(名歌)에서 찾는 일본의 마음〉, 〈아시아인이 바라본 영혼이 나아갈 길〉 등이 있다.

옮긴이 추영현(秋泳炫)
1930년생. 서울대학교 사범대학 사회과 수학, 서울신문학원 졸업. 한국일보·조선일보·경향신문 편집기자. 한국 가톨릭대사전 편찬부장, 동서문화사 편집위원·고문, 지은 책 《100살 자신있다》《그리운 아내 金桂淑》 옮긴 책 《松下政經塾 名講義》 山岡莊八 《대망》

내 마음의 야마오카 소하치(山岡莊八)

그리운 외삼촌을 회상하며

지은이 야마우치 타케오/옮긴이 추영현
초판 1쇄 발행/2017. 8. 8
펴낸이 고정일
펴낸곳 동서문화사
창업 1956. 12. 12. 등록 16-3799(윤)
서울 중구 다산로 12길 6(신당동 4층)
☎ 546-0331~6 Fax. 545-0331
www.dongsuhbook.com

*

사업자등록번호 211-87-75330

ISBN 978-89-497-1643-5 03830